Peter Walker
Das Geheimnis des leeren Grabes

Peter Walker

Das Geheimnis des leeren Grabes

Ereignisse – Orte – Bedeutung

echter

Die englische Originalausgabe erschien bei Marshall Pickering,
Imprint von HarperCollinsPublishers Ltd., unter dem Titel
»The Weekend that changed the World«
Copyright © 1999 P.W.L. Walker

Aus dem Englischen übersetzt von Georg Scheuermann

Die Deutsche Bibliothek – CIP-Einheitsaufnahme
Walker, Peter: Das Geheimnis des leeren Grabes : Ereignisse – Orte – Bedeutung /
Peter Walker. [Aus dem Engl. von Georg Scheuermann]. – Würzburg : Echter, 2000
    Einheitsacht.: The weekend that changed the world <dt.>
    ISBN 3-429-02213-4

© 2000 Echter Verlag Würzburg
Umschlag: Uwe Jonath
Gesamtherstellung: Echter Würzburg
Fränkische Gesellschaftsdruckerei und Verlag GmbH
ISBN 3-429-02213-4

4

Inhaltsverzeichnis

Einleitung

Während des Wochenendes waren einige seltsame Dinge geschehen. Hätte jemand ein scharfes Auge auf alle Bewegungen in die Stadt hinein und aus der Stadt heraus geworfen, dann hätte er ziemlich viele ungewöhnliche Bewegungen registrieren können. Dazu gehörte auch die folgende.

Drei Frauen, eng aneinander geschmiegt, gingen schweigsam und unauffällig durch das Gartentor hinaus, lange bevor die meisten Menschen erwachten. Wohin genau gingen sie zu dieser frühen Stunde? Und was trugen sie bei sich, in ihre Umhänge gewickelt?

Es war das erste Aprilwochenende, die Regenzeit war vorbei. So versprach es warm zu werden, ein heller Tag mit einem kristallklaren Himmel. Doch jetzt, vor den ersten Sonnenstrahlen, war es bitter kalt und die Luft wahrscheinlich feucht.

In der Hoffnung, unbeobachtet zu bleiben, ging die kleine Gruppe heimlich ihren Weg in einen Garten, der gerade außerhalb der Stadtmauer lag. In der Nähe stand ein Felsen, der wegen all dem, was kürzlich geschehen war, für die Frauen und ihre Freunde für immer mit schmerzhaften Erinnerungen verbunden sein würde. Doch nun hatten sie anderes im Sinn. Sie hatten eine wichtige, aber nicht sehr angenehme Aufgabe zu erfüllen.

Seit vergangenem Freitagnachmittag, als ihr Leben durch eine Tragödie, die ihre schlimmsten Ahnungen übertroffen hatte, zerbrochen worden war, hatten sie überlegt, was als nächstes zu tun sei. Es mußte etwas für ihn getan werden. Aber dann hatte bereits der Sabbat begonnen und sie in ihren Bewegungen eingeschränkt, auch den Besuch des Gewürzbasars unmöglich gemacht. Zwar hatten die Geschäfte am Samstagabend geöffnet, doch sie waren sich darin einig gewesen, daß das, was sie tun wollten, nicht in der Nacht erledigt werden konnte. Erst jetzt, am frühen Sonntagmorgen, war die Gelegenheit dazu da. Nach einem ängstlichen Warten auf den Hahnenschrei brachen die Frauen auf.

Es war ein kleines, unbedeutendes Unternehmen, und noch dazu sollte es fehlschlagen – sie kamen nicht dazu, das zu tun, was sie tun wollten. Trotzdem sollte es eine der bedeutendsten Unternehmungen der Geschichte werden – gerade weil die Beteiligten von Dingen überrascht wurden, die jenseits ihrer Kontrolle lagen.

Die Geschichte ihrer ruhigen und heimlichen Ankunft in einem Jerusalemer Garten mitten im Frühnebel einer Frühjahrsdämmerung wurde im Laufe der Zeit in die ganze Welt hinausposaunt. Sie waren dabei, auf etwas zu stoßen, das die Weise, in der zahllose Menschen in den nachfolgenden Generationen sich selbst, ja die ganze Geschichte sehen werden, vollständig veränderte. Diese eine Dämmerung wird als der Anbruch einer neuen Zeit angesehen werden, als der zentrale Punkt in der menschlichen Geschichte, der Augenblick, in dem Gott seinen Plan für das Universum ganz und gar offenbarte – mit anderen Worten: als der wichtigste Tag im Kalender der Menschheit, als der Tag, der die Welt veränderte.

Dieses Buch möchte auf die Ereignisse dieses einzigartigen »Wochenendes« schauen – auf das erste Ostern. Was war in den vorausgegangenen Tagen in Jerusalem geschehen? Was passierte im Garten, bevor die Frauen ankamen? Was geschah als nächstes? Vor allem auch: Können wir sagen, wo genau diese seltsamen Ereignisse stattfanden? Und was sind die Auswirkungen jener Tage für uns heute? Sind sie nur ein faszinierender Teil der antiken Geschichte, oder sind sie in der Tat der zentrale Punkt der Geschichte, was bedeutet, daß sich alle in irgendeiner Weise auf sie beziehen sollten?

Bevor wir auf diese Fragen eingehen können, müssen wir jedoch ein paar Schritte zurücktreten. Die Geschichte, die an jenem Morgen eine völlig neue Wende nahm, war eine Geschichte, die im Verlauf der vorangegangenen Monate und Jahre schnell an Bedeutung gewonnen hatte. Sie betraf einen Juden aus Galiläa, der sich, jetzt in den Dreißigern, einen gewissen Ruf als religiöser Lehrer verschafft und um sich eine kleine Gruppe von Anhängern geschart hatte. In der Bevölkerung war er weitgehend als »Prophet« anerkannt, der in der langen Reihe der berühmten Propheten des Alten Testaments stand. Es gab gewisse Erwartungen – nicht zuletzt, nachdem er angedeutet hatte, daß der diesjährige Besuch des Paschafestes in Jerusalem die Dinge auf einen Höhepunkt zutreiben würde.

Wir schließen uns dieser Gruppe von Galiläern einige Zeit nach ihrer Ankunft in Jerusalem an. Sie besteht aus zwölf Männern, die Zeit selbst ist nicht sonderlich bemerkenswert – es ist gegen 10 Uhr an einem Donnerstagabend, und viele Tausende von Einheimischen und Festbesuchern sind auf dem Weg nach Hause bzw. in die Unterkunft. Doch für die Gruppe und besonders für ihren Anführer, diesen galiläischen Rabbi namens Jesus, hat die Nacht gerade erst begonnen.

Teil 1

Die Geschichte

Als sie alles vollbracht hatten, was in der Schrift über ihn gesagt ist, nahmen sie ihn vom Kreuzesholz und legten ihn ins Grab. Gott aber hat ihn von den Toten auferweckt. (Apg 13,29–30)

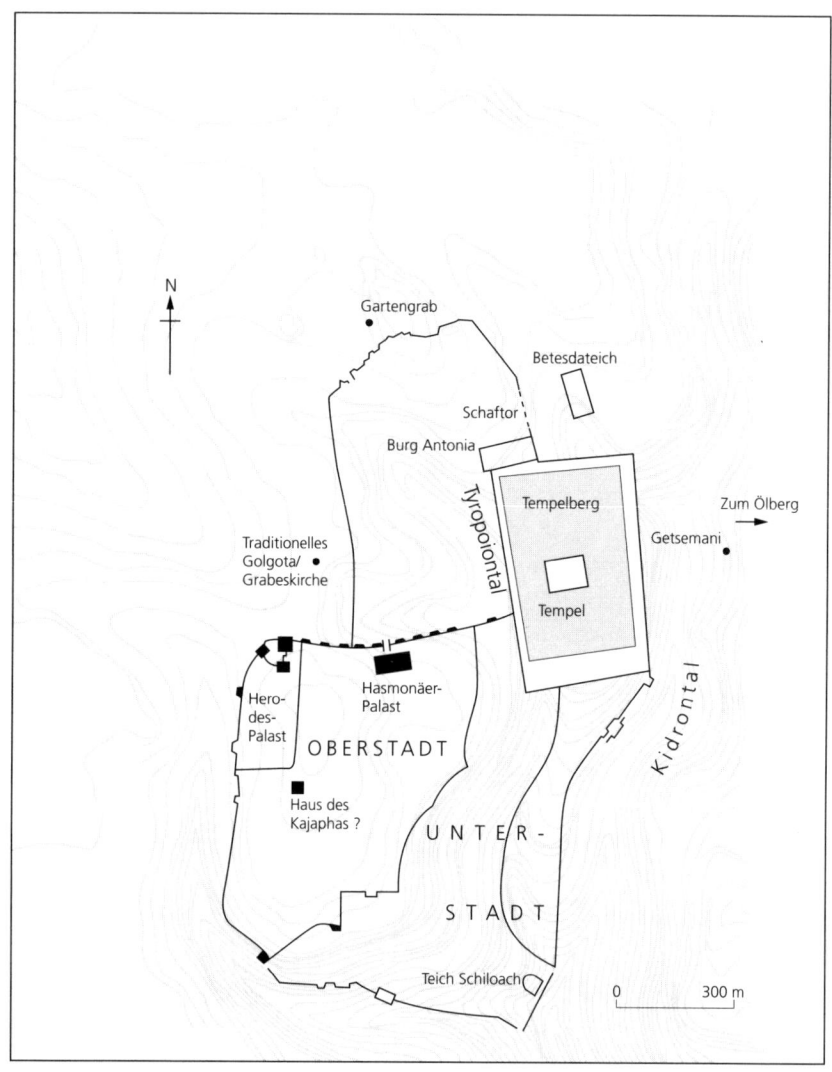

Abbildung 1: Jerusalem zur Zeit Jesu

I. Fackeln im Garten

Das Rendezvous am Abend des (Grün-)Donnerstag

Die kleine Gruppe, die an diesem kalten Aprilabend die Stadt verließ, bestand aus Jesus und den elf übriggebliebenen Jüngern. Sie hatten in der Oberstadt Jerusalems ihr Paschamahl beendet und gingen nun hinunter in Richtung Kidrontal.

Es sollte eine lange Nacht werden, deren Einzelheiten noch nach all den Jahren genauere Untersuchungen erfordern und die keiner von denen, die mit Jesus verbunden sind, jemals vergessen wird.

DER LANGE MARSCH

Als sie durch die Straßen der Stadt Richtung Schiloachtor hinuntergingen, werden sich einige von ihnen verwundert Fragen zugeflüstert haben. Vor allem die Frage: Was hatte sich bei diesem merkwürdigen Paschamahl mit Jesus zugetragen? Diese alljährliche Erinnerung an die Flucht der Israeliten aus Ägypten hatten sie vorher schon viele Male gefeiert. Aber dieses Mal war es völlig anders gewesen. Was hatte Jesus nur vor?

Das letzte Abendmahl

Ort
Heutige Besucher werden entweder zur syrisch-orthodoxen Kirche St. Markus innerhalb der Altstadt oder zum Coenaculum der Kreuzfahrer auf dem Zionsberg geführt.
Das Coenaculum ist sehr wahrscheinlich der Ort der späteren Pfingstereignisse (Apg 1,13; 2,1ff).[1] Zumindest die byzantinischen Christen glaubten dies, denn sie bauten ihre »Obere Kirche der Apostel« an der Stelle eines Gebäudes aus dem (frühen) 2. Jahrhundert, das von Epiphanius (315–403) als »Kleine Kirche Gottes« bezeichnet wird.[2] Wenn man das »Obergemach«

des letzten Abendmahles (Mk 14,15) sicher mit dem »Obergemach« von Apg 1,13 gleichsetzen könnte, wäre das Coenaculum auch der Ort des letzten Abendmahles.

Davon soll hier ausgegangen werden und auch davon, daß dies das Haus des Johannes Markus (Apg 12,12) war; Jesu Jünger werden nicht zu vielen verschiedenen Häusern innerhalb der Stadt Zugang gehabt haben. Doch ist es nicht ausgeschlossen, daß es sich um drei verschiedene Orte handelt.

Zeitpunkt

Die synoptischen Evangelien erwecken den Eindruck, daß das Abendmahl ein Paschamahl war (Mk 14,12.16), nach dem Johannesevangelium (13,1; 18,28; 19,31) fand jedoch die Nacht vor dem Paschafest statt (am 14. Nisan des jüdischen Kalenders). Folgte Jesus vielleicht einem alternativen Kalender (dem von den Essenern benutzten?), so daß es ein echtes Paschamahl war, das nur wenige Tage vor dem jüdischen Pascha gefeiert wurde. Deshalb ist auch die These vertreten worden, daß das Abendmahl an einem Dienstag stattgefunden hat und daß Jesus bis zu seiner Kreuzigung am Freitag bewacht wurde.[3] Mit großer Wahrscheinlichkeit gibt Johannes den Zeitpunkt zutreffend an. Danach fand Jesu Mahl einen Tag vor dem (offiziellen) Fest statt: es war Jesu eigenes besonderes Paschamahl, bewußt gemäß dem offiziellen Pascha gestaltet, doch mit einer völlig neuen Bedeutung versehen. Am nächsten Abend wäre es dafür zu spät gewesen.

Nahezu sicher ist, daß Jesus an einem Freitagnachmittag gekreuzigt wurde, dem Tag der Vorbereitung, bevor der Sabbat mit dem Sonnenuntergang begann (siehe Mk 15,42; Lk 23,54; Joh 19,42). Um das Datum genau angeben zu können, muß es sich um ein Jahr handeln, in dem der Tag vor dem Pascha (14. Nisan) auf den Tag vor dem Sabbat fiel. Dies war in den Jahren 30 und 33 n.Chr. der Fall; und beide Daten sind denkbar. Das letzte Abendmahl hätte dann (nach dem Julianischen Kalender) entweder am Donnerstag, dem 6. April 30, oder am Donnerstag, dem 2. April 33 n.Chr., stattgefunden.

Die Aussagen von Lk 3,12 und Joh 2,20 legen zwingend das spätere Datum nahe. Wenn darüber hinaus Apg 2,20 (»Die Sonne wird sich in Finsternis verwandeln und der Mond in Blut«) wörtlich auf die Dunkelheit in Zusammenhang mit der Kreuzigung zu beziehen ist und auf die darauffolgende Mondfinsternis, dann stimmt das mit dem astronomischen Ereignis für das Jahr 33 n.Chr. überein.[4]

Die Bewohner Jerusalems, die darauf warteten, ihr Paschamahl am Freitagabend, dem 3. April 33 n.Chr., zu beginnen, sahen nicht den erwarteten Pascha-Vollmond, sondern einen Mond mit einem roten »Stich«; ein dramatischer Effekt, am Ende eines dramatischen Tages.

Abbildung 2: Das letzte Abendmahl: Ort und Zeitpunkt

14

Ein merkwürdiges Pascha

Jesus hatte ihnen gesagt, daß er sich sehr danach gesehnt habe, dieses Paschamahl mit ihnen zu feiern (Lk 22,15), und er hatte ziemlich genaue Vorkehrungen getroffen, damit alles nach Plan ablaufen sollte. Nach der Überlieferung mußte das Paschamahl innerhalb der Stadtmauern Jerusalems eingenommen werden, zugleich suchte Jesus aber nach einem Ort, an dem er und seine Jünger ungestört sein konnten. Wie sich herausstellte, hatte Jesus mit dem Vater von Johannes Markus, einem reichen Mann in der Oberstadt (vgl. Apg 1,13f; 12,12), Abmachungen getroffen. Welche Vorsicht geboten war, zeigte sich deutlich in der verschlüsselten Art und Weise, in der Jesus seinen Jüngern Anweisungen gegeben hatte: »Schaut nach einem Mann aus, der einen Wasserkrug trägt, und folgt ihm in das Haus seines Herrn« (vgl. Mk 14,13). So merkwürdig der Abend begonnen hatte – in seinem weiteren Verlauf sollte es noch sonderbarer werden. Merkwürdig war auch der Zeitpunkt. Jesu Paschamahl fand einen Tag vor dem offiziellen Termin (siehe Joh 19,14) statt. Hatte das damit zu tun, daß Jesus unentdeckt bleiben wollte? Oder spürte er, daß es für ihn in Jerusalem gefährlich zu werden begann und er nicht den Frieden haben würde, den er für die folgende Nacht brauchte? So gab es kein Lamm. Aber Jesus verstand das Mahl ganz bestimmt als Paschamahl und wollte, daß auch die Jünger es als solches in Erinnerung behielten (Mk 14,14). Es sah gerade so aus, als ob Jesus ein neues, eigenes Paschamahl einsetzen wollte. Für wen hielt er sich? Für einen neuen Mose?
Der Abend hatte wirklich peinlich begonnen – Jesus hatte *ihre* Füße gewaschen (Joh 13,3–11). Das war ihnen so unangenehm. Sie hatten sich alle ziemlich unbehaglich gefühlt, und es hatte dem ganzen Abend ein wenig Schärfe gegeben. Dies war die Aufgabe eines Sklaven – und ganz bestimmt nicht die Rolle, die man von einem Gastgeber erwartete. Und noch sonderbarere Dinge sollten folgen. Wenig später hörten diejenigen, die in seiner Nähe lagen, wie Jesus sagte, daß er verraten werden würde; einige Augenblicke später stand dann einer von ihnen, Judas, der für die Finanzen der Gruppe zuständig war, plötzlich auf und ging hinaus (Joh 13,29). Was suchte er draußen zu dieser Nachtstunde? Danach hatte Jesus Brot und Wein genommen; aber anstatt, wie sie es von der Paschamahlliturgie gewohnt

waren, Dank zu sagen, hatte er ganz außerordentliche Worte geäußert – »Dies ist mein Leib«, »Dies ist mein Blut« – und sie aufgefordert, es zu trinken, obwohl für Juden das Trinken von Blut ein Sakrileg darstellt. Es war einfach bizarr, sogar unheimlich. Was konnte das alles bedeuten?

Am beunruhigendsten war vielleicht Jesu gegenwärtige Gemütsverfassung. Er sprach jetzt häufig von seinem »Weggehen«. Wenn sie sagten, daß sie glücklich wären, ihn dort zu treffen, *wohin auch immer* er gehen sollte, entgegnete er ihnen, daß sie das nicht könnten. Es wäre besser für sie, sagte er, daß er wegging (Joh 16,7). Was genau hatte er vor?

Nichtsdestoweniger wünschte er offensichtlich gerade jetzt, daß sie bei ihm blieben. Nachdem sie einige Psalmen gesungen hatten (Mk 14,26), verließen sie gemeinsam das Haus und gingen zur Stadt hinaus – um, so vermuteten sie, einen Platz zum Schlafen zu suchen.

Bei Jesus, so wie er sich im Augenblick verhielt, war nichts mehr sicher.

Im Tal

Sie hatten einen ziemlich langen Marsch vor sich. Wenn sie, wie sie dachten, auf dem Weg nach Getsemani am Fuß des Ölbergs waren, würde dies gute 40 Minuten strammen Marsches bedeuten (siehe Abbildung 5). Mehrmals hielten sie kurz an: Jesus erzählte ihnen das Gleichnis vom Weinstock und ließ sie darüber nachdenken, was das für sie als seine Jünger bedeutete (Joh 15,1–17); und er blieb stehen, um für sie und ihre Zukunft zu beten (Joh 17).

Vermutlich schwiegen sie die meiste Zeit, jeder mit seinen eigenen Gedanken beschäftigt, dabei unfähig, das seltsame Gefühl, die sich als düstere Stimmung auftürmenden Wolken zu vertreiben. Der Vollmond über ihnen erhellte ihren Weg, aber er vermochte nicht klarer zu machen, was ihnen bevorstand.

Diejenigen, die zu ergründen versuchten, was hier vorging und Jesus durch den Sinn gehen mochte, werden an jene helleren Tage in Galiläa zurückgedacht haben. Es hatte von Anfang an Widerstand gegen Jesus gegeben. Er war während seines öffentlichen Auftretens nie sonderlich überschwenglich aufgenommen worden, aber zumindest von seiten des Volkes hatte es eine breite Unterstützung gegeben.

16

Jetzt schien Jesus sonderbarerweise allein. Auch als Jesus das erste Mal nach Jerusalem aufgebrochen war, war dies mit großen Hoffnungen verknüpft worden; besonders in Jericho, wo das Volk überzeugt war, daß Jesus in Jerusalem Gewaltiges tun würde: daß er in das lange erwartete »Reich Gottes« führen würde, über das er so viel gesprochen hatte (Lk 19,11). Jetzt, im Rückblick, gewahrten sie diesen merkwürdigen Unterton, der immer dann zu hören gewesen war, wenn Jesus davon gesprochen hatte, daß sich die Dinge nach ihrem Eintreffen in Jerusalem anders als erwartet entwickeln würden (Mk 8,31 par). Jesus hatte Jericho in entschlossener Haltung verlassen, er war ihnen vorausgegangen, und niemand von ihnen hatte den Mut gehabt, zu fragen, was ihm wirklich durch den Kopf ging. Jetzt erging es ihnen genauso.

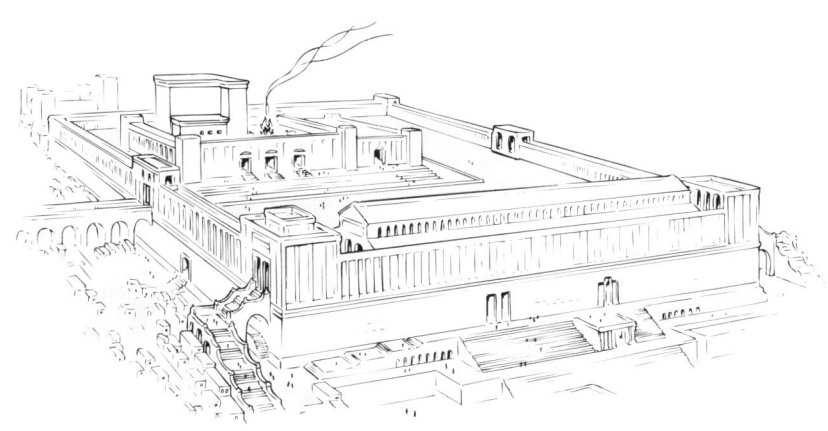

Abbildung 3: Der Jerusalemer Tempel zur Zeit Jesu, von Südwesten aus gesehen.
Herodes der Große hatte ihn erst vor kurzem umgebaut, indem er die Plattform deutlich nach Süden erweiterte. Die Brückenbogen über das Tyropoiontal ermöglichten den Zugang von der Oberstadt aus; die Betenden konnten auch durch die südlichen Tore eintreten und über überdachte Treppen den Hof der Heiden erreichen. Jenseits des Allerheiligsten kann man die Burg Antonia liegen sehen, wo die römische Garnison stationiert war, die den Tempel überwachte.

Andere, die ihren Blick nach rechts richteten und die Plätze sahen, wo ihre galiläischen Landsleute in Scharen am Ölberg lagerten, dachten zurück an jenen großen Augenblick, als sie das erste Mal nach Jerusalem kamen – den Augenblick, als sie nach dem langen Weg von Galiläa bis hierher die Spitze des Ölberges erreicht hatten und die großartige Aussicht auf die heilige Stadt und den Tempel genossen hatten. Sie hatten damals inbrünstig zu singen begonnen; Jesus war sich sicher, daß ihnen nichts passieren würde, wenn sie an den Feierlichkeiten teilnahmen. Und sie waren erfreut gewesen über den begeisterten Empfang, der ihnen bereitet wurde. Er betrat die Stadt, nicht zu Fuß, wie es für Pilger üblich war, sondern auf einem jungen Esel, den er aufgrund seiner guten Kontakte in Betanien aufgetrieben hatte. Das würde all jene Lügen strafen, die meinten, daß Jesus militärische Macht gebrauchen würde, um seine Ziele zu erreichen. So waren auch die politischen und religiösen Führer nicht sonderlich beunruhigt. Im Licht einer Prophetie aus dem Buch Sacharja betrachtet (Sach 9,9: »Siehe, dein König kommt zu dir; er reitet auf einem Esel«), war dies allerdings ein möglicher Hinweis darauf, daß Jesus von sich behauptete, der wahre König Jerusalems zu sein – ein umwerfender Gedanke. All das hatte sich erst vor wenigen Tagen zugetragen, doch nun schien es Ewigkeiten entfernt. Welche Art von Thron hatte dieser »König« im Sinn? Warum hatte er den allgemeinen Zuspruch nicht mehr ausgenutzt?

Zwischen dem Tempel und den Gräbern

Diejenigen, die nach links schauten, sahen die massiven Umrisse der Plattform, die Herodes hatte erweitern lassen, um die Tempelanlage zu stützen (siehe Fotos 1 und 7 und Abbildung 3). Nach dem dramatischen Vorfall vor wenigen Tagen konnte die Haltung der Jünger zum Tempel nicht mehr die gleiche sein. Jesus hatte den Tempelbezirk betreten und die Tische der Geldwechsler umgestoßen (Mk 11,15–17). Einerseits war das nur eine kleine Episode gewesen – das Alltags-Geschäft war wenige Stunden später wieder aufgenommen worden. Andererseits war sie mit Bedeutung aufgeladen. Zumindest zeigte es den Widerstand Jesu gegen die jüngste Anordnung des Hohenpriesters, den Markt vom Ölberg weg in den äußeren Hof des Tempels zu verlegen. Der finanzielle Wucher in Verbindung mit dem Eintausch der Tempelwährung war schon schlimm genug. Doch nun hatte man den ganzen Markt-Betrieb samt den Opfertieren in den Tempelbezirk verlagert! Die Aktion des Hohenpriesters offenbarte, wie gering man vom Außenhof, dem Hof der Heiden, dachte – dem einzigen Platz, wo nicht-jüdische Besucher sich aufhalten konnten, um zu beten. Die Aktion Jesu zeigte seinen Wunsch, daß der Tempelgottesdienst gereinigt und reformiert werden sollte – schließlich war dies der Ort, den er einmal kühn als »Haus meines Vaters« (Lk 2,49) bezeichnet hatte.

Aber wurde darin nicht gleichzeitig auch eine radikalere Sicht hinsichtlich des Tempels in Jesu Denken deutlich? Immerhin hatte er für einen kurzen Augenblick die ganze Praxis des Opfergaben-Verkaufs im Tempel zum Stillstand gebracht. Bestand da nicht ein Zusammenhang mit jener seltsamen Episode, als er auf dem Ölberg einen Feigenbaum verflucht hatte (Mk 11,13–14.20–21)? Es war gerade so, als ob Jesus zum Tempel gegangen wäre, um nach Früchten zu schauen, und seine Aktion dort eine Veranschaulichung dessen, daß er keine fand – dabei wirksam einen Fluch über den Ort sprechend. Für wen hielt er sich, daß er so etwas tat? Es war wie bei Jeremia, der ein Gericht über den Tempel angekündigt hatte, der dann auch tatsächlich wenige Jahre später zerstört worden war. In der Tat hatte Jesus den Ausspruch des Jeremia über die »Höhle der Diebe« zitiert und dann einige seiner Jünger beiseite genommen, um sie ausdrücklich daran zu gemahnen, daß nicht ein Stein des Tempels an seinem Platz bleiben würde (Mk 13,2). Jetzt, vom Kidrontal aus, konnten sie nur die Plattform des Tempels sehen, nicht die Tempelgebäude selbst. Auch so wirkte dieser Spruch wie eine furchteinflößende Vorhersage. Für wen hielt er sich bloß? Sollte der Tempel wirklich einstürzen wie zur Zeit des Jeremia?

Einige nahmen, als sie das Tal hinaufgingen, sicherlich die großen Grabmäler wahr, die unmittelbar rechts von ihnen lagen (siehe Fotos 1 und 16). Sie waren innerhalb der letzten hundert Jahre aus dem Fels geschlagen worden (später werden sie Grab des Abschalom und des Zacharias genannt werden). Jesu Worte im Abendmahlssaal über seinen »Leib« und sein »Blut« waren irgendwie makaber gewesen; sie schienen den auf den Tod ausgerichteten Gemütszustand auszudrücken, in dem er sich befand. Ob er nun, da er an diesen Gräbern vorüberging, wieder an den Tod dachte? Machte er sich Gedanken darüber, welche Art von Grab er eines Tages erhalten würde? Dies war – ohne daß sie es wußten – tatsächlich der letzte Weg, den Jesus als freier Mann zurücklegte.

DAS LANGE WARTEN

Es war kein kurzer Weg, und es war ein anstrengender Weg, der zunächst auf steilen Stufen hinunter ins Tal führte und dann gleichmäßig nach Getsemani anstieg. Der Name »Getsemani« bedeutet »Ölpresse«, Johannes beschreibt ihn als einen »Garten« (Joh 18,1). Vielleicht war es ein offenes Stück Land, wahrscheinlicher ist es, daß es eine umzäunte Fläche mit Olivenbäumen, einer Presse und Lagerräumen war. Im Gegensatz zu den anderen Evangelisten erwähnt Lukas Getsemani nicht mit Namen, sondern gibt statt dessen einfach an: Jesus »ging, wie er es gewohnt war, zum Ölberg« (Lk 22,39). War dies der Ort, an dem Jesus und seine Jünger in den Nächten zuvor geschlafen hatten? Oder waren sie jeden Abend als Gruppe nach Betanien zurückgekehrt?

Wie auch immer, wahrscheinlich ist er einer von Jesu Lieblingsplätzen gewesen, und sie wollten ihn während der kommenden Paschatage als Schlafstätte benutzen, um der Anordnung nachzukommen, während des Festes innerhalb Jerusalems, einschließlich seiner Außenbezirke, zu schlafen. Darüber hinaus bot er, sofern er umzäunt war, die Möglichkeit des Rückzugs angesichts der vielen Pilger in der Stadt. Nicht unplausibel erscheint es auch, wie einige vermutet haben, daß dieses Grundstück Eigentum des reichen Mannes in Jerusalem, des Vaters des Johannes Markus, war und daß dieser es Jesus zur Verfügung gestellt hatte.

Beten und Warten

Jesus hatte seine Jünger da, wo sie ankamen, zurückgelassen – mit Ausnahme von Petrus, Jakobus und Johannes, die er mit sich nahm, um in dieser schweren Stunde nicht allein zu sein. Er betete in ihrer Hörweite, wobei sie wieder einmal mitbekamen, in welch besonderer Weise Jesus Gott als seinen »Vater« (*Abba* auf Aramäisch) ansprach. Doch waren seine Gebete jetzt voller Schmerz. Er bat darum,

Der Garten Getsemani

Es war wahrscheinlich ein umzäunter Olivenhain. Johannes beschreibt ihn als auf der »anderen Seite des Baches Kidron« gelegen (Joh 18,1); Lukas spricht schlicht vom »Ölberg« (22,39). Die heutige Kirche der Nationen (1924 gebaut, siehe Fotos 3 und 15) liegt – dies ist fast sicher – rechts davon, nahe der alten Route, die von der Stadt aus nach Betanien führt. Seit dem dritten Jahrhundert haben christliche Besucher diese Gegend als Ort des Gebetes gesehen.[5]

In den Tagen Jesu wird der Ölberg mit Olivenbäumen bedeckt gewesen sein, aber wahrscheinlich sind viele von ihnen bei der Belagerung durch römische Legionen unter Titus im Jahr 70 n.Chr. zerstört worden. So stammen die heutigen Olivenbäume, auch wenn sie sehr alt sind, wahrscheinlich aus späterer Zeit.

Innerhalb der Kirche der Nationen befindet sich eine offene Felsenfläche, die nach der Überlieferung der Ort ist, wo Jesus in seinem eigenen Anliegen betete. In den Evangelien wird ein solcher Felsen nicht erwähnt. Trotzdem wurde er christlichen Pilgern gezeigt, wie dem Pilger von Bordeaux (333 n.Chr.), und zur Zeit der Egeria (384 n.Chr.) in eine »anmutige Kirche« integriert sowie, viel später, in eine Kreuzfahrerkirche. Wenn dies wirklich der Ort ist, dann hat sich der Verrat Jesu durch Judas nur »einen Steinwurf weit« (Lk 22,41) entfernt zugetragen, vermutlich in Richtung der Stadtmauern. Die byzantinischen Christen scheinen dieses Ereignisses weiter unten, am Fuß des Tales, gedacht zu haben.

Abbildung 4

daß dieser »Kelch« des Leidens an ihm vorübergehen möge. »Aber nicht mein, sondern dein Wille soll geschehen« (Lk 22,42). Er betete so inständig, wird uns berichtet, daß »sein Schweiß wie Blut war, das auf die Erde tropfte« (Lk 22,44).

Die acht anderen Jünger waren, verwirrt durch die abendlichen Ereignisse, bald eingeschlafen, scheinbar ohne von dem sich entwickelnden Drama um sie herum Kenntnis zu nehmen. Petrus, Jakobus und Johannes wurden zu Zeugen der dunkelsten Stunde Jesu. Aber wahrscheinlich hatten auch sie keine Ahnung von dem, was bevorstand. Was erwartete Jesus? Er war vorher noch nie so gewesen; was war jetzt so anders? Aber selbst wenn sie solche Fragen hatten – sie waren bald vergessen. Denn auch sie waren schnell eingeschlafen.

Erstaunlicherweise wird einer der auffälligsten Umstände dieser gut bekannten Geschichte oft übersehen: nämlich daß die Jünger ziemlich lange im Garten waren, bevor ihr Schlaf durch die Ankunft des Judas und einiger Soldaten jäh unterbrochen wurde. Petrus, Jakobus und Johannes schliefen nicht weniger als *dreimal* ein. Wenn es für Jesus offensichtlich so wichtig war, daß sie wach blieben, kann man sich nur schwerlich vorstellen, daß sie jeweils nach wenigen Minuten wieder einschliefen. Außerdem waren sie Fischer – gewohnt, die ganze Nacht wach zu bleiben. Diesmal jedoch waren sie einfach nicht fähig, ihre Augen offen zu halten. Das Ganze zog sich jedenfalls ziemlich lange hin.

Eine Gelegenheit – aber zu spät?

Was die Jünger an jenem Abend nicht wußten, ist für uns eine bekannte Tatsache: daß Judas das Paschamahl mit der Absicht verlassen hatte, dem Hohenpriester Kajaphas mitzuteilen, daß Jesus bald in Getsemani sein werde. Er hatte das Mahl in der Tat ziemlich früh verlassen. Da das Haus des Kajaphas im selben Bezirk lag, konnte er mit Kajaphas oder seinen Beamten sprechen, während Jesus und seine Jünger noch im Abendmahlsaal waren.

Wenn Kajaphas auf diese Information sofort reagiert und einen Trupp ausgesandt hätte, um Jesus zu verhaften, so hätten die Soldaten Getsemani etwa zur gleichen Zeit erreicht wie Jesus, gegen 23 Uhr. Das war in den Augen der meisten zwar spät genug – doch war es ohne Zweifel vorteilhafter, die Verhaftung ein wenig später, gegen Mitternacht, vorzunehmen. Judas und die Soldaten werden jedoch wahrscheinlich nicht vor ein oder zwei Uhr morgens angekommen sein. Was hielt sie so lange auf?

Um dies zu beantworten, müssen wir für einen kurzen Augenblick die schlafenden Jünger verlassen und näher im einzelnen betrachten, was einen halben Kilometer entfernt in Jerusalems Oberstadt vor sich ging.

Mit aller Wahrscheinlichkeit gab es einige wichtige Entscheidungen im Haus des Hohenpriesters zu treffen – und dies durfte einfach nicht überstürzt geschehen. Gleichwohl mußte vieles, ohne daß dies nach außen treten sollte, sehr schnell durchdacht und geplant werden.

Manchmal wird die Vermutung geäußert, daß die religiösen Führer lediglich beabsichtigt hätten, Jesus im letztmöglichen Moment vor dem Fest zu verhaften; alles, was sie daher von Judas wissen wollten, sei gewesen, wo Jesus zu finden sei. Doch dies ist sehr unwahrscheinlich. Erstens zeigt die merkwürdige Verzögerung, mit der die Soldaten Getsemani erreichten, deutlich an, daß der Plan nicht fix und fertig vorlag und nur darauf wartete, durchgeführt zu werden. Wenn sie einfach nur auf ein Signal warteten, warum dann die Verzögerung? Und warum bis zum letzten Moment warten, wenn dies die ganze Operation nur riskanter machte? Schließlich: wenn Schwierigkeiten auftreten würden und es ihnen nicht gelingen sollte, daß die Todesstrafe schnell vollstreckt würde, würde Jesus während des gesamten Paschafestes im Gefängnis einsitzen – das aus ihrer Sicht schlechteste aller möglichen Szenarien.

Deshalb ist es fast sicher, daß sie hofften, Judas würde ihnen einige Zeit vorher Nachricht bringen. Judas hatte Jesus bereits einige Tage lang beobachtet, was erklären würde, warum Jesus sein privates Paschamahl eher heimlich vorbereitet hatte. Jesus achtete darauf, daß Judas seinen nächsten Schritt nicht ahnen konnte. Er verbarg seine Pläne in seinem Herzen, wissend, daß er beobachtet wurde. Erst jetzt, am letzten Abend vor dem Pascha, gab Jesus Judas schließlich die Information, auf die dieser wartete. Ja, nach dem Essen würde er nach Getsemani gehen. Wenn Judas ihn finden wollte, dort würde er ihn treffen.

Doch es mag gut sein, daß Judas nicht nur einfach darauf wartete, daß ein bestimmter, ruhiger Ort genannt würde. Ging es ihm vielleicht nicht auch darum, daß Jesu Verhaftung reibungslos verlaufen würde? Ohne Volksaufruhr, ohne Widerstand von seiten der Jünger, vor allem aber ohne Machtdemonstration durch Jesus selbst. Was würde geschehen, wenn man versuchte, Hand an ihn zu legen und ihn zu verhaften?

So konnte Judas erst dann überzeugt sein, daß die Zeit reif war, als Jesus klare Signale auszusenden begann, daß er tatsächlich bereit war, *sich zu stellen*. Er begann in seltsamer Weise auf seinen Tod anzuspielen, und er forderte Judas ausdrücklich auf, zu gehen und zu tun, was er tun mußte. Jetzt erst (in dem Augenblick, als Jesus so redete – nicht vorher!) konnte Judas zu Kajaphas und den Hohenpriestern gehen. Nicht nur, daß klar war, wo Jesus die Nacht verbringen würde (vielleicht *war* er schon die Nächte zuvor in Getsemani gewesen), Jesus war nun auch in einer Gemütsverfassung, in der er keinen Widerstand leisten würde. *Dies* war die gute Nachricht, auf die sie warteten.

Aber sie kam beinahe zu spät. Tatsächlich werden einige, als sie die Nachricht vernahmen, den Schluß gezogen haben, daß sie zu spät *kam*. Vielleicht verbarg sich mehr hinter der beiläufigen Bemerkung Jesu an Judas (»Was du tun willst, das tu bald!« Joh 13,27), als wir bislang wahrgenommen haben.

Für Kajaphas lautete die drängende Frage: Konnten sie sicher sein, daß dieser politische Gefangene, auch wenn er die Absicht zu haben schien, sich selbst zu stellen, bei Sonnenuntergang des folgenden Tages tot sein würde? Vieles mußte innerhalb der nächsten 21 Stunden geschehen.

Zunächst mußte dem Gefangenen der Prozeß gemacht und mußten ausreichende Beweise vorgebracht werden, die die Todesstrafe rechtfertigen würden. Dies mußte, zweitens, durch den führenden jüdischen Rat, den Sanhedrin, bestätigt werden. Drittens (und dies war der heikelste Punkt) mußte der römische Statthalter seine Zustimmung geben. Ungefähr 20 Jahre zuvor (6 n.Chr.) hatten die jüdischen Behörden das Recht verloren, die Todesstrafe selbst zu verhängen; so mußte Pontius Pilatus ihrem Vorschlag zustimmen. Er würde dabei wahrscheinlich nicht viele Skrupel haben. Aber er mochte die jüdischen Führer nicht, und er konnte leicht die Gelegenheit ergreifen, ihre Forderung abzulehnen. Und wenn er ablehnen würde, wäre die

Position der Priester möglicherweise schlechter, als wenn sie Jesus niemals verhaftet hätten. Dann wäre es besser, wenn Jesus nach Galiläa zurückkehren würde, als daß er in einem Jerusalemer Gefängnis zum Anlaß eines Volksaufruhrs würde.

Es mußte vieles innerhalb eines so kurzen Zeitraumes geleistet werden. War dies möglich? Kajaphas mochte hinsichtlich der Teile des Plans, die unter seiner Kontrolle standen (immerhin betraf dies einen Prozeß mitten in der Nacht und die eilige Einberufung des ganzen Sanhedrin am nächsten Morgen), einigermaßen zuversichtlich sein; letztlich hing aber alles von Pontius Pilatus ab. Bevor Kajaphas Judas und der Tempelwache den Befehl zur Verhaftung geben konnte, mußte er sichergehen, daß Pontius Pilatus zustimmen würde, am nächsten Tag den Fall anzuhören und die Todesstrafe zu bestätigen. Es gab nur einen Weg, sich dessen zu versichern. Man mußte, obwohl es sehr spät war, dem Statthalter dringend einen Besuch abstatten.

Der geheime Besuch

Wir wissen aus der Erzählung von der Verleugnung des Petrus, daß es eine kalte Nacht war (Mk 14,67). Wir können uns vorstellen, wie der Statthalter mit seiner Frau in ihrer Wohnung am offenen Feuer sitzt, als gegen 10 Uhr plötzlich ihre Ruhe gestört wird. Würde der Statthalter den Besucher empfangen? Wer könnte es sein, der ihn zu *dieser* Nachtzeit bemühte? Nur einer aus der jüdischen Bevölkerung konnte sich anmaßen, zu so später Stunde empfangen zu werden: der Hohepriester. Und ohne Zweifel hatte er der Torwache klar gemacht, daß es sich um eine Angelegenheit von höchster Bedeutung handelte, die einfach nicht bis zum folgenden Morgen verschoben werden konnte. Pilatus willigte ein, ihn zu sehen, und nach einer ausführlichen Erklärung der Situation scheint er auch der Forderung des Kajaphas zugestimmt zu haben. Er würde die Todesstrafe für diesen wichtigen Gefangenen bestätigen, und da es ein jüdischer Festtag war, würde er zustimmen, die Anhörung außerhalb des Prätoriums durchzuführen. Kajaphas verließ ihn eilig mit den Zusicherungen, die er benötigte, und Judas erhielt seinen Befehl.

Es gibt weitere Faktoren, die bestätigen, daß die Verhandlungen auf höchster Ebene an diesem späten Aprilabend, wie eben skizziert, abliefen. Erstens berichtet Johannes davon, daß unter denen, die Jesus verhafteten, auch römische Soldaten waren (Joh 18,3); *irgend jemand* in der römischen Hierarchie muß zumindest informiert gewesen sein.

Zweitens waren die jüdischen Behörden sichtbar bestürzt, als Pilatus am folgenden Morgen, anstatt das Urteil einfach zu bestätigen, ein neues Verfahren mit der üblichen Frage (*accusatio*) eröffnete: »Welche Anklage erhebt ihr gegen diesen Menschen? Sie antworteten ihm: Wenn er kein Übeltäter wäre, hätten wir dir ihn nicht ausgeliefert« (Joh 18,29–30). Sie hatten auf ein einfaches »Ja«-Urteil gehofft und waren jetzt anscheinend durch die Entschlossenheit des Pilatus ziemlich verwirrt, eine richtige Anhörung durchzuführen. Was aber hatte sie überhaupt glauben lassen, daß der Vorgang eine reine Routinesache sein würde?

Drittens gibt es die ansonsten eigenartige Episode von der Frau des Pilatus, Claudia Procula, die einen schlechten Traum hatte und ihm am nächsten Morgen die Nachricht übermitteln ließ: »Laß deine Hände von diesem Mann, er ist unschuldig. Ich hatte seinetwegen heute nacht einen schrecklichen Traum« (Mt 27,19). Auf den ersten Blick mag es wie eine phantastische Geschichte erscheinen, die viel später erfunden wurde. Wenn aber Pilatus und seine Frau am Abend zuvor tatsächlich von einem überraschenden Besucher gestört worden waren, dann sieht die Sache ganz anders aus. Auch wenn Claudia Kajaphas nicht selbst gesehen haben sollte, so ist es doch höchst unwahrscheinlich, daß Pilatus sich schlafen legte, ohne seiner Frau davon zu erzählen. Was war das für eine Aufregung am Vorderen Tor? Am nächsten Morgen wurde sie sich dessen bewußt, gehört zu haben, ihr Ehemann solle davon lassen, was zu tun er bereits zugestimmt hatte. So sandte sie ihm eilig die Nachricht: »Laß ab von ihm!« Daher, so scheint es, Pilatus' Entscheidung, dennoch ein Gerichtsverfahren einzuleiten.

Viertens schließlich die seltsame Tatsache, daß die religiösen Führer nicht bereit waren, das Prätorium zu betreten, als sie Jesus am nächsten Morgen zu Pontius Pilatus brachten. Sie machten klar, daß dies sie rituell beschmutzen würde; sie würden dann nicht genügend Zeit für die notwendigen Reinigungsriten vor dem Paschafest haben (Joh 18,28). Man kann daraus nur schließen, daß Pilatus normalerweise nicht damit gerechnet hätte, *irgendein* Verfahren an diesem Tag einzuleiten, denn es ist absurd, Gerichts-Verfahren an einem Tag abzuhalten, an dem die obersten Beamten und Zeugen nicht anwesend sein können. So mußte er offensichtlich über diesen besonderen bevorstehenden Fall verständigt worden sein. Noch wichtiger, er mußte seine Zustimmung zu ihrem Vorschlag gegeben haben, den Fall außerhalb des Prätoriums zu verhandeln. Dies alles deutet darauf hin, daß in der vorausgegangenen Nacht einige wichtige Absprachen getroffen worden waren.

Zurück im Garten

Von dieser ganzen hektischen Betriebsamkeit hatten die Jünger nichts mitbekommen. Sie schliefen. Aber Jesus wußte nur zu gut, was im Gange war. In der Tat hatte er Judas und den Behörden den engen Termin gesetzt. Er wußte, welche Beratungen abzuhalten und Entscheidungen zu treffen waren, bevor sie es wagen konnten, zu kommen und ihn zu verhaften.

In der Zwischenzeit betete Jesus und wartete; er betete und wartete auf seine »Stunde«; er wußte, daß sie kommen würde, weil er in Wirklichkeit selbst alles in Gang gesetzt hatte. Wenn er dem, was kommen sollte, hätte entfliehen wollen, hätte er sich leicht über den Bergrücken des Ölbergs nach Betanien absetzen können. Statt dessen blieb er, eine für alle sichtbare Zielscheibe, und betete.

Das lange Warten in Getsemani beweist, mehr als alles andere, daß Jesu Tod kein Unfall war. Trotz der Qualen, die er einschloß, war es ein Weg, den Jesus bewußt gewählt hatte. Wenn er nur an sich und seine eigene Sicherheit gedacht hätte, hätte er leicht entkommen können. Statt dessen blieb er. »Der Menschensohn«, hatte Jesus gesagt, »ist nicht gekommen, um sich dienen zu lassen, sondern um zu dienen und sein Leben hinzugeben als Lösegeld für viele« (Mk 10,45).

Schließlich sah Jesus, wie erwartet, leuchtende Fackeln in der Ferne. Sie kamen immer näher, dem Ort entgegen, den er selbst bestimmt hatte. Judas und die Soldaten (jüdische wie römische) waren noch jenseits des Tales; bald würden sie ihn ergreifen. Jesu »Stunde« war gekommen.

II. Kreuze auf der Schädelhöhe

Das Leid des (Kar-)Freitags

Die Jünger wachten durch den Lärm der ankommenden Soldaten sofort auf. Was geschah da? Wenige Stunden zuvor hatte Jesus sie gewarnt und dazu ein Bild aus dem Buch Sacharja verwendet, daß er als Hirte »erschlagen« und seine »Schafe zerstreut« werden würden (Mk 14,27). Jetzt war die Zeit gekommen, daß seine Vorhersage als allzu wahr erwiesen wurde.

Um jede Unklarheit in der Dunkelheit des Olivenhaines zu vermeiden, ging Judas direkt auf Jesus zu und küßte ihn – das vereinbarte Signal für seine Begleiter. Aber Jesus leistete keinen Widerstand. Er bat lediglich darum, daß seinen Freunden erlaubt würde wegzugehen. Petrus, der gerade aus seinem Schlaf erwachte, versuchte augenblicklich einzugreifen und die Situation unter Kontrolle zu bringen. Jesus konnte doch nicht so einfach nachgeben! – Er zog sein Schwert. Doch die meisten Jünger waren innerhalb weniger Augenblicke in der Dunkelheit der angrenzenden Olivenhaine verschwunden – voller Furcht, daß auch sie verhaftet würden, trotz der Bitte Jesu, sie zu verschonen. Noch bevor es überhaupt begonnen hatte, war alles vorbei.

Soweit wir die Szene rekonstruieren können, sind neun der Jünger Jesu um ihr Leben gerannt. Auch wissen wir aus dem Markusevangelium (Mk 14,51–52), daß ein junger Mann nackt floh – möglicherweise eine Bezugnahme auf Johannes Markus selbst, den späteren Autor des Evangeliums. Mit großer Wahrscheinlichkeit liefen sie den Berg hinauf Richtung Betanien.

Als die Jünger wenige Minuten später anhielten, um Atem zu schöpfen, konnten sie die Szene unterhalb einsehen und die Prozession flackernder Fackellichter, die in die Stadt zurückkehrte. Sie hätten gerne gewußt, was mit Petrus und Johannes geschehen war. Sie befürchteten, daß auch sie beide festgenommen worden waren und, umgeben von diesen Soldaten und Fackeln, jetzt zurück in die Stadt geschleppt wurden. Ohne zu wissen, was als nächstes geschehen würde, aber das Schlimmste befürchtend, flohen sie in diesem Durcheinander nach Betanien, wo sie Maria, Marta und Lazarus die schrecklichen Nachrichten überbrachten (siehe Abbildung 5). Hier konnten sie bleiben – in sicherer Entfernung. Aber das bedeutete auch, daß sie von weiteren Nachrichten aus der Stadt abgeschnitten waren. Mit aller Wahrscheinlichkeit blieben sie dort bis zum Tag nach dem Sabbat. Diese Männer, die die Schlüsselfiguren der späteren Geschichte werden sollten, waren in diesem entscheidenden Augenblick vollständig von dem Geschehen abgeschnitten. Sie waren dabei, die Ereignisse des »Wochenendes« zu versäumen, welches das berühmteste in der Geschichte Jerusalems werden sollte.

Petrus und Johannes waren jedoch nicht verhaftet worden. Vielleicht mochten sie anfänglich auch daran gedacht haben, über den Berg zu fliehen, aber schließlich faßten sie Mut und folgten den Soldaten, um zu sehen, was ihrem Meister geschehen würde. Wir folgen ihnen auf demselben Weg, auf dem sie gekommen waren – zurück in Richtung Oberstadt, wo der Hohepriester Kajaphas auf den Gefangenen wartete.

DIE LANGE NACHT

Zunächst wurde Jesus kurz zu einem Treffen mit Hannas, dem Schwiegervater des Kajaphas, gebracht (Joh 18,13). Hannas war bis vor ein paar Jahren Hoherpriester gewesen (allerdings konnte er den Titel unter gewissen Umständen behalten), und er mag darum gebeten haben, daß er mit der Befragung des Gefangenen beginnen konnte. Daraufhin wurde Jesus in einen anderen Raum gebracht, um Kajaphas selbst zu treffen.

Die Verleugnung durch Petrus

Johannes und Petrus folgten mit etwas Abstand. Johannes ging sofort in den Hof des Hauses des Hohenpriesters, und möglicherweise überredete er Petrus ebenfalls dazu. Aber der Druck war für Petrus zu groß, und als er von verschiedenen Personen gefragt wurde, ob er etwas mit Jesus zu tun habe, log er gleich dreimal. »Bist du nicht auch einer von den Jüngern dieses Menschen? Er antwortete: Nein« (Joh 18,17).

Petrus hatte seinem Meister unerschütterliche Treue geschworen,

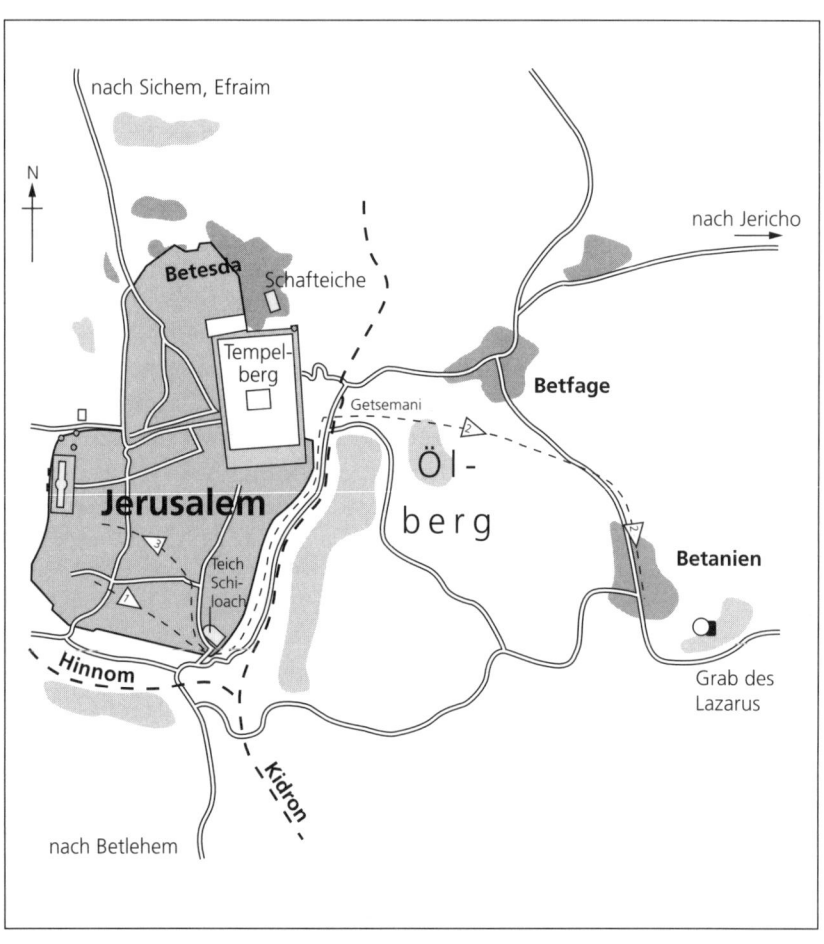

Abbildung 5: Die Wege am Abend des Gründonnerstag (vgl. auch Fotos 2 und 6)

Jesus und seine Jünger verließen das »Obergemach« in der Oberstadt und gingen wahrscheinlich durch das Schiloachtor aus der Stadt hinaus (1). Wenige Stunden später wurde Jesus verhaftet und in das Haus des Kajaphas gebracht, gefolgt von Petrus und Johannes (3). Die übrigen Jünger waren über den Bergrücken des Ölbergs nach Betanien geflohen (2).

Jesus aber hatte gewußt, wessen Petrus fähig war, und vorhergesagt, daß der erste der Jünger ihn dreimal verleugnen würde, bevor der Hahn krähte. Plötzlich hörte Petrus mitten in der Nacht, lange vor dem Morgengrauen, einen Hahn krähen. »Und er begann zu weinen« (Mk 14,29–30.72).

Das Haus und die Familie des Johannes

Einer der Gründe, warum Johannes in dieser angespannten Situation ruhiger blieb, scheint der zu sein, daß er dem Hohenpriester persönlich bekannt war (Joh 18,15). Dies mag eine Rolle gespielt und seine Entschlossenheit bestärkt haben, das Risiko auf sich zu nehmen, den Soldaten in die Stadt zu folgen. Das bedeutete auch, daß er weniger Bedenken hatte, das Haus des Kajaphas zu betreten.

Woher Kajaphas Johannes kannte, ist nicht klar. Manche haben die Vermutung geäußert, daß Johannes als Fischer das Haus des Hohenpriesters belieferte. Eher wahrscheinlich ist die Vermutung, daß Johannes selbst Priester war. Es war nicht unüblich, daß Priester auch anderen weltlichen Geschäften nachgingen. Falls er mit Johannes dem Täufer verwandt war (wie weiter unten vermutet wird), würde dies das Gesagte stützen; denn der Vater von Johannes dem Täufer, Zacharias, war Priester im Tempel (Lk 1,5).

Ein anderer möglicher Grund, der mit einem der oben genannten in Zusammenhang gesehen werden könnte, könnte der sein, daß Johannes ein Haus in der Nähe hatte. Am nächsten Tag wird Jesus Johannes bitten, sich um seine Mutter Maria zu kümmern; »und von jener Stunde an nahm sie der Jünger zu sich« (Joh 19,27). Dem wird oft eine nur geringe Bedeutung beigemessen, aber es könnte sein, daß Johannes damals Maria in sein Haus *in Jerusalem* brachte.

Wenn dem so ist, könnte Johannes Petrus in dieser Situation in ähnlicher Weise mitgenommen haben. Petrus war sicher aufgewühlt, er wird sich selbst angeklagt haben wegen der kläglichen Verleugnung Jesu. Auch wird er noch Angst gehabt haben: was würde mit den Jüngern Jesu geschehen? Soweit wir wissen, verließ er jetzt die Szene und blieb den ganzen folgenden Tag versteckt – um erst am Morgen nach dem Sabbat wieder aufzutauchen. So blieb ein weiterer Jünger – dieses Mal derjenige, den Jesus als ihren Anführer bestimmt

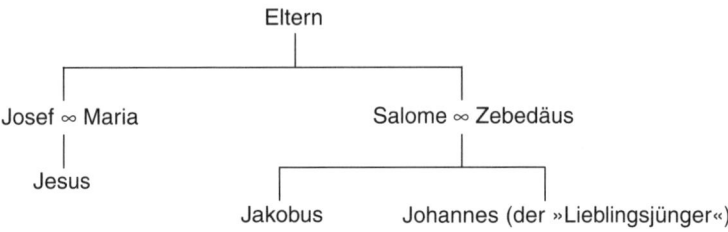

Abbildung 6: Verwandtschaftsbeziehungen zwischen der Familie Jesu und Salome, Jakobus und Johannes

hatte – aus Angst hinter verschlossenen Türen. Auch er versäumte die dramatischen Ereignisse dieses »Wochenendes«.

Wenn die Familie des Johannes tatsächlich ein Haus in Jerusalem hatte, dann lassen sich einige Teile des Puzzles bei der Rekonstruktion dieser schicksalhaften Nacht leichter einfügen. Denn auch andere aus dem engsten Umkreis Jesu, die ihm nachfolgten, andere als die 12 Jünger, hielten sich zu dieser Zeit in und um Jerusalem auf und benötigten einen Platz zum Bleiben. Am nächsten Tag werden wir nicht nur von Maria, der Mutter Jesu, hören, sondern auch von einer anderen Maria und von Salome.

Aus den verschiedenen Aussagen, mit denen die Evangelisten diese Frauen beschreiben, kann der folgende Familienstammbaum erstellt werden (siehe Abbildung 6). Salome (Mk 15,40) wird auch als »Schwester seiner Mutter« (Joh 19,25) und als »Mutter der Söhne des Zebedäus« (Mt 27,56) beschrieben. Das bedeutet, daß Jesus ein Cousin ersten Grades zu Jakobus und Johannes war.

Dies kann wiederum die besondere Freundschaft erklären, die zwischen Jesus und Johannes, dem »Jünger, den Jesus liebte« (Joh 13,23), bestand, und ebenso, warum Salome dachte, daß ihre Söhne einen besonderen Platz in Jesu Reich bekämen (Mt 20,20). Sie waren immerhin die Cousins Jesu.

Dagegen wird »die andere Maria« unterschiedlich beschrieben: als »Mutter des Jakobus und des Josef/Joses« (Mt 27,56; Mk 14,40) und als die »Frau des Klopas« (Joh 19,25). Klopas (oder Kleopas) kann eine griechische Umschrift des »Chalpai« sein, das auch als »Alphäus« übertragen werden kann (der rauhe Hauchlaut am Wortbeginn wird

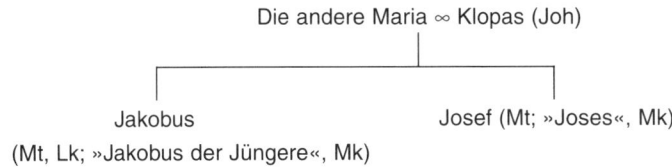

Die andere Maria ∞ Klopas (Joh)

Jakobus
(Mt, Lk; »Jakobus der Jüngere«, Mk)

Josef (Mt; »Joses«, Mk)

Abbildung 7: Die Familie »der anderen Maria«

fallengelassen). So wäre es dann möglich, den Sohn des Kleopas und der Maria (in Mk 15,40 Jakobus der »Kleine« genannt) mit dem anderen Jakobus innerhalb der Jüngerschaft Jesu gleichzusetzen, nämlich mit »Jakobus, dem Sohn des Alphäus« (Mk 3,18) (siehe Abbildung 7). Darüber hinaus gibt es auch eine frühe christliche Überlieferung, daß Kleopas in der Tat der Bruder des Josef, des »Vaters« Jesu, gewesen sei. Wenn das zutrifft, kann der Familienstammbaum Jesu wie in Abbildung 8 rekonstruiert werden.

Auch wenn der letzte Punkt spekulativ ist, so wird doch deutlich, daß an diesen drei Tagen in Jerusalem auch eine Gruppe von Personen anwesend war, die im Alter von Jesu Mutter waren, dem weiteren Kreis der Jüngern Jesu angehörten und miteinander verwandt waren. Wenn man bedenkt, wie viele Menschen zum Paschafest in Jerusalem waren, dann ist es fast sicher, daß, wenn sie derselben Familie angehörten, sie das Fest auch zusammen verbrachten. Dann ist es auch sehr wahrscheinlich, daß ihnen, da sie schon älter waren, der Vorzug vor den Jünger Jesu gegeben wurde, wenn es darum ging, wer wo schlafen sollte: in einem Haus oder draußen am Ölberg (oder in Betanien). Und wenn das Elternhaus von Jakobus und Johannes in Jerusalem stand, dann war es nur naheliegend, daß ihre Eltern (Zebedäus und Salome) die anderen dort beherbergten.

Am frühen Abend hatte Jesus sein Paschamahl bewußt in einem anderen Jerusalemer Haus gefeiert, dem Haus von Johannes Markus. Er wollte dieses besondere Ereignis nur für die Zwölf abhalten. Und er mag auch an die Gefährdung gedacht haben: das Haus des Zebedäus, das Vaterhaus des Jakobus und Johannes, wäre der erste Ort gewesen, wo man mit der Suche nach ihm begonnen hätte.

Jetzt, da die Nacht voranschritt, können wir uns vorstellen, wie aufgeregt die Verwandten Jesu reagierten, als Johannes und Petrus mit

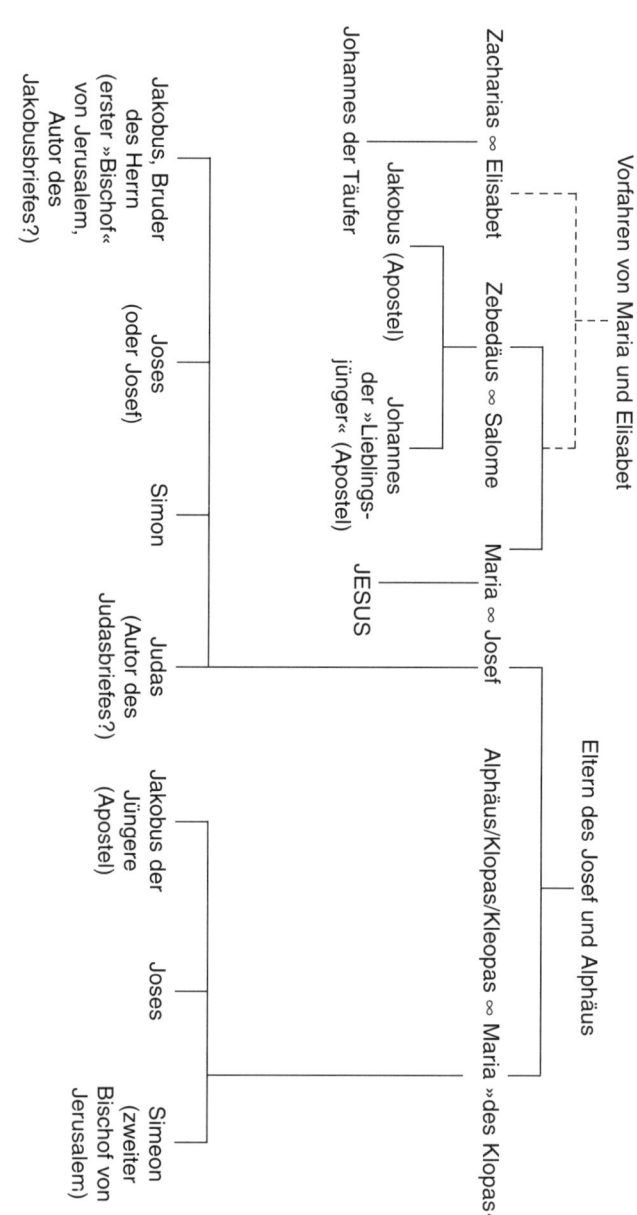

Abbildung 8: Jesu weitere Verwandtschaft (eine mögliche Rekonstruktion)

34

der Nachricht von der Verhaftung Jesu in das Haus des Zebedäus zurückkehrten.

Geographisch gesehen, waren sie dem Ort recht nahe, wo Jesus gefangengehalten wurde. Trotzdem war wahrscheinlich nur Johannes in der Lage, sich dem Prozeß bis auf Hörweite zu nähern. Jesus war in dieser Stunde gänzlich verlassen. Auch wenn seine Verwandten ihm am nächsten Tag nahe sein werden, während dieser langen Nacht war er auf sich gestellt.

Wo war das Haus des Hohenpriesters?

Bezüglich der Lokalisierung des Hauses des Kajaphas gibt es unterschiedliche Positionen, einschließlich der, die von einigen Ruinen im armenischen Viertel, unmittelbar außerhalb des Zionstores, ausgeht oder auch von der Kirche St. Peter in Gallicantu, weiter unten am Hang gelegen.

Diese Kirche (benannt nach der Verleugnung Jesu durch Petrus beim Hahnenschrei) wurde 1931 errichtet, nachdem Ausgrabungen die Überreste einer Kirche aus dem 6. Jahrhundert ans Tageslicht gebracht hatten, unter der einige Räume lagen, die als Gefängnis gedient haben könnten. Rechts von der Kirche befinden sich die Überreste einiger Stufen aus dem 1. Jahrhundert (siehe Foto 14); diese sind nahezu sicher von Jesus und seinen Jüngern auf ihrem Weg zwischen Ober- und Unterstadt benutzt worden, möglicherweise sogar nach dem letzten Abendmahl.

St. Peter in Gallicantu ist jedoch nicht die »Kirche des hl. Petrus« aus der byzantinischen Zeit. Das Haus des Hohenpriesters ist wahrscheinlich eher auf der Höhe des westlichen Hügels gelegen, wo die luxuriösesten Häuser standen (nicht zuletzt wegen des günstigen Westwindes). Dies würde auf das armenische Viertel im heutigen Jerusalem hinweisen.

Eine eindrucksvolle Vorstellung davon, wie ein wohlhabendes Haus zur Zeit Jesu ausgesehen hat, kann man durch den Besuch des »Herodes-Palastes« erhalten (im Archäologischen Wohl-Museum nahe des westlichen Stadtmauer). In diesem wohlhabenden Umfeld wagte ein armer Prediger aus Galiläa zu beanspruchen, daß er der Messias Israels sei.

Abbildung 9

Der außergewöhnliche Prozeß

So ging die Befragung Jesu vor Kajaphas weiter. Dieser »Prozeß« ist bis in das kleinste Detail genau untersucht worden. Dabei wird oft angemerkt, daß darin mehrere Dinge vorkamen, die verfahrenstechnisch nicht legal waren. Gemäß einem Dokument der jüdischen Mischna, dem *Sanhedrin* (spätes 2. Jh. n.Chr.), mußte der Angeklagte durch die Zeugen vor den Gerichtshof gebracht werden, nicht durch eine bewaffnete Wache. Es war gegen das Gesetz, eine todeswürdige Anklage in der Nacht zu verhandeln. Und wenn die Befragung der Zeugen ergebnislos geblieben war, mußten die Richter den Gefangenen freisprechen; statt dessen entschied Kajaphas in jenem Augenblick, Jesus in einem Kreuzverhör selbst zu befragen. Ein Teil der Schwierigkeiten besteht darin, daß wir nicht wissen, wie wahrheitsgetreu dieses spätere, von Pharisäern verfaßte Dokument die Praxis des Sanhedrins (= des Hohen Rates) im ersten Jahrhundert n.Chr. wiedergibt, der damals stärker von den Sadduzäern beeinflußt war. Wie auch immer, es scheint so zu sein, daß vieles im Prozeß streng genommen nicht den Gesetzen entsprach.

Trotzdem bestand gleichwohl die Absicht, wenn möglich einigen Grundregeln zu folgen. Man versuchte eine Anklage zu erheben, die, wie vom Gesetz gefordert, durch zwei Zeugen übereinstimmend bestätigt wurde. Das zeigt an, daß Kajaphas nicht so allmächtig war, daß er in der Versammlung seinen Willen einfach hätte durchdrücken können. Ebenso wird deutlich, daß man sich bewußt war, daß das nächtliche Urteil durch die Vollversammlung des Hohen Rates am Morgen bestätigt werden mußte. Es war wichtig, die Anklage ordnungsgemäß durchzuführen, auch wenn einige Aspekte des Prozesses nicht der Verfahrensordnung entsprachen.

Die ersten Versuche schlugen fehl. Ebenso diejenigen, die sich auf Jesu rätselhafte Aussage richteten (vermutlich korrekt in Joh 2,19 erhalten): »Ich werde diesen Tempel niederreißen und in drei Tagen einen anderen errichten« (vgl. Mk 14,58). Die Versäumnisse an diesem kritischen Punkt zeigen, daß der ganze Prozeß nicht sorgfältig vorbereitet worden war. Jesu Festnahme war in der Tat ziemlich plötzlich erfolgt, auch wenn sie im voraus bedacht worden war. So blieb wenig Zeit, wasserdichte Anklagen vorzubereiten. Das Versagen der Zeugen, was die Übereinstimmung ihrer Aussagen betrifft, läßt auch stark vermuten, daß sie in ihren Zeugenaussagen versuchten, Erklärungen aus gutem Glauben heraus abzulegen, und nicht etwas »aus der Luft« zu greifen. Ganz offensichtlich hatte Jesus etwas gesagt, was sich auf ihn selbst, den Tempel und die »drei Tage« bezog. Das Problem war nur, daß keiner seiner Ankläger den Wortlaut exakt wiedergeben konnte.

Der Ort des Prozesses Jesu vor Pilatus

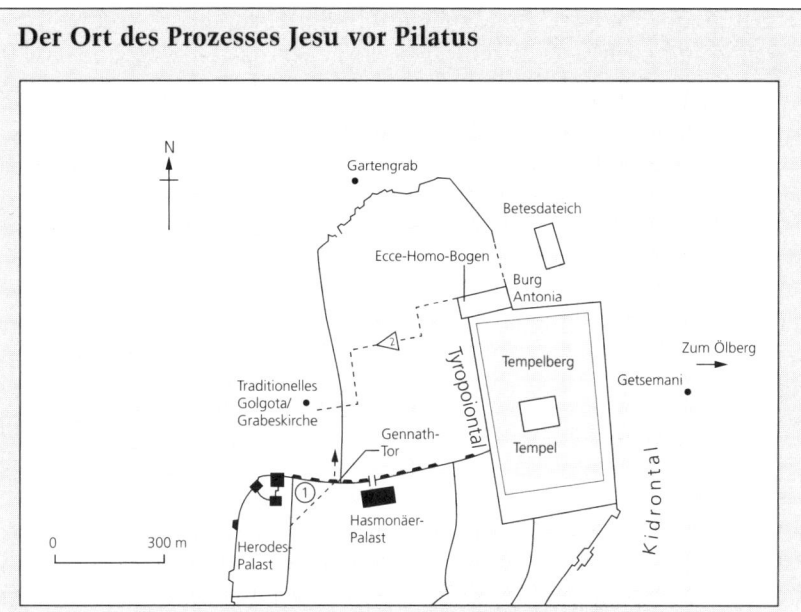

Nach dem Johannesevangelium (18,28; 19,13) wurde Jesus zum Prätorium, dem Amtssitz des römischen Statthalters, gebracht, wo Pilatus Jesus verurteilte, indem er sich »auf den Richterstuhl an dem Platz, der Lithostrotos, auf hebräisch Gabbata heißt«, setzte.

Viele Jahre lang wurde dieser Platz mit einem Steinfußboden identifiziert, der nördlich des Tempelberges, unterhalb des Konventes der Zionsschwestern, gefunden wurde. Der Konvent ist volkstümlich auch als »Ecce Homo« bekannt (die lateinische Übersetzung des »Seht, da ist der Mensch!«, die Beschreibung Jesu durch Pilatus gemäß Joh 19,5). Auf dem Fußboden sind verschiedene Zeichnungen zu sehen, unter anderem auch ein Würfelspiel, das von den Soldaten gespielt wurde, bei dem derjenige, der als erster die Krone erreichte, der Gewinner war. Man nahm an, daß dieser Steinfußboden innerhalb der Burg Antonia lag und dies der Ort war, wo Pilatus Jesus verurteilte. Das Spiel erinnert möglicherweise an die Verhöhnung Jesu durch die Soldaten, die ihm einen »Kranz aus Dornen« flochten (Joh 19,2). Zuletzt ist der Fußboden aber auf das Jahr 135 n.Chr. datiert worden, als Kaiser Hadrian an dieser Stelle ein Forum bauen ließ. Auch der nahe Bogengang wurde in eine Zeit nach Jesus datiert, gebaut von Herodes Agrippa 41–44 n.Chr. Ebenso werden die Ausmaße der Burg Antonia heute als kleiner angesehen. Wahrscheinlich residierte Pilatus während dieses Paschafestes in dem Palast, den Herodes der Große im Westen der Stadt hatte errichten lassen (unmittelbar hinter den Stadtmauern und südlich des heutigen Jaffatores).

Wenn das zutrifft, lag der Weg Jesu nach Golgota mehr nördlich (1), so daß die westwärts gehende Route der mittelalterlichen Via Dolorosa (2) falsch verläuft.

Abbildung 10

Es fällt besonders auf, daß der Ausdruck »drei Tage« so deutlich Teil des Untersuchungsvorgangs ist. Die anderen Bezugnahmen auf die »drei Tage« im Markusevangelium betreffen alle Jesu Vorhersagen, daß er »nach drei Tagen« auferstehen werde (Mk 8,31; 9,31; 10,33). Jetzt, während des Prozesses, wird von Jesu Anklägern eingeräumt, daß er mit diesen Worten eine rätselhafte Aussage gemacht hat – eine Aussage, die von seinen Jüngern später als klarer Hinweis auf seine Auferstehung verstanden wird. Das läßt stark vermuten, daß Jesus in der Tat den offensichtlich absurden Anspruch erhoben hat, er werde »nach drei Tagen« auferstehen, und daß seine Ankläger davon eine dunkle Ahnung hatten.

Zu diesem Zeitpunkt gab es also keine Anklage gegen den Beklagten, die genügend Gewicht besessen hätte für den nächsten Tag, sowohl vor dem jüdischen Sanhedrin als auch vor dem römischen Statthalter. Als letzte verzweifelte Maßnahme – wieder eindeutig nicht dem Gesetz entsprechend – stellte Kajaphas Jesus unter Zeugeneid: »Ich beschwöre dich bei dem lebendigen Gott, sag uns: Bist du der Messias?« (Mt 26,63; Mk 14,61). Jesus antwortete: »Du hast es gesagt« – eine gängige Art, auf hebräisch »Ja« zu sagen. »Und ihr werdet den Menschensohn zur Rechten der Macht sitzen und mit den Wolken des Himmels kommen sehen« (Mk 14,62). Vor dem Hohenpriester seines eigenen Volkes stehend, reklamierte Jesus einen Status für sich, gegenüber dem der Hohepriester »ein Nichts« darstellte. Damit war ein grundsätzlicher und unversöhnlicher Konflikt heraufbeschworen. Einer von ihnen mußte weichen.

Auf der persönlichen Ebene ist die gewaltsame Reaktion des Kajaphas daher nachvollziehbar, aber auch auf der politischen Ebene. Das war genau das, was er brauchte: auf der einen Seite ein messianischer Anspruch (der vor Pilatus als eine Form von politischem Aufstand dargestellt werden konnte) und auf der anderen Seite der Anspruch, einen Platz zur Rechten Gottes zu besitzen (was der Hohe Rat als Blasphemie ansehen würde). *Beide* folgenden Anhörungen sollten zufriedenstellend verlaufen.

Es war in der Tat eine lange Nacht gewesen. Die Hähne krähten. Das Morgengrauen nahte. Wenige der Anwesenden, so können wir annehmen, hatten in der Nacht geschlafen, und jetzt war es zu spät, um zu schlafen. Jesus wurde vermutlich im Haus des Hohenpriesters als Gefangener festgehalten. Bei Sonnenaufgang war der Zeitpunkt gekommen, um die Versammlung aller Mitglieder des Sanhedrins einzuberufen (wahrscheinlich in der großen Säulenhalle auf der Südseite des Tempels; siehe Foto 11). Ihre Aufgabe bestand einfach darin, das Urteil zu bestätigen und dann einige Anklagepunkte für die Verhandlung vor Pilatus vorzubereiten. Dann wäre es höchste Zeit für die endgültige Bestätigung durch Pilatus. Bei Sonnenuntergang würde alles auf die eine oder andere Weise entschieden sein.

DER LANGE TAG

Wo sich Pilatus an diesem schicksalhaften Tag aufhielt, wird noch besprochen werden (siehe Abbildung 10). Wo immer er auch war, wahrscheinlich ist Jesus zu ziemlich früher Stunde zu ihm gebracht worden; diese Sache mit dem galiläischen Prediger sollte entschieden werden, bevor es in den Straßen Jerusalems von Geschichten über das, was während der Nacht geschehen war, widerhallte. Ziemlich sicher waren Johannes und einige andere aus seinem Haus früh genug auf den Beinen, um zu sehen, was ihrem Meister geschehen war. Aber diejenigen im Volk, die Sympathien für Jesus hegten, waren wahrscheinlich völlig in Unkenntnis über das, was vor sich ging.

Das Zaudern des Pilatus

Die Dinge liefen nicht völlig nach Plan. Kajaphas und Pilatus hatten in der Nacht zuvor eine Vereinbarung getroffen. Aber jetzt, in den kühlen, frühen Morgenstunden, schien die Vereinbarung gegenstandslos. Anstelle des erwarteten, schnellen »Nur zu!« durch Pilatus wurden die religiösen Führer von ihm mit der Forderung nach einer formalen Anklage konfrontiert. Ihre Antwort verrät ihre Wut und kann wohl folgendermaßen wiedergegeben werden: »Genügt dir nicht die Entscheidung unseres Gerichtshofes, daß dieser Mann ein Übeltäter ist?« Warum rollte Pilatus den Fall von neuem auf?

Pilatus war bekannt für seine unnachgiebige Politik gegenüber den Juden. So war es ein Affront, als er römische Legionen mit ihren heidnischen Insignien nach Jerusalem entsandte. Er tat dies in der Nacht, weil er vermutlich wußte, daß es Ärger verursachen würde. Als er zusätzliche Gelder brauchte, um von den Teichen Salomons einen dringend benötigten Aquädukt für Jerusalem bauen zu lassen, entschied er sich dafür, Gelder aus dem Tempelschatz zu verlangen. In ähnlicher Weise kränkte er sie, indem er einige Votivtafeln in den Herodes-Palast bringen ließ. In allen diesen Fällen lehnte er es ab, einfach nachzugeben, wobei er nicht davor zurückschreckte, seine Position auch gewaltsam durchzusetzen. So entsprechen die Berichte in den Evangelien, wonach Pilatus bei anderer Gelegenheit einige Galiläer hatte hinrichten lassen, deren Blut sich mit dem ihrer Opfertiere vermischte (Lk 13,1), genau dem, was wir von diesem Mann wissen. Auf der einen Seite würde er nicht besonders interessiert sein an den Feinheiten eines vorwiegend jüdischen Prozesses; auf der anderen Seite jedoch würde es ihm nicht sonderlich viel ausmachen, die religiösen Führer notfalls auch vor den Kopf zu stoßen.

Es gab wahrscheinlich nur eine einzige Person, die er wirklich fürchtete: den Kaiser Tiberius. Der Kaiser war schon zweimal mit Klagen des Volkes über Pilatus konfrontiert worden. Wenige Jahre später (36 n.Chr.) verlor Pilatus dann seinen Posten, als der Kaiser darüber informiert wurde, daß die Truppen des Pilatus einige Samariter während einer religiösen Zeremonie angegriffen hatten. Auch beim Prozeß gegen Jesus wird es seine Furcht vor Tiberius gewesen sein, die schließlich den Ausschlag gab.

Jedenfalls scheint Pilatus bis zu dem Zeitpunkt, da die mögliche Reaktion des Kaisers angesprochen wurde, alles Erdenkliche getan zu haben, um die nächtliche Übereinkunft nicht einzuhalten. Warum? Einen Teil der Verantwortung dafür wird seine Frau, Claudia Procula, tragen. Ihr Traum hatte mit Sicherheit eine erschütternde Wirkung auf ihn. Aber schon bevor Pilatus ihre Nachricht erhielt, lehnte er es offensichtlich ab, den Wünschen des Kajaphas zu entsprechen. Vielleicht beunruhigte ihn etwas an diesem seltsamen Gefangenen, der so wenig zu seiner eigenen Verteidigung vorbrachte, sondern vielmehr von einem anderen Königtum redete (Joh 18,36f). Das war ihm unheimlich. Auf der einen Seite schien dieser Gefangene völlig passiv und ziemlich ungerührt gegenüber allem, was passierte. Auf der anderen Seite jedoch schien er auf seltsame Weise den ganzen Vorgang zu kontrollieren. Wer war er? Was hatte er getan, daß er diese ihn vernichtende Antwort der Führer seines Volkes heraufbeschwörte?

Pilatus suchte verschiedene Auswege. Zuerst sandte er Jesus zu Herodes Antipas, dem Tetrarchen von Galiläa, der zum Fest in Jerusalem war. Antipas hielt sich wahrscheinlich ganz in der Nähe, im Palast der Hasmonäer, auf (siehe Abbildung 10). Jesus wurde jedoch wieder zurückgeschickt (Lk 23,6–12). Dann bot Pilatus eine Pascha-Amnestie an, aber Barabbas, nicht Jesus, wurde schließlich freigelassen. Am Ende wurde ihm vorgeworfen: »Wenn du ihn freiläßt, bist du kein Freund des Kaisers« (Joh 19,12). Das war die letzte Karte. Und sie stach. Pilatus setzte sich auf den Richterstuhl, der Gabbata heißt, wusch sich die Hände und verurteilte Jesus zur Kreuzigung. Das Urteil war bestätigt worden.

In welcher Stimmung sich Pilatus an diesem Tag wohl seinen anderen Geschäften zuwandte? Als er später wegen der schriftlichen Anklage über dem Kreuz Jesu angesprochen wird, spürt man, daß er nicht bereit ist, sich innerhalb weniger Stunden ein zweites Mal herumschubsen zu lassen. Der Titel »König der Juden« war notwendigerweise zweideutig: bezeichnete er lediglich den Anspruch Jesu, oder spiegelte er eine paradoxe Wirklichkeit wider? Pilatus antwortete energisch: »Was ich geschrieben habe, habe ich geschrieben« (Joh 19,22). Mit anderen Worten: er hob die Zweideutigkeit nicht auf. Etwas an Jesus hatte ihn beeindruckt. Man mochte sich beschweren soviel man wollte, Pilatus kümmerte sich nicht darum. Was er geschrieben hatte, hatte er geschrieben.

Der Weg auf die Schädelhöhe

So entschwand Jesus aus dem Blickfeld des Pilatus. Er wurde durch das Gennath- (oder »Garten-«) Tor hinausgeführt an einen Ort, der als »Golgota« oder »Schädelhöhe« bekannt war (Mk 15,22). Und dort kreuzigten sie ihn.

Trotz der enormen Bedeutung für ihren späteren Glauben sind die Evangelisten bemerkenswert zurückhaltend bei ihrer Beschreibung der Kreuzigung. Die Mehrzahl der Jünger blieb wahrscheinlich in Betanien, um ihr Leben fürchtend und ohne genaue Kenntnis über das, was in der Stadt passierte, bis am späten Nachmittag Nachrichten zu ihnen durchdrangen. Diejenigen, die im Haus des Johannes waren, waren sicher bei der Kreuzigung zugegen. Doch daß Petrus nirgendwo erwähnt wird, läßt vermuten, daß er, erfüllt von Angst und Reue, der Kreuzigung fernblieb.

Üblicherweise trugen die zum Tode Verurteilten ihren Kreuzbalken selbst. Da Jesus dazu zu schwach war, zwangen die Soldaten einen jüdischen Jerusalembesucher aus Nordafrika, der als Simon von Zyrene bekannt ist (Mk 15,21), zu diesem Dienst. Die Verurteilten wurden eine bestimmte Strecke durch die Stadt geführt, um sie den Demütigungen der Schaulustigen auszusetzen. Wenn sie dann den Hinrichtungsort erreicht hatten, wurden sie normalerweise aller Kleider beraubt. So wurde dies in anderen Provinzen des römischen Reichs gehandhabt. Aber wegen jüdischer Empfindsamkeiten kann es auch so gewesen sein, daß dies in Judäa nicht immer praktiziert wurde. Die Tatsache jedenfalls, daß alle vier Evangelisten davon berichten, daß die Soldaten das Los über die Kleider Jesu warfen, kann eine diskrete Andeutung dafür sein, daß Jesus tatsächlich nackt am Kreuz hing – für jeden Juden die schlimmste Form der Demütigung. Obwohl die Kreuzigung die übliche römische Hinrichtungsart geworden war, ist es unwahrscheinlich, daß es zu jener Zeit viele Kreuzigungen außerhalb der Mauern Jerusalems gegeben hat. Es war ein sehr seltenes Ereignis. Andererseits waren erst 30 Jahre vergangen, seitdem die Römer nach der Niederschlagung des Aufstandes Judas' des Galiläers (4 v.Chr.) 2000 Personen in Galiläa gekreuzigt hatten. Und eine Generation später werden die Römer auf die gleiche Methode zurückgreifen, um auf den ersten jüdischen Aufstand (70 n.Chr.) zu antworten. Nach Cicero war diese Art der Bestrafung be-

Die Familie des Kreuzträgers

Das Kreuz Jesu wurde von Simon von Zyrene getragen. Das Markusevangelium fügt das Detail an, daß er »Vater des Alexander und des Rufus« war – möglicherweise ein Hinweis darauf, daß die Leser des Markus seine Söhne kannten. Wenn Markus sein Evangelium in Rom geschrieben hat, dann ist einer der Grüße des Paulus am Ende seines Briefes an die Kirche in Rom aufschlußreich: »Grüßt Rufus, der vom Herrn auserwählt ist; grüßt seine Mutter, die auch mir zur Mutter geworden ist« (Röm 16,13).

Noch faszinierender ist die Tatsache, daß das Ossuarium von Rufus' Bruder Alexander möglicherweise erhalten geblieben ist.[1] Ossuarien sind Steingefäße, die dazu dienten, die Gebeine einer Person aufzubewahren, nachdem der Körper verwest war. 1941 sind einige Ossuarien in einem Grab im Kidrontal gefunden worden. Eine von ihnen hatte mehrere Inschriften (siehe oben): »Alexander von Zyrene« (in Aramäisch) und: »Alexander, Sohn des Simon« (in Griechisch). Enthielt dieses Ossuar die Gebeine jenes Mannes, dessen Vater das Kreuz Jesu getragen hatte? Wenn das zutrifft, wissen wir etwas über vier Mitglieder einer Familie, die von dem, was an diesem Freitag außerhalb der Stadtmauern Jerusalems geschah, beeinflußt wurde.

Abbildung 11

sonders für Personen der unteren Klassen reserviert, und das Wort »Kreuz« wurde in der gehobenen römischen Gesellschaft vermieden.[2] Nach der späteren kirchlichen Überlieferung wurde Petrus gekreuzigt, Paulus aber, der römischer Bürger war, enthauptet. So nahm Jesus auf mehr als eine Weise »Sklavengestalt« an, wenn er sich »erniedrigte bis zum Tod, bis zum Tod am Kreuz« (Phil 2,7–8). Der Tod, den er sterben würde, war für die Niedrigsten der Niedrigen reserviert.

Unter dem Kreuz versammelt

Jetzt werden die Nachrichten durch die nahegelegenen Straßen Jerusalems gedrungen sein. Viele waren an diesem Tag auf der anderen Seite Jerusalems mit den Vorbereitungen für das Paschafest beschäftigt und bekamen von den Ereignissen erst später etwas mit. Aber einige waren da und sahen, was jetzt mit Jesus geschah. Einige von denen, die sich mit Jesu Lehre und Anspruch identifizierten, standen entlang der Straße, »darunter auch Frauen, die um ihn klagten und weinten« (Lk 23,27).

Dann kam von Betanien aus eine von Jesu engsten Nachfolgerinnen herangeeilt: Maria Magdalena. Die Spannung in jenem Haus in Betanien wird unerträglich geworden sein, und Maria wird vermutlich darauf bestanden haben, daß ihr erlaubt wurde, für sie alle herauszufinden, was genau geschehen war und geschah.

Es gibt in den Evangelien und in der späteren kirchlichen Überlieferung einige Hinweise dafür, daß diese Maria nicht nur mit der namenlosen Frau zu identifizieren ist, die in Galiläa versuchte, Jesus zu salben (Lk 7,37f), sondern auch mit der Maria, die diese Handlung mit einer tieferen Bedeutung in Betanien wiederholte (Joh 12,3f; Mk 14,3–9). Sie war die Schwester der Marta, und ihr wirkliches Zuhause war in Betanien, aber für eine gewisse Zeit hatte sie ein unabhängiges und stadtbekanntes Leben im Norden, in Magdala, geführt.

Wenn dies der Fall ist, würden einige Details in den Evangelien zusätzlich Sinn erhalten: daß die Frau, die von Jesus so hochgelobt wurde, weil sie seinen Leib im voraus für die Bestattung gesalbt hatte, auch zur Zeit seiner tatsächlichen Bestattung anwesend war; daß die gleiche Frau drei Tage später zu jenen gehörte, die Jesus salben wollten; und daß diese Maria, die den Bericht der Jünger gehört hat-

Kreuzigung

Die Kreuzigung war eine Art der Bestrafung, die die Römer für die unteren Klassen benutzten, für Sklaven, gewalttätige Kriminelle und besonders für Personen, die in Aufstände verwickelt waren. In Judäa gab es massenhaft Kreuzigungen nach jedem Aufstand gegen Rom (4 v.Chr., 70 und 135 n.Chr.). Die Opfer wurden normalerweise entkleidet und oft nicht begraben. Ihre Leichname blieben als Beute für die Vögel zurück.

1968 wurden in Giv'at ha-Mivtar, im Nordosten Jerusalems, die Gebeine eines gekreuzigten Mannes gefunden. Medizinische Untersuchungen ergaben, daß der Mann Mitte zwanzig war, als er um die Hälfte des 1. Jahrhunderts n.Chr. gekreuzigt wurde. Seine Arme waren unter dem Handgelenk festgenagelt und seine Beine waren gebrochen. Noch heute sind seine Fersenknochen zusammengenagelt.

Man hat daraus geschlossen, daß die Opfer an das Kreuz angelehnt wurden, damit die Nägel durch ihre Unterarme geschlagen werden konnten. Daraufhin wurden ihre Beine hochgestoßen (meist seitwärts, siehe oben), so daß die Arme das ganze Körpergewicht zu tragen hatten. Dies verursachte dann, daß die Nägel durch das Fleisch des Unterarms rissen, bis sie die Handwurzel erreichten. Benutzte man einen kleinen »Sitz«, auf dem das Opfer ruhen konnte, verlängerte dies nur den Todeskampf. Schließlich starben sie an Erstickung, weil sie sich nicht mehr ausreichend genug hochziehen konnten, um zu atmen.[3]

Abbildung 12

te, als diese während der Nacht nach Betanien zurückkehrten, sich entschloß, am nächsten Morgen in die Stadt zu gehen, um für sie herauszufinden, was dort vor sich ging.

Als sie ankam, sah sie ihre schlimmsten Befürchtungen eingetroffen. Sie gesellte sich zu den Freunden und Verwandten Jesu, die den römischen Soldaten zuschauten, wie sie ihre Pflicht erfüllten: Jesus seine Kleider nahmen, ihn an den Querbalken nagelten und dann auf den vertikalen Schaft hochzogen. Sie machten das gleiche mit zwei gewöhnlichen Kriminellen, die sie Jesus zur Seite stellten. Selbst in diesem Augenblick unerträglichen Schmerzes und schlimmster Demütigung hörten Jesu Gefolgsleute, wie er betete: »Vater, vergib ihnen, denn sie wissen nicht, was sie tun« (Lk 23,34).

Unter ihnen war auch die andere Maria, die Frau des Kleopas, ebenso Johanna. Johanna wird bei Lukas zusammen mit Susanna (die wahrscheinlich auch bei der Kreuzigung zugegen war) als eine der Frauen genannt, die Jesus während dessen Zeit in Galiläa unterstützt hatten (Lk 8,3). Da Johannas Mann für Herodes Antipas arbeitete, kann sie während seines Besuches in Jerusalem unter dem Gefolge des Herodes gewesen sein. Möglicherweise ist sie eine der Sonderquellen des Lukas (z.B. für Lk 23,6–12). Vielleicht hat sie für Herodes an diesem Vormittag gearbeitet und später am Tag frei gehabt, um sich bei der Kreuzigung zu der Menge zu gesellen.

Lukas spricht deshalb mehrere Male von den »Frauen, die ihm seit der Zeit in Galiläa nachgefolgt waren« (23,49.55). Er spricht auch von den »Bekannten« Jesu (V. 49) und denkt dabei wahrscheinlich an seine männlichen Freunde wie Zebedäus, Kleopas, Josef von Arimathäa und Nikodemus. Aber die Tatsache, daß er nicht das Wort »Jünger« benutzt, bestätigt unsere Folgerung, daß während dieser Zeitspanne die Mehrheit der »Jünger« nirgendwo gesehen wurde, da sie sich ängstlich in Betanien versteckt hielten.

Inmitten all dieser Geschehnisse war Jesus aber noch fähig, an eine andere Frau zu denken, die dritte Maria, seine eigene Mutter, die voller Sorgen und Ängste das schreckliche Schauspiel beobachtete (Joh 19,26–27). Zweifellos hatte sie gegen die dringenden Bitten ihrer Verwandten darauf bestanden – und wer hätte es ihr abschlagen können –, bei ihrem Sohn zu sein? Aber dann sprach Jesus zu Johannes und bat ihn, sie zu sich zu nehmen, so als wäre er jetzt ihr Sohn. So verließ Johannes für einen Augenblick die Szene, um Maria in sein Haus zu bringen, vermutlich unterstützt von seiner Mutter Salome, die auch Marias Schwester war. Salome blieb dann bei Maria, um ihr Trost zu spenden, während Johannes rechtzeitig zurückkehrte, um Jesu letzte Augenblicke mitzuerleben (Joh 19,28f).

Der Tod Jesu

Während der folgenden Stunden lag eine unheimliche Finsternis über der Stadt – vielleicht durch einen Sandsturm verursacht. Auch im Tempel war, wie man später erfuhr, Eigenartiges passiert: der Vorhang vor dem Allerheiligsten war »von oben bis unten« entzweigerissen (Mt 27,45.51f). Waren dies alles äußere Zeichen für etwas Schwerwiegenderes, ein Hinweis darauf, daß dies die Zeit des göttlichen Gerichts war?

Johannes und die anderen konnten nichts anderes tun als dabeizustehen und zu sehen, wie Jesus nun vor ihren Augen am Kreuz hing, er, den sie gesehen hatten, wie er anderen Heil und Leben gebracht hatte. Der Hohn seiner Ankläger war grausam: »Anderen hat er geholfen, sich selbst kann er nicht helfen« (Mk 15,31). Derjenige, der sie Gottes Gegenwart so hautnah hatte erfahren lassen, kam an den Punkt, die niederdrückenden und unvergeßlichen Worte auszusprechen: »Mein Gott, mein Gott, warum hast du mich verlassen?« (Mt 27,46).

Es ist nicht ungewöhnlich, daß Gekreuzigte – in ihrem schrecklichen Todeskampf nach Luft ringend – zwei, drei Tage lang überlebten. In diesem Fall jedoch waren die religiösen Führer wegen der unmittelbar bevorstehenden Paschafeiern daran interessiert, daß den Gekreuzigten die Beine zerschlagen und die Leichen vor dem Sabbat abgenommen wurden (Joh 19,31f). Im Fall Jesu machten sie sich unnötig Sorgen; sein Tod kam verhältnismäßig schnell. Nach fünf oder sechs Stunden am Kreuz hörte man ihn mit lauter Stimme rufen: »Vater, in deine Hände lege ich meinen Geist.« Nach diesen Worten »hauchte er den Geist aus« (Lk 23,46; Joh 19,39). Es war ungefähr drei Uhr nachmittags. Alles war vorbei.

Für diejenigen, die daran geglaubt hatten, daß Jesus ihr Messias sei, war dies das endgültige, erschütternde Ende ihrer Hoffnungen. Ein toter Messias war kein Messias. Viele »schlugen sich an die Brust« und verließen den Platz (Lk 23,48). Für einige in der Menge war dies ein weiteres schreckliches Beispiel menschlicher Grausamkeit und eine vollkommene Karikatur von Gerechtigkeit. Aber andere waren auf einer tieferen Ebene betroffen. Jesu Sterben war so anders als das anderer Verurteilter gewesen. Am Ende hatte er immer noch auf Gott vertraut, ihn immer noch »Vater« gerufen. Auf jeden Fall war der römische Hauptmann, der Jesus sterben sah, tief beeindruckt. Jesus war kein gewöhnlicher Gefangener. »Wahrlich«, so schloß er, »das war Gottes Sohn« (Mt 27,54).

Hastige Vorkehrungen für das Begräbnis

In den Stunden zuvor muß den Gefolgsleuten Jesu, die um das Kreuz versammelt waren, irgendwann die schreckliche Erkenntnis gekommen sein: Wenn Jesus gestorben sein würde, würde man den Leichnam einfach in ein gewöhnliches Grab werfen, zusammen mit den beiden Verbrechern, die an diesem Tag mit ihm gekreuzigt worden waren. Unter den Gefolgsleuten war ein Mann, der dies verhindern konnte – wenn er bereit war, es zu riskieren. Sein Familiengrab lag in nächster Nähe, in einem Garten (Joh 19,41).

Josef aus Arimathäa wird als ein reiches Mitglied des Hohen Rates beschrieben, der im Rat der Verurteilung Jesu nicht zugestimmt hatte (Lk 23,50–51). Jetzt hatte er die Gelegenheit, sich mit der Sache Jesu zu identifizieren, auch wenn es zu spät war. Mutig ging er zu Pilatus, um die Erlaubnis zu erhalten, Jesus in seinem eigenen Grab zu bestatten.

Ohne Zweifel werden die religiösen Führer darüber nicht sehr erfreut gewesen sein – nicht zuletzt deshalb, weil dies bedeutete, daß die Verantwortung für den Leichnam Jesu jetzt wieder eher jüdischer als römischer Jurisdiktion unterlag. Aber zu diesem Zeitpunkt, am Nachmittag, werden viele von ihnen an der Zeremonie der Schlachtung der Paschalämmer beteiligt gewesen sein, und sie werden erst einige Stunden später von der Aktion des Josef gehört haben.

Josef kehrte mit der Erlaubnis des Pilatus zurück und beratschlagte mit Nikodemus, was in der Kürze der Zeit bis zum Einbruch der Nacht, d.h. dem Beginn des Sabbat, zu tun sei. Üblicherweise wurden die Leichname gewaschen und mit parfümierten Ölen gesalbt, bevor sie mit einem Alltagsgewand wieder bekleidet wurden. Für all das war keine Zeit. Deshalb kaufte Josef eilig ein großes Leinentuch

LICHT IN DER DUNKELHEIT

Foto 1: Der Vollmond über dem Kidrontal (Blick nach Süden). Jesus ging hier (nordwärts) auf seinem Weg nach Getsemani; er konnte die Tempelplattform (rechts) und das Grab des Abschalom (links) im Licht des Pascha-Vollmondes gut erkennen.

DER VON JESUS AUFGESUCHTE HÜGEL: ZWEI ANSICHTEN DES ÖLBERGS (1900 UND 1989), IN BLICKRICHTUNG OSTEN ÜBER DAS KIDRONTAL

Foto 2 (oben): Die Jünger flohen von Getsemani (in der Mitte) vermutlich nach Betanien (über dem Hügel rechts). Die Bergspitze ist der traditionell angenommene Ort der Himmelfahrt.

Foto 3 (links): Neben den beiden russischen Kirchen (der Himmelfahrt und Hl. Maria Magdalena) ist die Kirche der Nationen in Getsemani (1924 erbaut) zu sehen.

DIE LETZTE NACHT JESU:
ZWEI LUFTBILDER, VON SÜDWESTEN
AUS GESEHEN (1936 UND 1998)

Foto 4 (oben): Zur Zeit Jesu reichte die ummauerte Stadt weiter nach Süden, umgeben von dem Kidrontal (rechts) und dem Hinnomtal (unten). Rechts ist der Ölberg zu sehen.

Foto 5 (kleines Bild): Das Modell im Holy Land-Hotel von Jerusalem im ersten Jahrhundert; es zeigt noch deutlicher das steile Gefälle von der Oberstadt (links) hinunter zur Unterstadt (siehe Foto 4; vgl. Foto 14).

Foto 6: Jesu nächtlicher Weg vom Letzten Abendmahl auf dem Zionsberg (1) hinunter zum Schiloachtor (2) und hinauf nach Getsemani (3).

DAS TIEFE TAL

Foto 7: Das Kidrontal (ca. 1880) in Blickrichtung Norden vor der extensiven Bebauung auf der rechten (das heutige Dorf Silwan) und linken Seite (die alte Davidstadt auf dem Ophel). Als Jesus das Tal hinaufging, wird ihm die Tempelplattform (oben links) wegen der Säulenhallen noch höher erschienen sein.

ZUFLUCHTSORT

Foto 8: Betanien (ca. 1890), in Blickrichtung Westen. Dieses Dorf an der Grenze zur Wüste Judäa war das Zuhause von Maria, Marta und Lazarus. Wahrscheinlich floh die Mehrzahl der Jünger nach der Verhaftung Jesu dorthin. Das Grab des Lazarus (siehe Joh 11) befindet sich in der Kirche neben dem Pfad rechts oben.

DAS SCHATTENTAL

Foto 9 (1998): Das Kidrontal und das Hinnomtal treffen im Südosten der Stadt nahe beim Teich Schiloach zusammen. Die späte Nachmittagssonne strahlt auf die Spitze des Ophel (das »Zion« von König David), die goldene Kuppel des Felsendomes und das arabische Dorf Silwan. In der Ferne liegen Getsemani und jenseits davon die heutige hebräische Universität vom Mt. Scopus.

JESUS UND DER TEMPEL: REINIGUNG, PROZESS UND ZERSTÖRUNG (NACH EINEM ZEITGENÖSSISCHEN MODELL UND JÜNGEREN ARCHÄOLOGISCHEN AUSGRABUNGEN)

Foto 10 (gegenüberliegende Seite oben): Jesus stieß die Tische der Händler im äußeren Hof um (man kann den Zaun bzw. die »Trennwand« erkennen, die Heiden davon abhielt, den eigentlichen Tempel [rechts] zu betreten). Diese provokative Handlung, zusammen mit seiner Ankündigung der Zerstörung des Tempels (Mk 14,58), führte zu seiner Verhaftung.

Foto 11 (kleines Bild auf der gegenüberliegenden Seite): Der Prozeß Jesu fand im Morgengrauen vor dem Sanhedrin in der königlichen Säulenhalle (südlich des Haupttempels) statt.

Foto 12 (gegenüberliegende Seite unten): Im Jahr 70 n.Chr. wurde der Tempel durch die Römer unter Titus zerstört. Jesus hatte gewarnt: »Kein Stein wird auf dem andern bleiben« (Mk 13,2).

JESUS WEINT ÜBER DIE STADT

Foto 13 (oben): Der Blick auf Jerusalem von »Dominus Flevit« aus gesehen, einer kleinen Kirche, die an die Tränen Jesu über Jerusalem erinnert, das »die Zeit der Gnade nicht erkannt« hat (Lk 19,41–44). Trotz der anfänglichen Begeisterung in der Bevölkerung wird Jesus bald aus der Stadt hinausgetrieben, um gekreuzigt zu werden. Das zentrale Kreuz des Fensters ist nicht auf die goldene Kuppel des Felsendomes ausgerichtet, sondern auf die Grabeskirche.

Foto 14: Überreste einiger Stufen aus dem ersten Jahrhundert (in unmittelbarer Nähe zu St. Peter in Gallicantu), die möglicherweise von Jesus benutzt wurden, als er die Oberstadt nach dem Letzten Abendmahl verließ.

VOM MAHL ZUM
GRAB.
JESU LETZTER WEG

Foto 15 (rechts): Die Kirche der Nationen in Getsemani, die an Jesu Seelenangst erinnert.

Foto 16 (unten links): Das aus dem Felsen gehauene Grab des Abschalom, das Jesus zweimal in jener Nacht passierte, auf dem Hin- wie auf dem Rückweg von Getsemani.

Foto 17 (unten rechts): Ein »Rollstein« am Eingang eines Grabes aus dem ersten Jahrhundert in Nazaret (unterhalb des Konventes der Schwestern von Nazaret).

und Nikodemus eine riesige Menge an trockenen Gewürzen, während die Frauen sich bereiterklärten, nach dem Sabbat zurückzukommen, um den Leichnam den Vorschriften gemäß zu salben.

Wir können uns vorstellen, wie Josef und Nikodemus, vielleicht unterstützt durch Johannes und einige Diener, den Leichnam Jesu nahmen und in das nahe Grab legten. Das war sicherlich für einen allein nicht zu bewerkstelligen. Die beiden Marias scheinen dies aus der Nähe beobachtet zu haben, ohne in das Grab gegangen zu sein. Wahrscheinlich kannten sie Josef nicht, und ihr eigener sozialer Status wird sie daran gehindert haben, sich ihm vorzustellen. Johanna und Susanna jedoch gehörten zum Hof des Herodes und sahen laut Lukas, »wie der Leichnam in das Grab gelegt wurde« (Lk 23,55). Vielleicht begleiteten sie die Männer sogar in das Grab.

Jesus war vorläufig zur letzten Ruhe gebettet worden. Das war alles, was sie jetzt für ihn tun konnten. Alles andere mußte bis nach dem Sabbat warten.

Die Sonne ging am westlichen Himmel unter. Es war keine Zeit zu verlieren. So schlichen sie hastig aus dem Grab. Sie rollten – wie es üblich war – einen runden Stein vor den Eingang, um zu verhindern, daß Diebe (oder Schakale und andere wilde Tiere) das Grab störten. Dann machten sie sich auf den Rückweg Richtung Stadttor. Man kann sich vorstellen, wie sie dabei noch einmal zurückschauten, sich dessen schmerzhaft bewußt, wieviele ihrer Hoffnungen in diesem kalten Gartengrab für immer begraben worden waren.

Das Haus der Trauer

Das Licht des Pascha-Vollmonds würde bald am Himmel über dem Ölberg leuchten. Josef und Nikodemus kehrten zu ihren Häusern zurück. Johanna und Susanna nahmen den Weg zur Residenz des Herodes Antipas. Für Maria Magdalena war es zu spät, den Jüngern in Betanien von all dem zu berichten. Deswegen nahm sie die andere Maria, die Frau des Kleopas, mit sich in das Haus des Zebedäus und der Salome, wo sich Petrus, Kleopas, Johannes und die Mutter Jesu aufhielten. Sie alle würden sich während der unendlich langen Stunden des Sabbats brauchen, um sich gegenseitig zu stützen und zu trösten.

Ohne Zweifel werden sie sich die Ereignisse der vergangenen 24

Stunden immer wieder bis in alle Einzelheiten erzählt haben. So viel war so schnell passiert; sie brauchten Zeit, dies zu verarbeiten. Und dahinter standen Fragen, denen sie nicht ausweichen konnten. Was sollte dies alles bedeuten? Hatte Jesus dies alles kommen sehen, und, wenn dies zutraf, wie konnte dies alles Teil von Gottes Plan sein? Wo *war* Gott überhaupt, über den Jesus mit solch einem Glauben und Vertrauen gesprochen hatte? Was war mit all ihren Hoffnungen geschehen, daß Jesus derjenige sein würde, der Israel erlösen und in das Reich Gottes führen würde? War er wirklich ein weiterer gescheiterter Messias? Stand er tatsächlich unter dem Fluch Gottes, weil er am »Holz« gestorben war (Dtn 27,26)?

Für andere in Jerusalem war es ein hoher und heiliger Tag. Alle Nachbarn hatten mit den Feiern der Paschanacht begonnen. Die Kinder waren aufgeregt und die Eltern damit beschäftigt, ihnen zu erklären, wie Gott sie aus Ägypten gerettet hatte und wie er eines Tages wieder handeln würde, um sein Volk zu erlösen. Es war ein Tag, um zurückzuschauen, aber auch um nach vorne zu schauen.

Für die, die im Haus des Zebedäus zusammengekauert saßen, gab es wenig nach vorne zu schauen, kein Anzeichen, daß Gott ihnen jemals zu Hilfe kommen würde – nur die traurige Gewißheit, daß das Gute nicht über das Böse triumphierte. Es war ein Tag quälender, nahezu unerträglicher Fragen.

Es war in der Tat ein langer Tag gewesen – ein Tag, den sie am liebsten vergessen hätten, der sich aber für immer in ihrem Gedächtnis eingeprägt hatte.

III. Das Drama im Grab

Die Überraschung des dritten Tages

Der nächste Tag war ein Sabbat, ein ruhiger Samstag in Jerusalem, ein Tag zum Nachdenken. Es war aber auch ein Tag strategischer Planung. Nach außen war alles ruhig, doch inmitten der Ruhe wurden wichtige Pläne vorbereitet.

EIN ERHOLSAMER SABBAT?

Jesu Anhänger

Jesu Anhänger hatten zumindest zwei praktische Anliegen, die ihnen keine Ruhe ließen. Zum einen hatten sich die Frauen, die bei der Kreuzigung dabei waren, bereit erklärt, sich so früh wie möglich nach dem Sabbat am Grab des Josef zu treffen, um dort Jesu Leichnam für seine endgültige Ruhe vorzubereiten. Das bedeutete, daß jemand noch mehr Gewürze und Salböle besorgen mußte. Es ist möglich, daß Johanna und Susanna, die wohlhabender waren, Vorräte hatten und so, als sie am Freitagnachmittag in den Hasmonäer-Palast zurückkehrten, mit den Vorbereitungen beginnen konnten (Lk 23,56). Die beiden Marias, die im Haus des Zebedäus und der Salome waren, mußten hingegen jemanden nach Sonnenuntergang auf den Markt schicken (Mk 16,1).

Zum anderen war der Kontakt mit den anderen Jüngern in Betanien völlig zusammengebrochen. Fast zwei Tage lang hatten sie nichts mehr von ihnen gehört. Wir können uns gut vorstellen, daß sich Salome anbot, die Salböle zu besorgen und in Jerusalem zu bleiben, um für ihre Schwester, die Mutter Jesu, zu sorgen, während die beiden Marias bereit waren, nach Betanien hinauszugehen. Immerhin hatte Maria Magdalena einen Bruder und eine Schwester dort, und die andere Maria mag um ihren Sohn, Jakobus den Jüngeren, besorgt gewesen sein. Sie konnten schon kurz vor dem Sonnenuntergang starten und eine »Sabbatstrecke« bis zum Bergrücken des Ölbergs zurücklegen; den Rest des Weges konnten sie dann unter dem ersten

Licht der Sterne zurücklegen. Weil sie im Dunkeln ankommen würden, ist es fast sicher, daß Kleopas seine Frau begleitet haben wird. Nach ihrer Ankunft werden sie die Jünger wohlauf gefunden haben, zugleich aber nicht umhin gekommen sein, die entsetzlichen Nachrichten zu bestätigen, die bereits nach Betanien durchgedrungen waren: daß ihr geliebter Meister seit mehr als 24 Stunden tot war. Der einzige Trost bestand darin, daß Petrus und Johannes nicht verhaftet worden waren und daß sich Jesu Mutter in guten Händen befand.

Die religiösen Anführer

Währenddessen mußten sich auch die religiösen Führer der Stadt mit den Ereignissen des zurückliegenden Tages beschäftigen. Sie hatten zwar ihr vorrangiges Ziel erreicht – der Rabbi aus Galiläa war tot –, doch nicht alles war glatt verlaufen. Wie sollten sie die seltsamen Ereignisse um den Tod Jesu einordnen – den dunklen Himmel, die Erdbeben und vor allem die Tatsache, daß der innere Vorhang des Tempels entzweigerissen und das Allerheiligste enthüllt war (Mt 27,45.51)?

Außerdem irritierte sie die in letzter Minute erfolgte Aktion des Josef von Arimathäa, den Leichnam Jesu in sein eigenes Grab zu legen, doch sehr. Wäre Jesu Leichnam von den römischen Soldaten in ein gewöhnliches Grab für Kriminelle geworfen worden, wäre er endgültig in römisches Eigentum übergegangen. Wie die Dinge jetzt standen, unterlagen Jesu Leichnam und sein Grab wieder eindeutig jüdischer Verantwortlichkeit. Unter normalen Umständen war dies kein großes Problem. Aber dieser Jesus war beliebt und hatte eine Menge an Sympathisanten unter den das Paschafest Feiernden. Würde sich, wenn die Nachricht von seinem Tod bekannt würde und der Sabbat endete, dies in einem allgemeinen Schmerz oder schlimmer: in Wut niederschlagen? Wenige Tage vorher waren die gleichen Personen in Sorge darüber gewesen, wie die Menge bei einer Verhaftung Jesu reagieren würde (Mk 14,2; Lk 22,2). Wir können uns vorstellen, daß sie jetzt noch besorgter waren: was würde passieren, wenn bekannt würde, daß Jesus verhaftet *und* hingerichtet worden war?

Unter solchen Umständen wäre es nicht zu vermeiden, daß das Grab Jesu zu einem Ort des Protests würde. Einige würden kommen, um ihm ihre letzte Ehrerbietung zu erweisen. Andere würden einfach mit ihren eigenen Augen sehen wollen, was geschehen war. Andere hingegen könnten ihr Mißfallen deutlicher zum Ausdruck bringen. Deshalb ersuchten die religiösen Führer, obwohl es Sabbat war, noch einmal um eine Audienz bei Pilatus, dieses Mal, um seine Erlaubnis zu erhalten, eine Wache am Grab aufzustellen (Mt 27,62–66). Die Antwort des Pilatus ist leider zweideutig. Sie könnte bedeuten: »Ihr habt (bereits) eine Wache.« Dies wäre eine schlichte Ablehnung (ähnlich wie in Joh 19,22). Wahrscheinlicher ist jedoch, daß er zustimmte (»Ja, ihr sollt eine Wache haben.«). Römische Soldaten waren zusammen mit der jüdischen Tempelwache bei der Verhaftung Jesu im Garten Getsemani beteiligt; auch jetzt würde ihre Anwesenheit von Vorteil sein, und zwar aus den gleichen Gründen. Galiläa war nämlich geradezu ein Nest messianischer Erwartung und zelotischer Unruhe – erst im vergangenen Jahr hatte Pilatus mit drastischen Aktionen gegen einige Galiläer vorgehen müssen (Lk 13,1). Wenn es um die innere Sicherheit ging und darum, potentielle Unruhen zu unterdrücken, zögerte – dessen können wir sicher sein – Pilatus keinen Augenblick, um präventive Maßnahmen zu ergreifen und seine Macht zu demonstrieren. »Ja, stellt eine Wache auf – so bald wie möglich.«

Für die religiösen Führer, wenn nicht vielleicht sogar auch für Pilatus, war da noch etwas: die nicht unwichtige Sache, daß dieser Jesus gesagt hatte, daß etwas Seltsames »nach drei Tagen« geschehen würde. Auch wenn die Zeugen bei seinem Prozeß nicht den exakten Wortlaut wiedergeben konnten, er hatte ganz eindeutig so etwas gesagt wie: »Reißt diesen Tempel nieder, in drei Tagen werde ich ihn wieder aufrichten« (Joh 2,19; vgl. Mk 14,48). Einige hatten ihn mit diesen Worten sogar verhöhnt, als er am Kreuz hing (Mk 15,29). Wenn solche Gerüchte umgingen, ist es verständlich, daß jene, die an Jesu Tod ursächlich beteiligt waren, nicht ruhig schlafen konnten, bis der dritte Tag vorbei war. Was zum Beispiel, wenn einige seiner Anhänger auf die Idee kamen, seinen Leichnam zu stehlen? »Dieser letzte Betrug wäre noch schlimmer als alles zuvor« (Mt 27,64).

Die Szenerie

Als sich dieser ruhige Sabbat zu Ende neigt, sehen wir die »Bühne« folgendermaßen errichtet:

- in *Betanien* (möglicherweise die Perspektive, aus der dann später das Matthäusevangelium verfaßt wurde?): neun Jünger, sowie, seit den Abendstunden, die beiden Marias und Kleopas (die in Erwartung des Hahnenschreis und ihrer für die Dämmerung geplanten Rückkehr in die Stadt nur unruhig schlafen);
- im *Haus des Johannes* (die Perspektive von Markus und Johannes?): Petrus, Johannes, die Mutter Jesu, Zebedäus und Salome (letztere auf die Rückkehr der drei aus Betanien bald nach der Dämmerung wartend);
- im *Hasmonäer-Palast* (die Perspektive des Lukasevangeliums?): Johanna und Susanna, die vorhatten, sich mit den anderen Frauen bald nach Sonnenaufgang am Grab zu treffen;
- im *Garten des Josef von Arimathäa*: zwei Gruppen von Wachen (ohne Zweifel müde nach dem anstrengenden Paschafest), die ihre Nachtwache begannen und ungeduldig das Tageslicht erwarteten, wenn ihre Schicht zu Ende sein würde ...

Die Frage, die im Zentrum der Geschichte steht, lautet: *Was geschah am nächsten Morgen?*
Es war noch dunkel, als die beiden Marias mit Kleopas von Betanien aufbrachen (vgl. Joh 20,1; Mt 28,1), aber etwas heller, als sie, nachdem sie Kleopas im Haus des Johannes zurückgelassen hatten, sich auf den Weg aus der Stadt hinaus in Richtung des Gartens von Josef machten.
Aber als sie dort ankamen, erwartete sie dort – vorsichtig formuliert – eine große Überraschung!

DIE AUFGEHENDE SONNE

Das erste Ereignis an jenem Morgen war, so berichtet es Matthäus, ein Erdbeben, gefolgt von einer Erscheinung von Engeln, die den Stein wegrollten, der das Grab Jesu verschloß (Mt 28,2–4). Die ent-

54

setzten Wachen rannten zu den Hohenpriestern (V. 11), die nun zu entscheiden hatten, wie man die verheerenden Auswirkungen dieser Nachricht am besten im Zaum halten konnte.

Das nie beschriebene Ereignis

Der Text des Matthäus läßt zunächst annehmen, daß sich das Erdbeben in dem Augenblick ereignete, als die Frauen am Grab ankamen. Wahrscheinlicher ist jedoch, daß es kurz vorher stattgefunden hatte (die Erzählung des Matthäus kann einfach die Schwierigkeit wiedergeben, die »relative Zeit« in einer Sprache zu beschreiben, die solche literarischen Mittel wie Klammern und Fußnoten nicht kannte). Dennoch fällt dieser Bericht – und er ist der dramatischste von allen vier Evangelienschreibern – kurz aus, wo es um die Beschreibung genau des Augenblicks geht, da, wie sie glaubten, der Leib Jesu von Gott aus dem Tod erweckt wurde. Das Erdbeben bricht das Grab auf, aber es findet sich keine Erwähnung davon, was in diesem Augenblick (oder zu einem früheren Zeitpunkt) mit dem Leib Jesu geschah. Soweit wir sagen können, wurde das Grab nicht geöffnet, um Jesus *hinaus*zulassen (vgl. Joh 20,19), sondern vielmehr um andere *hinein*zulassen, damit sie sehen konnten, daß es leer war. Aber noch einmal: dies ist eine Vermutung. Wir wissen nicht, was in diesem entscheidenden Augenblick geschah.

Dies ist eines der bemerkenswertesten Dinge an den Evangelienberichten von diesen eigenartigen Ereignissen am frühen Morgen. Nicht einer von ihnen beschreibt wirklich die Auferstehung selbst! Dies ist das große Ereignis, das, wie die Frauen (und schließlich andere) schlossen, vor ihrer Ankunft stattgefunden haben muß. Dies ist das große Ereignis, von dem alles übrige im Neuen Testament vollkommen abhängt. Man kann es ableiten im Blick auf die nachfolgenden Erscheinungen Jesu vor seinen Jüngern (wie hätte er gesehen werden können, wenn er nicht zuvor auferstanden wäre?), aber in sich ist es niemals beschrieben worden. Es ist der große ungesehene Moment, der in sich selbst für immer geheimnisvoll bleibt, gleichwohl so viel erklärt und alles in ein neues Licht stellt.

Diese Zurückhaltung der Evangelisten stärkt jedoch – auch wenn sie unsere Neugierde nicht sonderlich befriedigt – auf seltsame Weise ihre Glaubwürdigkeit. Hundert Jahre später wird ein apokryphes

Werk (das *Evangelium des Petrus*) versuchen, diese offensichtliche Lücke um des neugierigen Lesers willen zu schließen. Die vier kanonischen Evangelien hingegen begnügen sich damit, ihre Berichte offen und in groben Zügen entworfen enden zu lassen – so wie die Ereignisse, von denen sie berichten, waren. Sie verzichten auf jegliche Mittel, um die Sprünge zu übertünchen. Statt dessen zeichnen sich ihre Berichte von diesem Tag, so wie sie mit frischen und lebendigen Farben die anfänglich verwirrende, fast unheimliche Abfolge von Ereignissen schildern, die, wie sie glaubten, im Garten an diesem frühen Morgen stattgefunden hatten, durch vollkommenes Überraschtsein aus.

Wer hatte den Stein weggerollt?

Der Realismus ihrer Erzählungen wird auch in der Weise erkennbar, in der sie die Charaktere der Geschichte so ehrlich porträtieren. Zum Beispiel machen sie keinen Versuch, die Tatsache zu verbergen, daß sich die Frauen erst kurz bevor sie das Grab erreichten die Frage stellten: »Wer könnte uns den Stein vom Eingang des Grabes wegwälzen?« (Mk 16,3). Man könnte erwarten, daß sie sich das schon lange vorher gefragt hätten, aber bei all ihren ängstlichen Vorbereitungen hatten sie scheinbar das Offensichtliche übersehen. Trotz des Wunsches der Frauen nach Geheimhaltung würden sie eindeutig die Hilfe von jemandem benötigen, um den schweren Stein über dem Eingang zum Grab zu entfernen.
Das war aber nicht nötig. Denn als sich die Frauen dem Grab näherten, mußten sie erschreckt feststellen, daß der Stein auf die Seite gerollt worden war.
Vielleicht hatten sie bereits den schleichenden Verdacht gehabt, daß etwas schiefgehen würde und daß selbst jetzt, nach seinem Tod, es ihrem Meister nicht gestattet wurde, in Frieden zu ruhen. Und nun wurden ihre schlimmsten Befürchtungen auch noch bestätigt. Diese schockierende Entdeckung in der Morgendämmerung durch Menschen, deren Gemüt schon mit Trauer erfüllt war, hätte leicht zu einer hysterischen Reaktion führen können. Was anderes konnten sie denn schließen, als daß jemand den Leichnam Jesu gestohlen hatte? So rannte die jüngste und impulsivste von ihnen, Maria Magdalena, so schnell sie ihre Füße trugen, zurück in das Haus des Zebedäus,

um Petrus und Johannes über das nächste Drama in dieser Reihe niederschmetternder Ereignisse zu berichten. Die Dinge entwickelten sich zum immer schlechteren hin. Was würde als nächstes geschehen? Atemlos platzte sie mit der Nachricht heraus: »Man hat den Herrn aus dem Grab weggenommen, und wir wissen nicht, wohin man ihn gelegt hat« (Joh 20,2). Das »Wir«, das Johannes schreibt, bestätigt, daß Maria von anderen begleitet war, auch wenn er im vorausgehenden Vers nur auf Maria geschaut hatte – möglicherweise, weil sie bei allem die treibende Kraft war.

Die schockierende Begegnung

Derweil werden sich die anderen, älteren Frauen näher an den Eingang des Grabes herangetraut haben. Vielleicht waren auch Johanna und Susanna inzwischen eingetroffen, mit denen sie ja vereinbart hatten, sich sobald als möglich nach der Dämmerung zu treffen. Johanna war wahrscheinlich am Freitag bereits im Grab gewesen. So faßten die vier Mut und schlichen auf Zehenspitzen in das Grab – nur um einen weiteren Schock zu erleben. Ja, der Leichnam war verschwunden, wie sie befürchtet hatten – das Grab war leer. Doch als sie sich fröstelnd an das Halbdunkel gewöhnt hatten, wurde ihnen auf einmal bewußt, daß sie nicht allein waren: ganz leer war das Grab *nicht*. Dort, auf der rechten Seite, saß ein junger Mann.

Es ist schwer, den Schock zu beschreiben, den all dies auslösen mußte. Viele würden in ähnlicher Situation wahrscheinlich die Nerven verlieren – und *sie* waren ältere Frauen nach emotional äußerst belastenden Tagen und Nächten, die nun im Morgengrauen auf solche Weise überrascht wurden.

Was war mit dem jungen Mann hier, und was wollte er? Hatte er den Leichnam gestohlen? Und wie würde er reagieren, da er von neugierigen Frauen gestört wurde?

Doch jetzt war nicht die Zeit, um über solche Fragen nachzudenken. Jetzt galt es, so schnell wie möglich aus dem Grab und dem Garten herauszukommen. Sie drehten sich um, um wegzugehen.

Doch in diesem Moment sprach sie der Mann an, um sie zu beruhigen: »Erschreckt nicht! Es ist alles in Ordnung. Ich weiß, ihr sucht Jesus von Nazaret, den Gekreuzigten. Was sucht ihr den Lebenden bei den Toten? Kommt her, seht, da ist die Stelle, wo man ihn hingelegt hatte. Er ist auferstanden; er ist nicht hier« (Mk 16,6; vgl. Lk 24,5). Wir können uns vorstellen, wie er diese Worte hinter ihnen her rief, als sie weghasteten und gar nicht richtig hinhörten, was er sagte; wie er auch versuchte, ihnen etwas über Galiläa zu sagen, über das, was Jesus sie gelehrt hatte über seinen Weg nach Jerusalem und darüber, daß er sie in Galiläa wieder treffen wollte. Doch all das ergab nur wenig Sinn.

Aber dann, als sie vielleicht schon ein bißchen Abstand zum Grab hatten, »fiel der Groschen«. Was hatte er eben gesagt? Daß Jesus nicht tot war, sondern lebte – auferweckt von den Toten!? Was konnte das bedeuten? Und wenn dies durch ein Wunder tatsächlich geschehen war, dann war dieser Mann kein gefährlicher Dieb, der Jesu Leib gestohlen hatte, sondern... Sie schauten ein letztes Mal zurück, und als sie dies taten, dämmerte es ihnen endlich, daß dies nicht ein junger Mann war, der ihnen nachrief, sondern in der Tat ... zwei Engel! So rannten sie vom Grab weg, ihre Herzen pochten voll Furcht, aber auch mit einem Funken Hoffnung. Konnte das, was sie gerade eben gehört hatten, wahr sein? In diesem Moment sagten sie niemandem ein Wort davon (Mk 16,8), aber es waren Leute in der Stadt, denen es sofort erzählt werden mußte. Sie rannten aus dem Garten Richtung Stadttor, um Petrus, Johannes und die anderen zu treffen.

Die ganze Geschichte ist voller Emotionen und voller Dramatik – was in den ursprünglichen Erzählabschnitten der Evangelien widerhallt. Alles war so schnell gegangen – die seltsame Begegnung im Grab dauerte möglicherweise nicht länger als eine Minute. Und in dieser kurzen Zeitspanne waren ihre Emotionen in fast alle Richtungen »gezerrt« worden. Kein Wunder, daß einige Details für immer verschwommen bleiben sollten. Aber der grundlegende Eindruck von allem – den würden sie niemals, niemals vergessen.

Der auferstandene Herr

Petrus und Johannes hatten das Haus inzwischen bereits verlassen, Johannes im Laufschritt, Petrus ein wenig hinterherhinkend. Vielleicht geschah es in göttlicher Vorsehung, daß sie die Frauen in Jerusalems engen Straßen verpaßten. Auch waren zu der Zeit, als sie das Grab erreichten, die Engel für kurze Zeit verschwunden. Es ist, als ob Petrus und Johannes die nötige Zeit für eine gründliche Untersuchung gegeben werden sollte, Zeit, um die Dinge selbst auszukundschaften.

Außer Atem ging Petrus als erster in das Grab und sah, was Johannes schon von außerhalb entdeckt hatte, als er durch den Eingang gespäht hatte. Jesu Grabtücher waren noch an ihrem Platz – das Kopftuch gesondert –, aber der Leichnam war nirgends zu sehen. Zumindest für Johannes war dies ein ausreichender Beweis. Kein Räuber hätte das Kopftuch so sorgfältig zusammengefaltet, und niemand hätte einen nackten Leichnam nach draußen geschleppt. Die einzige Erklärung für das, was er jetzt sah, war, daß der Leib Jesu zum Leben zurückgebracht worden und in wunderbarer Weise aus den Grabtüchern gelangt war (Joh 20,1–10; Lk 24,12.24). Nach einigen zögernden Augenblicken machten sie sich hastig auf den Weg zurück in die Stadt – halb zweifelnd, halb glaubend.

Währenddessen war Maria Magdalena an das Grab zurückgekehrt (Joh 20,11–18). Wahrscheinlich war sie, atemlos im Haus des Zebedäus ankommend, dort geblieben, um der Mutter Jesu angesichts dieser weiteren Katastrophe, des Diebstahls des Leichnams ihres Sohnes, Trost zu spenden. Aber bald ging sie ihren einsamen Weg zurück, voller Tränen über diese letzte Ungerechtigkeit. Anders als Petrus, Johannes und die anderen Frauen hatte sie nicht den Mut, in das Grab zu gehen. Aber auch sie wurde plötzlich von zwei Engeln angesprochen, die sie durch den Eingang sehen konnte. Sie saßen an der Stelle, wo Jesus zur Ruhe gelegt worden war. Immer noch überzeugt, daß jemand den Leichnam Jesu gestohlen hatte, jammerte sie durch ihre Tränen hindurch: »Man hat meinen Herrn weggenommen, und ich weiß nicht, wohin man ihn gelegt hat.«

Plötzlich merkte sie, daß noch jemand da war, nicht weit hinter ihr. Sie drehte sich halb um, traute sich nicht aufzublicken und nahm wohl an, daß es der Gärtner sein müßte – eine der wenigen Personen, von der sie und die anderen Frauen hätten erwarten können, daß er früh genug anwesend war, um ihnen zu helfen, den Stein wegzuwälzen. »Herr, wenn du ihn weggebracht hast«, bat sie, »sag mir, wohin du ihn gelegt hast.« Sie war aufgeregt, verzweifelt, sehnte sich danach, daß dieser Alptraum zu Ende ginge. Dann hörte sie ein Wort. Es war ein einziges Wort, das ihr ganzes Leben verändern sollte. Es war ihr eigener Name, aber mit so verständnisvoller Liebe ausgesprochen, wie es nur eine einzige Person jemals getan hatte: »Maria!« sagte er. Sie drehte sich um, um den, der zu ihr sprach, anzusehen, weder ihren Ohren noch Augen trauend. Und in diesem Augenblick erkannte sie ihn wieder: »Meister!«

DER TAG DER AUFERSTEHUNG

Die erste Person, die dem auferstandenen Jesus begegnete, war Maria Magdalena – nahezu sicher die gleiche Person, die einige Tage vorher seinen Leib im voraus für das Begräbnis gesalbt hatte (Joh 12,3–8). Es war wahr. Obwohl Jesus vor drei Tagen gekreuzigt worden war, jetzt war er wieder lebendig. Der Tod hatte ihn nicht zerstört.

Andere Erscheinungen folgten im Laufe des Tages. Etwas später am Morgen erschien Jesus auch einigen anderen der beteiligten Frauen (Mt 28,9–10). Möglicherweise trug sich dies zu, als zwei oder drei von ihnen auf dem Weg nach Betanien waren – denn es war sicher nötig, der Hauptgruppe der Jünger zu erzählen, was geschehen war. Als sie die Jünger erreichten, hatten sie etwas Unglaubliches zu berichten: Nicht nur, daß das Grab leer war. Sie hatten jetzt den Herrn *gesehen*. Den Jüngern erschien dies wie müßiges »Geschwätz, und sie glaubten ihnen nicht« (Lk 24,11). Nichtsdestotrotz genügte diese seltsame Botschaft, um die Jünger aus ihrer selbst auferlegten Quarantäne in Betanien herauszuholen. Schließlich kehrten sie, vielleicht ein bißchen verlegen, in die Stadt zurück und kamen etwa um die Mittagszeit an. Eine Menge war geschehen, seit sie das letzte Mal hier waren – es gab eine Menge aufzuholen.

Zurück zum frühen Morgen. Es ist wohl begründet anzunehmen, daß *alle* Frauen, die am Grab gewesen waren, zuerst zum Haus des Zebedäus liefen. Als sie dort ankamen, mußten sie feststellen, daß Petrus und Johannes bereits zum Grab aufgebrochen waren. Aber sie konnten noch den anderen im Haus erzählen, was geschehen war, nachdem Maria Magdalena weggerannt war. Nicht viel später kehrten Petrus und Johannes zurück und gaben ihren eigenen Bericht und bestätigten so, was Maria Magdalena und nun auch die anderen Frauen gesehen hatten – das Grab *war* leer. Aber was sollte dies bedeuten? Konnte es sein, daß Jesus wirklich von den Toten auferweckt worden war?

Der Weg nach Emmaus

Überraschenderweise entschlossen sich gerade in diesem Augenblick (d.h. bevor Maria Magdalena einmal mehr mit einer noch aufsehenerregenderen Nachricht zurückkehrte) zwei der Personen, die sich im Haus des Zebedäus aufhielten, dazu, sich auf den Weg nach Emmaus, einem Dorf im Nordwesten von Jerusalem, zu machen (Lk 24,13–35; siehe Abbildung 13). Einer von ihnen war Kleopas; der Name der anderen Person ist nicht bekannt (möglicherweise war es seine Frau Maria). Es muß etwas sehr Wichtiges gewesen sein, was sie veranlaßte, gerade jetzt, da das ganze Haus voll war mit Gerüchten und Spekulationen, aufzubrechen. Als sie aufbrachen, waren sie noch sehr niedergedrückt (V. 17). Die seltsamen Ereignisse dieses Morgens hatten die Atmosphäre von Schwermut und Mutlosigkeit, die in ihrem Haus während der letzten Tage geherrscht hatte, noch nicht zu vertreiben vermocht.

Als sie dann einen fremden Mann auf der Straße trafen, sprachen sie auch gleich davon, wie Jesus von den Jerusalemer Behörden behandelt worden war, aber auch (V. 22–24) davon, was ihnen an diesem Morgen berichtet worden war – von den Frauen (»es seien ihnen Engel erschienen und hätten gesagt, er lebe«) und von Petrus und Johannes (»einige von uns fanden alles so, wie die Frauen gesagt hatten«). Schließlich erreichten sie Emmaus. Aber bald darauf liefen sie eilig zurück – den ganzen Weg, den sie soeben gegangen waren, zurück nach Jerusalem! Denn der Fremde, der mit ihnen gegangen war und mit ihnen geredet hatte, war niemand anderes als Jesus selbst! Sie hatten ihn erkannt, als er das Brot auf seine ihm eigene Weise in ihrem Haus gebrochen hatte. Was auch immer sie so dringlich nach Emmaus hatte aufbrechen lassen – jetzt war es ganz in den Hintergrund gerückt durch etwas unermeßlich Wichtigeres: Sie hatten den auferstandenen Herrn gesehen!

Als sie nach Jerusalem zurückkamen, war noch mehr passiert. Wahrscheinlich hatte man schon am Morgen als Treffpunkt für die elf Jünger das Obergemach im Haus des Johannes Markus vereinbart – der Ort, wo sie zuletzt (zum Paschamahl) zusammengewesen waren. Dies war nach ihrer Einschätzung der Ort, wo es für sie am ruhigsten sein würde. So lenkten die beiden, als sie von Emmaus zurückkehrten, ihre Schritte in Richtung des Hauses von Johannes Markus.

Die Lokalisierung von Emmaus

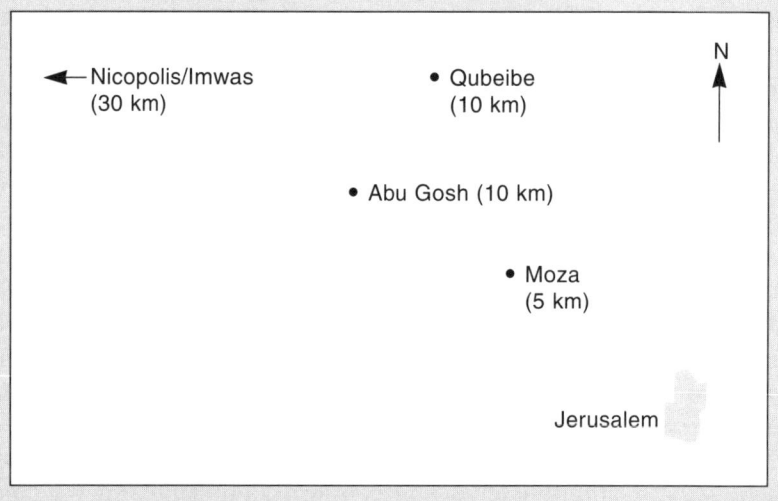

Nicht weniger als vier Orte sind vorgeschlagen worden, um Emmaus zu lokalisieren. In Lk 24,13 heißt es, daß es »60 Stadien von Jerusalem entfernt« sei. Eine Stadie entspricht etwa 185 m, das ergibt eine Distanz von 11,1 km. Nach einigen wenigen Handschriften waren es »einhundertundsechzig Stadien (29,6 km).

Es gab tatsächlich einen Ort namens Emmaus, ungefähr 30 km von Jerusalem entfernt (später Nicopolis genannt; heute Latroun). Dieser Ort wurde von der byzantinischen Kirche bevorzugt. Die Handschriften gehen von einer kürzeren Distanz aus; die Kopisten könnten die längere Distanz eingefügt haben, weil sie von der Existenz des weithin bekannten Emmaus wußten.

Josephus[1] bezieht sich auf ein anderes Emmaus, an der Stelle des antiken Moza, das 5 km nordwestlich von Jerusalem liegt. Wahrscheinlich ist dies der Ort, der in den Evangelien genannt wird. Lukas dachte wohl an die Gesamtstrecke, welche die Jünger von und nach Jerusalem zurücklegten. Als die Truppen des Vespasian 70 n.Chr. an diesem Ort eine Kolonie gründeten, änderte sich der Name des Ortes und wurde so vergessen. Die Christen des Mittelalters konzentrierten sich auf zwei Orte (Abu Gosh und Qubeibe), weil sie 10 km von Jerusalem entfernt liegen. Keiner der beiden Orte wird jedoch durch eine Überlieferung gestützt.

Abbildung 13

62

In der Zwischenzeit war der Herr dem Petrus erschienen (Lk 23,34; vgl. Mk 16,7 und 1 Kor 15,5). Er, der Erste der Jünger, hatte sich die letzten drei Tage eingeschlossen, voller Selbstanklagen wegen seiner dreimaligen Verleugnung des Meisters. Um so einzigartiger und ergreifender war seine Begegnung mit dem auferstandenen Herrn, weswegen das Schweigen der Evangelien über Einzelheiten dieses Geschehens ganz und gar angebracht ist – dieses war ein zu heiliger und persönlicher Moment, als daß etwas für die breite Öffentlichkeit hätte sein können. Offensichtlich hatte sich Petrus irgendwann an diesem Tag von den anderen entfernt und einen ruhigen Platz aufgesucht (einen wie Getsemani?), wo er seine Gedanken im Licht all dessen, was geschehen war, ordnen konnte. Dort begegnete ihm Jesus – und sprach zu ihm, so können wir annehmen, Worte der Vergebung und Zusicherung (vgl. Joh 21,15f).

Es ist schwer, sich die Atmosphäre in dem oberen Gemach vorzustellen, als die Jünger sich dort am Abend versammelten: eine Mischung aus Aufregung, Furcht, Zweifel, Freude und schlichter Verwirrung. Sie fürchteten sich vor den religiösen Führern, die, gerade nach dem Bericht der Wachen am Morgen, sicher bemüht waren, herauszufinden, was die Freunde Jesu vorhatten und was sie taten. So hatten die Jünger die Türen vorsorglich sicher verschlossen (Joh 20,19).

Nun hörte man ein Klopfen an der Tür.

Wer konnte es sein? Ein Freund oder ein Feind? Oder sogar ...?

Nein, es waren Kleopas und sein Begleiter – aber sie hatten die gleiche Geschichte völlig unabhängig von den anderen erlebt. Die erste war Maria Magdalena gewesen, dann die anderen Frauen, dann Petrus und jetzt die beiden, die von Emmaus zurückkamen – alle hatten die gleiche, unglaubliche Geschichte erlebt, daß ihr Meister von den Toten zurück war! Was würde als nächstes geschehen? Klopfte es nicht schon wieder an der Tür?

Und gerade »während sie noch darüber redeten«, erschien plötzlich Jesus selbst in ihrer Mitte.

Die Türen waren verschlossen, aber er war hier! »Sie erschraken und hatten große Angst, denn sie meinten, einen Geist zu sehen«, aber Jesus beruhigte sie, und sprach, wie sie es von ihm kannten: »Friede

sei mit euch! Ich bin es selbst. Faßt mich doch an und begreift!«
Freude und Staunen erfüllte sie, »aber sie konnten es noch immer
nicht glauben«. So aß Jesus etwas von ihrem Fisch. Da »freuten sie
sich, daß sie den Herrn sahen« (Lk 24,36–42; Joh 20,19f) – vielleicht
eine der größten Untertreibungen der antiken Literatur! Was für eine
Versammlung! Jetzt konnte es »richtig losgehen«.

Jesus blieb eine Weile bei ihnen und belehrte sie darüber, wie die
dramatischen und völlig unerwarteten Ereignisse der letzten drei
Tage trotz allem Teil des Planes Gottes gewesen seien – sowohl für
Israel als auch für die Welt. Es war die erste solcher Begegnungen, die
sich in den nächsten fünf Wochen – in Galiläa wie in Jerusalem – zu-
trugen. Einmal begegnete er Thomas, dann Jakobus, bei einer anderen Gelegenheit über 500 Personen (Joh 20,24; 1 Kor 15,5–9).
Schließlich fanden sie einen Abschluß, als sich Jesus auf dem Ölberg
verabschiedete, dabei dieser kleinen Gruppe von Männern und
Frauen die Aufgabe übertrug, diese außerordentliche Botschaft der
Welt, die keineswegs darauf wartete, zu verkünden.

Damit wollen wir die Jünger in jenem Obergemach verlassen und
versuchen, mit den Ereignissen dieses bemerkenswerten Tages zu-
rechtzukommen. Als sie an diesem Abend schließlich einschliefen,
wird es wohl in dem Bewußtsein geschehen sein, daß nach dem, was
in den letzten 24 Stunden geschehen war, ihr Leben nie mehr das
gleiche wie vorher sein könnte. Einerseits war der Tag vorbei, andererseits war es der Anbruch eines völlig neuen Tages. Alle ihre bisherigen Lebenspläne waren nun, nach allem, was passiert war, über-
holt. Die Ereignisse der letzten Tage würden in der Tat die Welt verändern.

IV. Das Geheimnis erklären

Ist Jesus wirklich auferstanden?

Es ist in der Tat eine bemerkenswerte Geschichte. Und wenn sie wahr *ist*, dann ist dies ein Ereignis, das unsere eigenen Lebenspläne betrifft – so wie dies für die ersten Jünger der Fall war. Es überrascht deshalb nicht – gerade weil der Einsatz so hoch ist –, daß im Anschluß an diese Geschichte endlose Fragen gestellt wurden.

Selbst für diejenigen, die die Behauptung, daß Jesus auferstanden ist, für wahr halten, bleiben unvermeidlicherweise viele Fragen bestehen. Wie genau war der Auferstehungsleib Jesu beschaffen? War er identisch mit Jesu Leib vor dem Tod, und wenn nicht, worin bestand dann der Unterschied? Wo war er, als er unsichtbar war? Das sind wichtige Fragen.

Aber es stellen sich noch weitaus drängendere. Diesen müssen wir im folgenden im einzelnen nachgehen. Kann die Ostergeschichte überhaupt einer genauen Untersuchung standhalten? Gibt es dafür nicht eine andere, einfachere, »bodenständigere« Erklärung? Schließlich stehen tote Menschen nicht von den Toten auf – normalerweise!

WAR DER LEIB NOCH IM GRAB?

In der Neuzeit war eine der ersten Fragen, die gestellt wurde: *War das Grab wirklich leer?* Gingen die Frauen vielleicht zum falschen Grab? Oder wußten die Jünger vielleicht ganz genau, daß Jesus tot war, entschieden aber, anderes vorzutäuschen? Der Leib Jesu wäre demnach die ganze Zeit über im Grab gewesen.

Es ist naheliegend, die Frage nach dem leeren Grab zu stellen. Überraschenderweise scheint sie jedoch nicht die Frage derer gewesen zu sein, die im Jerusalem des ersten Jahrhunderts (soweit wir das aus den Quellen erkennen können) Zweifel anmeldeten. Einzig der Vorwurf, daß die Jünger den Leichnam gestohlen haben mußten (Mt 28,11–15), kursierte in dieser Zeit. Mit anderen Worten: Daß das Grab leer war, wird auch von denen zugestanden, die solches Gerede lieber im Keim erstickt hätten. Der einzige Streitpunkt bestand darin, wie das leere Grab zu erklären sei.

Viele der alternativen Erklärungen, die heute vorgeschlagen werden, schwanken an diesem entscheidenden Punkt – nämlich daß es viele in Jerusalem gegeben hat, die die Geschichte gerne als erfunden aufgedeckt hätten, indem sie entweder den Leichnam herbeigeschafft oder, insofern eine Verwechslung des Grabes vorgelegen hätte, indem sie das richtige Grab gezeigt hätten. Aber sie taten es nicht – weil sie es nicht *konnten.*

Das falsche Grab?

Konnten die Frauen zum Beispiel wirklich zum falschen Grab gegangen sein? War der Mann, den sie am Grab trafen, tatsächlich ein hilfsbereiter Gärtner, der versuchte, ihnen ihren Fehler aufzuzeigen (»Er ist nicht hier; seht die [wahre] Stelle, wo man ihn hingelegt hatte«)? Sicherlich waren sie emotional aufgewühlt, zudem kann es in der Dämmerung nebelig gewesen sein. Doch waren gerade 36 Stunden vergangen, seit sie Zeuginnen der Grablegung Jesu gewesen waren. Das ist keine so lange Zeit, um sich nicht mehr richtig erinnern zu können. Darüber hinaus war es kein Massengrab, sondern ein eigenes Grab, vorgesehen für Josef von Arimathäa. So blieb wenig Raum für eine Verwechslung. Doch selbst, wenn es dazu gekommen wäre und die Frauen diesen entsetzlichen Fehler gemacht hätten – wäre nicht bald jemand auf den Plan getreten, sie zu korrigieren? Machten Johannes und Petrus den gleichen Fehler? Hätten die örtlichen Behörden ihnen nicht gerne den Fehler nachgewiesen, indem sie zum Beispiel den Gärtner als Zeugen anführten?

Manchmal wurde auch die Vermutung geäußert, daß die Frauen diesen Fehler begingen und es dann unterließen, dies den anderen Jüngern zu berichten. Die anderen Jünger, so wird gesagt, waren bereits Richtung Galiläa verschwunden – nur um dann mit der überraschenden Nachricht von einem vermutlich »leeren« Grab empfangen zu werden, als sie wenige Wochen später nach Jerusalem zum Pfingstfest zurückkehrten. Doch selbst wenn Jerusalem kein besonders angenehmer Ort für die Jünger Jesu war, ist es sehr unwahrscheinlich, daß die Männer die Frauen in diesem kritischen Augenblick allein ließen. Möglicherweise waren die Männer, was Vergel-

Die Nazaret-Inschrift

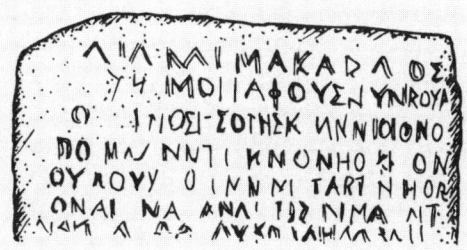

Das sogenannte Nazaret-Dekret hat beträchtliches Interesse geweckt.[1] Die Steintafel (sie wurde aus der Gegend von Nazaret im Jahr 1878 nach Paris gebracht) ist in das erste Jahrhundert datierbar und mit einem Befehl des Kaisers beschriftet:

Es ist mein Wille, daß Gräber und Grüfte für immer ungestört liegen ... Respekt vor denen, die begraben sind, ist sehr wichtig; niemand soll sie jemals in irgendeiner Weise stören. Wenn einer dies tut, fordere ich, daß er wegen Grabraubes hingerichtet wird.

Könnten Gerüchte über das Verschwinden des Leichnams Jesu den Kaiser erreicht und dieses Dekret zur Folge gehabt haben? War es absichtlich in Nazaret veröffentlicht worden, weil Nazaret als Heimatstadt Jesu bekannt war? Einige haben vermutet, daß es von Kaiser Claudius (41–54 n.Chr.) stammte, als Galiläa wieder direkter römischer Herrschaft unterstellt wurde. Ist das Dekret Beweis für die Wirkung, welche die Predigt der Jünger von der Auferstehung bereits in jener Zeit gehabt hat?
Daß das Dekret etwas mit Nazaret zu tun hat, ist jedoch nicht ganz sicher; möglicherweise hat der Kaiser auf Grabraub im allgemeinen reagiert. Nichtsdestotrotz bezeugt das Dekret, daß die Behörden die Störung eines Grabes als sehr ernstes Verbrechen ansahen. Hätten es unter diesen Umständen die ängstlichen Jünger wirklich gewagt, eine solche Tat durchzuführen? Und warum wurden sie nicht für dieses Verbrechen, das die Todesstrafe nach sich ziehen konnte, bestraft?

Abbildung 14

tungsmaßnahmen angeht, eher gefährdet als die Frauen, aber auch die Frauen waren nicht völlig sicher. Sanken die Jünger tatsächlich so tief, daß sie einige ihrer wichtigsten Frauen in ihrer Auseinandersetzung mit den Jerusalemer Behörden alleinließen? Aber auch dann hätten sie nach ihrer Rückkehr nach Jerusalem auf jeden Fall genügend Gelegenheit gehabt, nachzuweisen, daß die Frauen sich geirrt hatten und daß Jesu Leichnam noch in Frieden ruhte.

Die Theorie, daß es sich um einen einfachen Irrtum handelte, ist in sich nicht schlüssig. Denn jeder hätte den Irrtum sogleich korrigieren können. Nicht das war das Grab, sondern *dieses*!

Ein Trick der Jünger?

War Jesu Leichnam vielleicht noch im Grab, während die Jünger absichtlich das Gegenteil behaupteten? War es eine reine Erfindung?

Diese Position dürfte heute kaum noch vertreten werden. Nichts im Charakter der Jünger bis zu dicsem Zeitpunkt der Geschichte deutet darauf hin, daß sie willens oder fähig gewesen wären, eine solche Farce zu inszenieren. Was sich in ihrer Erzählung findet, ist Angst und Flucht. Die Männer fürchteten um ihr Leben, und so überließen sie es den Frauen, am Morgen nach dem Sabbat zum Grab zu gehen – vielleicht in der Hoffnung, daß sie weniger Widerstand zu gewärtigen hätten. Und wenn sie sich in einer außerordentlichen Kehrtwendung plötzlich doch dazu entschieden hätten, mit einer solch monströsen Geschichte Widerstand anzumelden, ist es wahrscheinlich, daß sie darauf bis zu ihrem Tod beharren würden? Denn in den kommenden Jahren werden viele dieser ersten Jünger eine Menge erleiden, einige sogar das Martyrium. War all dies das Ergebnis eines Streiches? Basierte ihr neugefundener Mut auf einer offensichtlichen Lüge? Ist es nicht wahrscheinlich, daß einer von ihnen unter Druck alles ausplaudern und das Geheimnis preisgeben würde?

Nein. Was einen Feigling in eine mutige Person verwandelt, ist nicht eine nachweisbare Lüge, sondern eine auf gesicherten Fakten basierende Überzeugung. Andere mögen sie als im Irrtum lebend ansehen, aber die Jünger, die die Auferstehung Jesu verkündeten, waren davon überzeugt, daß sie richtig lagen. Sie spielten kein dummes Spielchen.

Eine geistliche Erfahrung?

Häufiger wird den Jüngern nicht glatter Betrug vorgeworfen. Vielmehr begegnet man ihrer Predigt von der Auferstehung Jesu (während sein Leichnam in Wirklichkeit im Grab vermoderte) mit mehr Nachsicht. Danach hängt alles davon ab, wie man diese Rede von »Auferstehung« versteht. Vielleicht, so heißt es dann, haben wir die Jünger mißverstanden, so als hätten sie sich auf eine physische Auferstehung des Leibes Jesu bezogen, während sie tatsächlich niemals eine solche Sache behauptet haben!

Was sie wirklich zu sagen versuchten, wäre danach, daß Jesu Sendung ungehindert weitergehen konnte, obwohl er tot war. Sein Geist lebte, und irgendwie gewannen diejenigen, die Jesus folgten, durch diesen Geist das Gefühl, daß er lebendig war. Gott ließ die Gegenwart und Kraft Jesu unter den Jüngern auch nach dessen Tod wirksam erfahren. Wahrhaftig, »seine Seele lebte weiter«. *Dies* war es, was sie mit ihrer Rede von der »Auferstehung« meinten. Wenn es einige Auferstehungserscheinungen Jesu gegeben haben sollte, so waren sie entweder eine Form von Halluzination oder auch etwas Mystisches jenseits des Verstehens; in jedem Fall aber war Jesu Leib noch im Grab.

In dieser Betrachtungsweise gibt es keinerlei Ereignis einer Erfahrung um Jesus, das der Auferstehung entspräche. »Auferstehung« ist danach nur ein von den Jüngern benutztes Wort, um eine *geistliche* Überzeugung zu beschreiben, die *ihnen* jetzt aufgegangen war. Vielleicht war es ja so, daß sie später, als sie andere zu überzeugen versuchten, begannen, von einer wirklichen, objektiven, physischen Auferstehung in jenem Garten außerhalb Jerusalems zu sprechen. Vielleicht lag es auch von Anfang an gar nicht in ihrer Absicht, daß diese Geschichten wörtlich genommen würden. Das Grab war niemals wirklich leer, aber sie wollten irgendwie ihrer Hoffnung Ausdruck geben, daß der Tod für Jesus nicht das endgültige Ende war.

Der Gedanke, daß die Jünger Opfer von Halluzinationen gewesen seien, ist in sich sehr unwahrscheinlich. Selbst wenn dies, statistisch gesehen, bei einem oder zweien der Fall gewesen wäre, würde es schwerlich für alle von ihnen zutreffen. Und sie würden kaum alle gemeinsam eine Halluzination haben – wahrscheinlicher wäre eine Reihe von einzelnen, unterschiedlichen Visionen. Zudem ist es auffällig, daß diese sogenannten Halluzinationen über eine so ausgedehnte Zeitspanne stattfanden und dann ein plötzliches und abruptes Ende fanden – etwas völlig Ungewöhnliches bei Personen, die heute für Halluzinationen empfänglich sind. Was aber ist davon zu halten, daß vielleicht nur Petrus und einer oder zwei andere solche Halluzinationen hatten? Was, wenn als ein Ergebnis *ihres* Zeugnisses die anderen Anhänger Jesu davon überzeugt wurden, daß Jesus auf irgendeine Weise »lebte« (obwohl sie wußten, daß sein Leib immer noch im Grab war)?

Ein »geistlicher Leib«?

In diesem Zusammenhang wird manchmal argumentiert, daß Paulus in seinem berühmten Auferstehungskapitel 1 Kor 15 scheinbar wenig Wert auf das »leere Grab« legt. Vielleicht war Paulus entrüstet über diese Geschichten von mysteriösen Erscheinungen in Jerusalem! Vielleicht erbringt Paulus den Nachweis, daß die ersten Christen ohne weiteres zu der Annahme bereit waren, daß Jesu Leib noch im Grab war. Wenn das zuträfe, würde Paulus über so etwas wie eine geistliche Auferstehung sprechen – daher dann sein Gebrauch des Wortes »geistiger/ überirdischer Leib« (V. 44). Wenn dies so wäre, wäre dies von großer Bedeutung. Es würde bestätigen, daß die Behauptung einer physischen Auferstehung eine spätere Entwicklung darstellte – die nicht mit dem Anspruch und dem Glauben der ersten Apostel übereinstimmte.

Doch eine genauere Lektüre dieses Kapitels zeigt, daß die ganze Argumentation des Paulus darauf aufbaut, daß Jesus in einer Weise aus dem Grab auferweckt wurde, welche seinen physischen Leib miteinbezieht: »Wenn aber Christus nicht auferweckt worden ist, dann ist euer Glaube nutzlos« (V. 17). Die Überzeugung des Paulus, daß Jesus »begraben und am dritten Tag auferweckt worden« ist (V. 4), setzt voraus, daß der Begräbnisplatz tatsächlich leer war. Wenn man den Hintergrund des Paulus bedenkt (er war Pharisäer und für die Pharisäer schloß »Auferstehung« notwendigerweise den physischen Leib mit ein), ist es klar, daß Paulus nicht einem vagen, unbeweisbaren Wunschdenken anheimfällt, daß Jesus irgendwie nach seinem Tod eine unsichtbare, geistliche Auferstehung erlebte.

Nein, er redet über ein Ereignis, von dem er und die ersten Apostel glaubten, daß es in Geschichte physisch stattgefunden hat. Und er prägt den Ausdruck »geistiger/überirdischer Leib« bei dem Versuch, den Leib Jesu nach der Auferstehung zu beschreiben – ein Leib, der irgendwie ein physischer *Leib* war (fähig zu essen und die Male der Kreuzigung zu tragen) und doch auch durchdrungen war mit einer eigenen, *geistlichen* Dimension (fähig, durch Türen zu gehen, etc.). Es ist in der Tat eine Weise, festzuhalten, daß die physischen und geistlichen Bereiche, die so oft als einander entgegengesetzt gedacht werden, in Jesus grundsätzlich aufeinander bezogen und miteinander verbunden sind.

Das leere Grab – eine spätere Hinzufügung?

Es ist auch wahr, daß die frühe christliche Verkündigung den Schwerpunkt eher auf die Erscheinungen des Auferstandenen legte als auf das leere Grab (siehe Apg 2,32; 3,15; 5,30; 10,39–41). Aber dies liegt darin begründet, daß ein leeres Grab an sich nicht die Auferstehung beweisen konnte, sondern nur aussagte, daß das Grab aus irgendeinem Grunde jetzt eben leer war. Dennoch: Wäre das Grab *nicht* leer gewesen (und Jesu Leichnam noch eingewickelt in seinen Leichentüchern), dann *hätte* dies die Behauptung der Apostel widerlegt. (Petrus geht in seiner Pfingstrede implizit von der Tatsache eines leeren Grabes aus, wenn er darauf anspielt, daß David noch in seinem Grab begraben ist [Apg 2,29]). Mit anderen Worten: Daß das Grab leer ist, ist ein notwendiger Teil des Auferstehungsglaubens, aber in sich ist es kein ausreichender Beweis. Für die Apostel war es nur natürlich, daß sie, während sie bekräftigten, daß das Grab leer war, den Schwerpunkt darauf legten, was für sie ansonsten eine unerklärbare Tatsache gewesen wäre – daß sie Jesus gesehen hatten.

So bedeutet die Tatsache, daß einige der ersten Zeugen das leere Grab nicht ausdrücklich erwähnen, nicht, daß dies eine spätere Erfindung gewesen ist. Im Gegenteil, es ist einmal mehr ein Hinweis darauf, daß dies »genommen wird, wie es geschrieben stand«. Was offen blieb, war, wohin der Leib Jesu gegangen war und was dies für die bedeuten sollte, die ihren Glauben auf diesen Jesus setzten.

Das Argument, daß der Gedanke, das Grab sei leer gewesen, einige Zeit gebraucht hätte, um sich zu entwickeln, ist wenig schlüssig. Ebenso das Argument, daß die Apostel gar nicht das meinten, was fast jeder seitdem annahm, daß sie gemeint hätten. Möglich, daß ein oder zwei Wissenschaftler fähig sind, an die Auferstehung Jesu zu glauben, während sie gleichzeitig behaupten, daß sein Leichnam schon längst im Jerusalemer Grab verwest ist; normalerweise werden diese beiden Dinge aber als nicht vereinbar angesehen. Danach wäre dies ein reines Spielen mit Worten geworden – bei dem »Auferstehung« plötzlich nur etwas Vages, Abstraktes und Akademisches bedeutet.

Es ist hierbei wichtig, anzumerken, daß jeder in der Welt des Judentums des 1. Jahrhunderts n.Chr. diesem Einwand ganz und gar zugestimmt hätte. »Auferstehung« (*anastasis* in Griechisch) war ein Wort, das bereits eine klare Bedeutung erhalten hatte. Es bezeichnete das physische Ins-Leben-Zurückbringen *innerhalb dieser Welt* von denen, die Gott erwählt hatte – die »Auferstehung der Gerechten« »am Letzten Tag« (vgl. Mt 22,28; Joh 11,24). Wenn die Jünger die Auferstehung Jesu behaupteten, dann nahmen sie in Anspruch, daß Gott an *einer Person* verwirklicht hatte, was sie von ihm für sein *ganzes* gläubiges Volk am Ende der Zeiten erwarteten (Paulus bezieht sich darauf, wenn er von der »Hoffnung« Israels spricht [Apg 23,6; 26,6]). Wenn sie nur gemeint hätten, daß Jesus ein guter Mensch gewesen sei, der es nicht verdient hatte zu sterben und der auch nach seinem Tod weiter wirkte, dann hätten sie andere Worte benutzt. Sie hätten es nicht gewagt, dieses Wort zu verwenden, das nur eine Sache und nur diese Sache bezeichnete – Gottes Auferstehungshandeln vom physischen Tod. Das meinten sie. Und so wollten sie es verstanden wissen.

Diesem neuzeitlichen Argument (daß Jesu Leichnam noch im Grab lag, aber die Jünger weiterhin an seine Auferstehung glaubten) liegt eine bewußte Verwechslung zugrunde. Diejenigen, die diese Position einnehmen, behaupten, daß sie an ein Auferstehungsereignis glauben, aber, genauer befragt, zeigt sich, daß dieses sogenannte Auferstehungsereignis nicht die physische Auferstehung Jesu ist, sondern vielmehr der neue Auferstehungsglaube der Jünger – die Wiederentdeckung seines Einflusses auf ihr Leben sowie das Bewußtwerden seiner »Lebendigkeit«. *Das* ist das Osterereignis, behaupten sie. Christus ist auferstanden – aber nur im *Glauben* der Jünger.

Gegen eine solche Position muß betont werden, daß in allen Schriften des Neuen Testaments die Auferstehung zunächst und zuerst eine wirkliche Erfahrung *innerhalb des Lebens Jesu selbst* ist; nur so wird sie in einem zweiten Schritt zur Grundlage der nachfolgenden Auferstehungsüberzeugung der Jünger. Die Auferstehung wurde nur deshalb zu einer Erfahrung der Gläubigen, weil sie zuerst ein Ereignis für Jesus selbst gewesen ist.

So besteht m.E. keine Möglichkeit, daß die Jünger ehrlich an die Auferstehung glauben und gleichzeitig annehmen konnten, daß Jesu Leichnam noch im Grab war. Beides gleichzeitig zu behaupten, ist Unsinn.

VERSCHWAND DER LEICHNAM »IRGENDWIE«?

Die Argumente, daß das Grab nicht wirklich leer war, erweisen sich als schwach. Es muß davon ausgegangen werden, daß das Grab aus irgendwelchen Gründen *wirklich leer war*. Jesu Leichnam war tatsächlich verschwunden. Die Frage konnte allerdings lauten: Hatte irgend jemand den Leichnam gestohlen? Oder war Jesus vielleicht gar nicht wirklich gestorben und verließ einfach den Raum, nachdem er genesen war?

Erholte sich Jesus?

Dieser letztgenannte Gedanke (die »Ohnmachtstheorie«, die zunächst von dem Deutschen Venturini vorgebracht wurde) kann schnell verworfen werden. Es kann sein, daß Jesus tatsächlich etwas früher gestorben ist als erwartet (vgl. Mk 15,44), doch es gibt keinen Grund zur Annahme, daß die römischen Soldaten in dieser Angelegenheit etwas offen gelassen hätten. Der Stoß mit der Lanze in die Seite Jesu (Joh 19,34f) wurde gerade zu diesem Zweck durchgeführt. Und: daß das Wasser im Blut Jesu sich schon abzusondern begann, ist ein sprechender Beweis dafür, daß Jesus tatsächlich tot war.

Und selbst wenn Jesus aufgrund einiger ungewöhnlicher Versehen tatsächlich noch nicht wirklich tot gewesen sein sollte, als man seinen Leib in das Grab legte – ist es vorstellbar, daß er sich von all den Qualen so hätte erholen können, daß er sich selbst aus den Grabtüchern hätte befreien können? Und dann den Stein vom Eingang des Grabes hätte wegrollen können – eine fast unmögliche Leistung schon für jemand bei vollen Kräften! Im April mit zahlreichen unbehandelten Wunden auf einem kalten Stein zu liegen ist für eine solche Genesung keine gute Voraussetzung. Dies wurde schon vor über hundert Jahren von D.F. Strauß (der dem christlichen Glauben nicht sonderlich freundlich gesinnt war) festgehalten:

Ein halbtodt aus dem Grabe Hervorgekrochener, sich Umherschleichender, der ärztlichen Pflege, des Verbandes, der Stärkung und Schonung Bedürftiger, und am Ende doch dem Leiden Erliegender, konnte auf die Jünger unmöglich den Eindruck des Siegers über Tod und Grab, des Lebensfürsten machen, der ihrem späteren Auftreten zu Grunde lag; ein solches Wiederaufleben hätte den Eindruck, den er im Leben und Tode auf sie gemacht hatte, nur schwächen, denselben höchstens elegisch ausklingen lassen, unmöglich aber ihre Trauer in Begeisterung verwandeln, ihre Verehrung zur Anbetung steigern können.[2]

Wurde der Leichnam gestohlen?

So bleibt als einzige Alternative, daß Jesu Leichnam weggenommen wurde. Aber durch wen?

Die Jünger? Aber aus den schon angemerkten Gründen greift dieser Vorwurf gegen die Jünger nicht – auch wenn es der älteste ist. Jesus mag seine Auferstehung »am dritten Tag« angedeutet haben, aber es gibt keinen Hinweis darauf, der nahelegt, daß die Jünger dies verstanden oder erwartet hätten. Im Gegenteil, es ergab für sie keinen Sinn (vgl. Mk 9,10). Und als das leere Grab entdeckt worden war, nahm Maria als erstes an, daß jemand anderer den Leichnam gestohlen hatte. Nein, sie waren viel zu niedergeschlagen. Dies war wirklich nicht die Zeit, um das Gesetz des Handelns in ihre eigenen Hände zu nehmen. Aufgrund des Entgegenkommens des Josef von Arimathäa hatte ihr Meister einen angemesseneren Begräbnisplatz erhalten, als sie möglicherweise erhofft hatten. Wohin hätten sie ihn legen können? Vor allem aber: Wenn die Jünger den Leichnam wirklich gestohlen hätten – was ist mit der Verwandlung des Petrus und der anderen Jünger von Personen, die ihn verleugneten, in Personen, die seine Botschaft in der ganzen Welt verbreiteten? War der Grund dafür wirklich eine wohldurchdachte Falschmeldung?

Waren es dann vielleicht die jüdischen Behörden? Aber wenige Stunden vorher hatten sie, zumindest nach dem Bericht des Matthäus, eine Wache am Grab aufstellen lassen. Ist es wirklich wahrscheinlich, daß sie dann entschieden, genau die Tat auszuführen, von der sie befürchteten, daß sie von anderen verübt würde? Das wäre wahrlich ein großartiges »Eigentor«! Ebenso, wenn sie Jesus in ein weniger auffallendes und weniger luxuriöses Grab fortschaffen wollten, um der Verehrung des Grabes Jesu zuvorzukommen. Wenn sie so handelten, würden sie am Ende nur zu einer größeren Verehrung Jesu beitragen – als demjenigen, der von sich behauptet hatte, daß er vom Tod erweckt werden würde. Vor allem aber: Warum gaben sie, als die Apostel wenige Wochen später in Jerusalem die Auferstehung Jesu predigten, nicht umgehend zu, daß sie den Leichnam weggenommen hatten? Was die Apostel von ihnen sagten, warf wegen ihrer Beteiligung am Tod Jesu kein gutes Licht auf sie. Der Öffentlichkeit den Leichnam dieses gekreuzigten Kriminellen zu präsentieren, hätte jedoch bald jede Rede von der Auferstehung im Keim erstickt!

Das Gleiche kann von den römischen Behörden gesagt werden. Wie die jüdischen waren auch sie daran beteiligt, eine Wache aufzustellen; auch sie hätten enorm davon profitiert, wenn sie dazu in der Lage gewesen wären, den Leichnam vorzuzeigen. Wenn es jedoch eine plötzliche Sinnesänderung gegeben hatte und der Leichnam Jesu unter öffentlicher Aufsicht weggenommen worden wäre – warum griffen die jüdischen Behörden zu der Behauptung, daß die *Jünger* den Leichnam gestohlen hätten? Es wäre sicher viel eindrucksvoller gewesen, zu behaupten, die römischen Behörden hätten diese Tat aus amtlichen Gründen ausgeführt. Aber warum brachten sie diese nicht vor?

War es dann vielleicht Josef von Arimathäa? Vielleicht war er doch nicht ein solcher Freund Jesu und hatte nur der rituellen Reinheit wegen Jesus in seinem eigenen Grab bestatten wollen? Warum kümmerte er sich dann aber nicht darum, für die zwei zusammen mit Jesus gekreuzigten Männer das gleiche zu veranlassen? Und wenn er wirklich den Leichnam Jesu so bald als möglich wegschaffen wollte – ist es wahrscheinlich, daß er dies während der Nacht tat, wenn er einige Männer brauchte, die diese harte Arbeit bei Fackellicht hätten beginnen müssen? Wäre es da nicht wahrscheinlicher, daß er dies am frühen Morgen hätte verrichten lassen. Als die Frauen zum Grab kamen, war der Leichnam schon entfernt. Und wenn sie während der Nacht gearbeitet hätten, warum ließen sie die Leinenbinden zurück, so daß sie den Leichnam Jesu nackt wegtragen mußten?

Nein, es ist viel wahrscheinlicher, daß Josef tatsächlich ein Bewunderer Jesu war, der tapfer seine letzte, flüchtige Gelegenheit ergriffen hatte, sein Schicksal mit dem Jesu zu verknüpfen. Er glaubte, daß sein Gewissen zukünftig Trost aus der Tatsache schöpfen würde, daß er letztlich doch getan hatte, was er für richtig hielt – wenn auch erst ganz am Ende. Wenn dies zutrifft, ist es fast undenkbar, daß er, nachdem er sich in der Sicht seiner Kollegen wegen seiner Loyalität zu diesem galiläischen Propheten aus dem ehrenwerten Kreis ausgeschlossen hatte, nach nur 36 Stunden bereit war, umzuschwenken.

Eine hartnäckige Wahrheit

Wie wir die Sache auch betrachten, wir kehren immer wieder zu diesem Geheimnis zurück. Innerhalb von sieben Wochen nach dem Tod Jesu begann in Jerusalem eine neue Bewegung, die als ihre Grün-

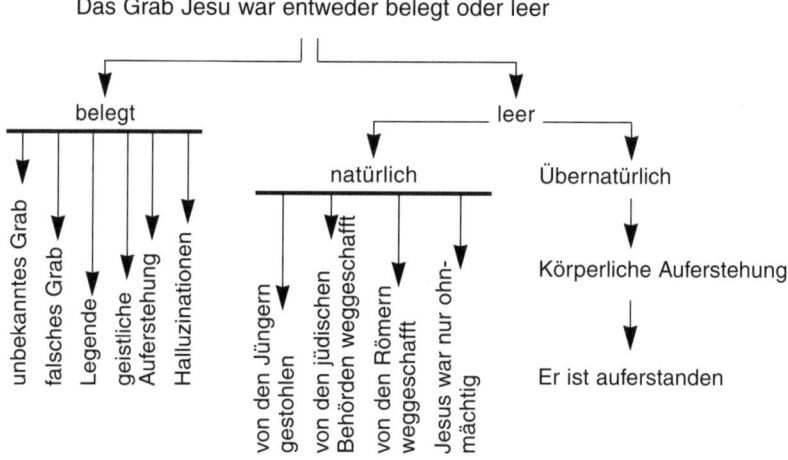

Abbildung 15: Die in Betracht kommenden Lösungen des Ostergeschehens

dungsurkunde die waghalsige Behauptung hatte, daß dieser kürzlich
gekreuzigte Galiläer durch Gott von den Toten auferweckt worden
war – in einem Garten, der gerade einige Minuten Fußweg außerhalb
der Stadtmauer lag. Damals wie heute bedeutete dies für jeden, der
die schlichte Wortbedeutung kannte, daß damit behauptet wurde,
daß der Leichnam verschwunden war. Diese Behauptung würde sich
ad absurdum führen, wenn der Leichnam sich tatsächlich im Grab
befand. Sie konnte auf empirischem Weg als falsch nachgewiesen
werden. Dazu hätte es nur des Leichnams bedurft, und der Anspruch
wäre null und nichtig – und ein jeder in der Stadt hätte umstands-
los zu seinen Tagesgeschäften zurückkehren können.
Aber niemand zeigte den Leichnam vor. Das heißt, es bestand volle
Übereinstimmung darin, daß das Grab leer war. Aber wo war er?
Entweder er war irgendwo (und konnte von jemandem herbeige-
bracht werden, der den Jüngern feindlich gegenüberstand, oder es
fand sich eine passende Erklärung für seine Abwesenheit), oder einer
seiner Anhänger hatte ihn gestohlen. Oder, drittens ... der Leib war
tatsächlich durch Gott von den Toten auferweckt worden. Dies waren damals die Möglichkeiten – und sind es bis heute. Die Osterbotschaft ist entweder eine fromme Falschmeldung oder das Zentral-
stück der Geschichte.

ZUSAMMENFASSUNG

Die Christen sind der Überzeugung, daß nur die dritte Option mit
den Tatsachen übereinstimmt. Der Leichnam Jesu wurde nicht von
seinen Feinden gestohlen noch von seinen Freunden weggenommen,
sondern in wunderbarer Weise durch Gott selbst von den Toten erweckt.
Sie lesen die Ostererzählungen und spüren in ihnen den Klang einfacher und ungekünstelter Worte. Sie studieren das Leben und die
Lehre Jesu und stellen fest, daß niemals jemand in der gleichen Weise gelebt und gedacht hat wie er. Sie lesen weiter über die Ostergeschichte hinaus und stellen fest, wie die Anhänger Jesu vom alther-
gebrachten Brauch, den Sabbat am Samstag einzuhalten, ablassen
und statt dessen beginnen, den Sonntag zu ehren. Im besonderen
nehmen sie wahr, wie die sonderbare Botschaft von einem gekreu-

zigten Messias innerhalb einer Generation bis in die weit entfernten Teile des römischen Reiches erfolgreich Wirkung zeigt. Sie schauen auf das Judentum des ersten Jahrhunderts und fragen sich, was das Entstehen der christlichen Kirche erklärt – etwas, das gänzlich jüdische Wurzeln besitzt und doch letztlich für alle Völker bestimmt ist. Und sie ziehen die Schlußfolgerung, daß das fehlende Teil des Puzzles genau das ist, was die Autoren des Neuen Testaments behaupten: daß Jesus wirklich auferstanden ist.

Nur so erklärt sich das, was vorausging – die außerordentliche Schönheit, Kraft und geistliche Autorität im Leben Jesu. Nur so erklärt sich das, was als nächstes geschah – die unglaubliche Vitalität der christlichen Botschaft, die bis in die entferntesten Orte und Kulturen wirkt. Und nur so erklärt sich ihre Erfahrung, daß dieser Jesus auch nach 2000 Jahren, nachdem er für tot und verschwunden gehalten wurde, in ihr eigenes Leben einzutreten scheint.

So haben die Christen durch die Jahrhunderte hindurch auf diese seltsamen Ereignisse in der Morgendämmerung zurückgeschaut und sie nicht nur als wirklich und historisch angesehen, sondern darüber hinaus als die zentralen Ereignisse innerhalb ihrer eigenen Lebensgeschichte und der Geschichte der Welt.

Es überrascht nicht, daß dann viele von ihnen nicht nur daran Interesse gezeigt haben, *was* an diesen Tagen geschehen ist, sondern auch zu fragen begonnen haben, *wo* es geschehen ist.

Wir können uns gut vorstellen, daß einige von Jesu neuen Anhängern in den ersten Jahren nach der Auferstehung, wenn sie dazu die Gelegenheit hatten, das Grab aufsuchten. Es gibt allerdings keinen ausdrücklichen Bericht darüber, daß sie dies taten. Statt dessen geriet das Grab Jesu von dem Augenblick an, als Maria Magdalena den Garten verlassen hatte, seltsamerweise in vollständige Vergessenheit – zumindest für eine längere Zeit. Wir wissen, was sich in der Geschichte der Osterbotschaft, die sich über die ganze Welt verbreitete, als nächstes zutrug, aber was mit dem Grab vor den Toren Jerusalems geschah, ist ein Geheimnis. Blieb es unversehrt? Kann es heute identifiziert werden?

Nachdem wir die *Oster-Geschichte* betrachtet haben, ist es an der Zeit, uns dem *Ort* des ganzen zuzuwenden.

Teil 2

Der Ort

»Er ist nicht hier; denn er ist auferstanden, wie er gesagt hat. Kommt her und seht euch die Stelle an, wo er lag.« (Mt 28,6)

V. Eine alte Entdeckung

Die Kirche des Heiligen Grabes

So begann die Botschaft vom auferstandenen Christus ihre historische »Reise« von jenen wenigen ersten Jüngern in Jerusalem »bis an die Grenzen der Erde« (Apg 1,8). Schritt für Schritt breitete sie sich im römischen Reich und über dessen Grenzen hinaus aus. Im Laufe der Zeit wird sie auch von den römischen Kaisern selbst angenommen werden und schließlich den Zusammenbruch ihres Reiches überleben, während sie in den Herzen und Seelen der Christen durch die Jahrhunderte hindurch bis heute weiterlebt.

Was aber geschah in Jerusalem? Was wurde aus dem Grab? Blieb es unangetastet trotz der stürmischen Ereignisse während der folgenden hundert Jahre? Und was geschah mit den Anhängern Jesu und der sich entwickelnden Kirche in Jerusalem während dieser Zeit? Dies sind einige der Fragen, die uns im zweiten Teil beschäftigen werden, indem wir der Frage nachgehen: *Wo* genau fand die Kreuzigung und die Auferstehung statt?

Im Jahr 325 n.Chr. wurde ein Grab freigelegt, das seit damals bis in die jüngste Zeit allgemein als das Grab Jesu angesehen wurde. In diesem (V.) Kapitel werden wir die Entdeckung dieses Grabes und des Gebäudes beschreiben, das in den Kirchen des Westens als »Grabeskirche« bekannt wurde (in der Ostkirche wird es, vielleicht angemessener, als *anastasis*, d.h. »Kirche der Auferstehung« bezeichnet). Im VI. Kapitel werden wir auf die Entdeckung eines anderen Grabes im späten 19. Jahrhundert eingehen, des sog. »Gartengrabes«. Die Debatte darüber, welcher der beiden Orte der richtige ist, werden wir im VII. Kapitel führen.

Bevor wir über die Geschichte des Heiligen Grabes sprechen werden, ist es notwendig, etwas mehr zur Geschichte Jerusalems und seiner christlichen Gemeinde während der ersten drei Jahrhunderte unserer Zeitrechnung auszusagen. Es geschah sehr viel in den Jahren zwischen diesen schicksalhaften Tagen um das Jahr 30 n.Chr., als das Grab Jesu leer aufgefunden wurde, und dem Jahr 325 n.Chr., als ein Grab gefunden und sofort als das Grab Jesu identifiziert wurde.

Jesu Warnungen mit Blick auf die Zukunft

Jesus lebte in einer Zeit wachsender politischer Spannungen. Die Frage, wie die jüdische Nation auf die fortdauernde Besetzung ihres Landes durch die Römer reagieren sollte, stellte sich unverändert. Die als »Zeloten« bekannte Gruppe wuchs, und viele warteten auf den Zeitpunkt, wenn Jerusalem von heidnischer Herrschaft frei sein würde. Wie Lukas in seinen Einleitungskapiteln berichtet, lebten viele Fromme in Israel zur Zeit der Geburt Jesu in Erwartung der »Erlösung Jerusalems«, in der Erwartung, »errettet zu werden vor unseren Feinden und aus der Hand aller, die uns hassen« (Lk 2,38; 1,71; vgl. 2,25). Jesu Lehre war auf diese brennenden Zeitfragen unmittelbar bezogen und besaß so eine besondere Schärfe. Er stand in der biblischen Tradition der Propheten und warnte das Israel seiner Zeit davor, daß der Kurs, den viele in Opposition zu Rom verfolgten, ein Spiel mit dem Feuer war. Mehr noch: Genau wie Jeremia vor ihm, hatte er den Mut, die Katastrophe vorherzusagen und zu behaupten, daß, wenn sie einträfe, dies als Demonstration der Macht des Gottes Israels anzusehen sei:

»Wenn doch auch du an diesem Tag erkannt hättest, was dir Frieden bringt! Es wird eine Zeit für dich kommen, in der deine Feinde rings um dich einen Wall aufwerfen, dich einschließen und von allen Seiten bedrängen ... denn du hast die Zeit der Gnade nicht erkannt. ... Wenn ihr aber seht, daß Jerusalem von einem Heer eingeschlossen wird, daran könnt ihr erkennen, daß die Stadt bald verwüstet wird.« (Lk 19,42–44; 21,20)

Dies sind nur zwei von schätzungsweise 34 Abschnitten in den Evangelien, in denen Jesus seine Zeitgenossen hinsichtlich der Zukunft warnt, die Jerusalem und Israel bevorsteht (siehe ebenso Lk 13,33–35; 23,29–31). Vor diesem Hintergrund kann vieles im Zusammenhang der Lehre Jesu als ein Angebot an das Israel seiner Zeit verstanden werden, auf andere Weise Israel, das wahre Volk Gottes, zu sein – ein alternativer Weg angesichts der bevorstehenden Katastrophen. »Das Tor ist weit, das ins Verderben führt, und der Weg dahin ist breit«, sagte er, »aber das Tor, das zum Leben führt, ist eng, und der Weg dahin ist schmal«; »Kehrt um und glaubt an das Evangelium!«; »Folgt mir nach!« (Mt 7,13–14; Mk 1,15.17).

Jesu Vorhersagen erfüllten sich. In den folgenden Jahren wuchs die Spannung ständig an. Im Jahr 39/40 n.Chr. zum Beispiel gab es eine größere Krise, weil Kaiser Caligula eine Statue von sich im Jerusalemer Tempel aufstellen lassen wollte. Dies rief bei den Juden die schmerzhaften Ereignisse der Krise im Jahr 164 v.Chr. in Erinnerung, als Antiochus Epiphanes ähnliches versuchte (oft wird vermutet, daß Jesus darauf anspielt, wenn er von dem »unheilvollen Greuel« [Mk 13,14] spricht). Wie damals, so leisteten sie auch jetzt unerbittlichen – und erfolgreichen – Widerstand gegen diese kaiserliche Laune. Zehn Jahre später, als Cumanus Prokurator war, kam es zu gewaltsamen Zusammenstößen in Jerusalem, von denen Flavius Josephus[1] berichtet. Dabei wurden an einem Paschafest über 20 000 Personen getötet (möglicherweise bezieht sich Paulus in 1 Thess 2,14–16 darauf). Die Zahl mag übertrieben sein, aber es ist eine Tatsache, daß die Spannungen zwischen Juden und Römern schnell außer Kontrolle gerieten.

Die Auseinandersetzungen erreichten, bedingt durch verschiedene provokative Handlungen des Prokurators Gessius Florus, im Jahr 66 n.Chr. ihren Höhepunkt. Die Zeloten eroberten Massada und setzten dem täglichen Opfer für den Kaiser im Jerusalemer Tempel ein Ende. Dies war der letzte Akt, der eine militärische Antwort Roms herausforderte. Nach einigen anfänglichen Erfolgen wurde die Lage der Zeloten zunehmend hoffnungsloser. Die Römer belagerten Jerusalem. Schließlich stürmten die Truppen des Titus im August des Jahres 70 n.Chr. den Tempelberg, und innerhalb eines Monats war die letzte Bastion in der Oberstadt bis auf die Grundmauern abgebrannt. Darauf wurde Jerusalem systematisch und nahezu vollständig zerstört.

Dreißig Jahre zuvor war, während der Regierungszeit des Herodes Agrippa (41–44 n.Chr.), an der Nord-Seite der Stadt eine neue Mauer errichtet worden, wodurch die Fläche des (späteren) Heiligen Grabes innerhalb der Stadt lag. In den Jahren nach 70 n.Chr. blieb dieser Abschnitt Teil der Stadt, während die südliche Hälfte der Stadt (die alte Davidstadt und die Oberstadt, die jetzt als »Zion« bekannt ist) weitgehend in Ruinen lag. Hierdurch verlagerte sich die Stadt faktisch (aber die Dinge verwirrend!) 300 Meter nach Norden (siehe Abbildung 16).

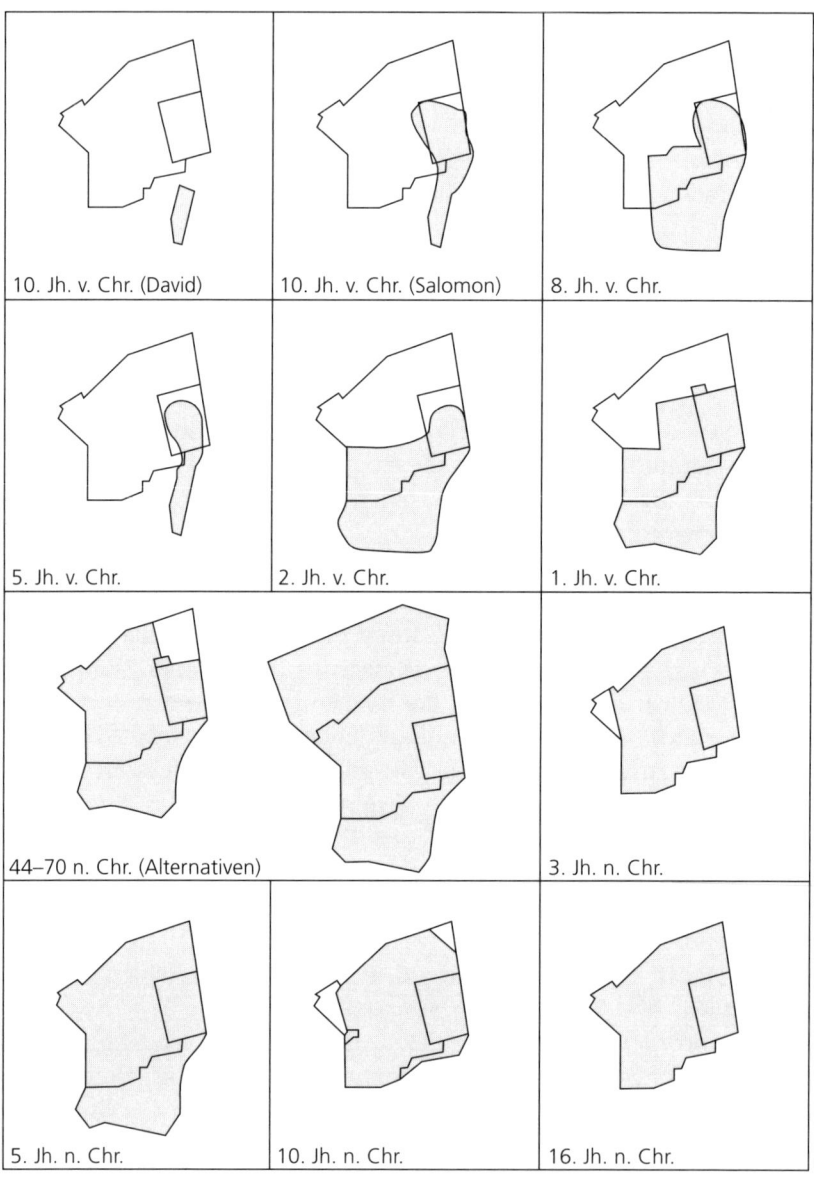

10. Jh. v. Chr. (David)	10. Jh. v. Chr. (Salomon)	8. Jh. v. Chr.
5. Jh. v. Chr.	2. Jh. v. Chr.	1. Jh. v. Chr.
44–70 n. Chr. (Alternativen)		3. Jh. n. Chr.
5. Jh. n. Chr.	10. Jh. n. Chr.	16. Jh. n. Chr.

Abbildung 16: Die »sich bewegenden Mauern« Jerusalems.[1] Die grauen Flächen bezeichnen die jeweils besiedelte Fläche, das Rechteck die heutige Altstadt.

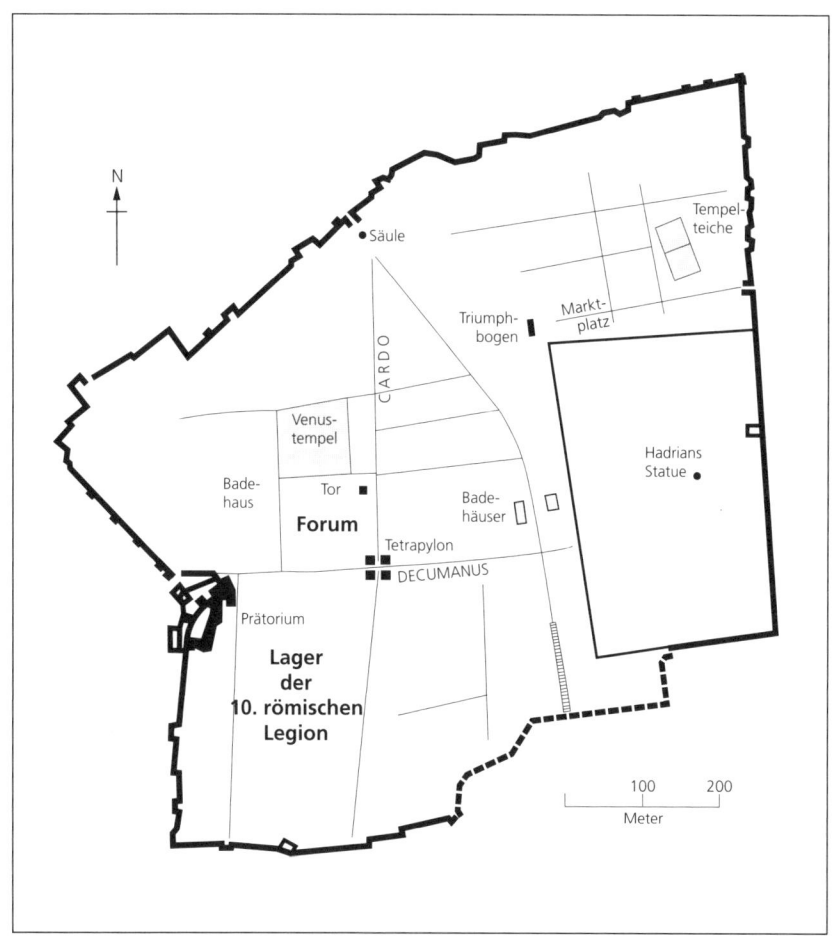

Abbildung 17: Jerusalem in der Zeit nach 135 n.Chr., als es durch Hadrian als Aelia Capitolina neu gegründet wurde. Abgesehen vom römischen Lager wird die Stadt während des größten bzw. gesamten Zeitraumes ohne Mauer gewesen sein. Beachtenswert ist die Anlage der Straßen, die sich bis heute innerhalb der Altstadt erhalten hat (vgl. Foto 36).

85

60 Jahre nach diesen Ereignissen wiederholte sich die Geschichte. Offensichtlich hatte der Widerstand weitergeköchelt, um nun erneut aufzubrechen. Simon Bar Kochba war von führenden Rabbinern als der wahre »Messias« ausgerufen worden. Seine revolutionäre Politik gegen Rom führte zum zweiten jüdischen Aufstand (132–135 n.Chr.); wiederum war das Ergebnis verheerend.

Nachdem Kaiser Hadrian die Revolte niedergeschlagen hatte, ging es ihm darum, sicherzustellen, daß sich solches nie wieder ereignen konnte. Entsprechend einem Plan, den er möglicherweise schon vor dem Aufstand in Betracht gezogen hatte, gründete Hadrian Jerusalem jetzt neu als heidnische Stadt. Er nannte sie Aelia Capitolina und legte sie nach dem Muster eines römischen Heerlagers an, geteilt durch zwei Hauptstraßen, die als Cardo Maximus und Decumanus bekannt sind (siehe Abbildung 17).

Der zentrale Platz, an dem sich diese beiden Straßen kreuzten – ganz in der Nähe lag auch das (später entdeckte) Heilige Grab –, war der gleichsam natürliche Ort, an dem das römische Forum (oder der Marktplatz) und ein Tempel für Jupiter, Minerva und Juno gebaut wurden, flankiert von einem Venustempel. In dieser Zeit wurden durch besondere Anordnungen alle Juden aus der Stadt ausgesiedelt.

Es ist für alle beschnittenen Personen verboten, das Territorium von Aelia Capitolina zu betreten oder in ihm zu bleiben; jede Person, die gegen dieses Verbot verstößt, wird zu Tode gebracht.[2]

In den nachfolgenden Generationen mag die Durchsetzung dieser Anordnung lax gehandhabt worden sein (so gibt es Hinweise auf *kleine* jüdische Gruppen, die zu bestimmten Zeiten in der neuen Stadt wohnten). Aber die Mehrzahl der jüdischen Bevölkerung begab sich anderswohin – besonders nach Galiläa, das das neue Zentrum des rabbinischen Judentums wurde.

So war ziemlich genau hundert Jahre nach der Kreuzigung Jesu das Jerusalem, das Jesus kannte, vollständig verschwunden. An dessen Stelle existierte dort nun eine heidnische Stadt, Aelia Capitolina, die viel kleiner war und sich nur auf die nördlichen Bereiche der früheren Stadt erstreckte. Im südlichen Bereich (wo auch der Herodes-Palast lag) war nun das Heerlager der Zehnten Legion, die ein wachsames Auge auf die Situation vor Ort hatte. Die Einwohner waren Heiden. Einige von ihnen werden schon vor dem Jahr 135 in der Stadt gelebt haben, aber viele waren Kolonisten (einschließlich Armee-Veteranen), die von den römischen Autoritäten von überallher dort angesiedelt wurden. Nach 135 blieb die Frage nach der Bedeutung Aelias offen. Was die Verwaltung der Provinz betrifft, verlagerte sich der Schwerpunkt eindeutig in Richtung der Küstenstadt Cäsarea Maritima, welche die neue Metropole der römischen Provinz Palästina wurde. Diese Vorrangstellung behauptete Cäsarea bis in das vierte Jahrhundert.

DIE KIRCHE IN JERUSALEM (30–325 N.CHR.)

Die erste Generation nach Jesus (30–70 n.Chr.)

Was geschah bei all diesen Veränderungen mit der christlichen Gemeinde? Wir wissen aus der Apostelgeschichte, daß nach einigem anfänglichen Zuspruch zur Predigt über Jesus als dem Messias Israels Jerusalem für seine Anhänger ein zunehmend schwieriger Ort wurde. Nach dem Tod des Stephanus setzte eine Verfolgung ein, die viele Christen veranlaßte, die Stadt zu verlassen. Eine Zeitlang benutzten die Apostel Jerusalem noch als ihren Hauptstandort, aber auch sie verstreuten sich zunehmend gemäß ihrem Auftrag, »bis an die Grenzen der Erde« zu gehen.

Die Leitung der örtlichen christlichen Gemeinde wurde Jakobus übertragen, dem ursprünglich distanzierten Bruder Jesu (Apg 12,17; 15,13; 21,18; vgl. Mk 3,31). Innerhalb der Gemeinde gab es vermutlich viele, die streng nach dem jüdischen Gesetz lebten (Apg 21,20) und die wünschten, daß die heidnischen Gläubigen als Zeichen dafür, daß sie wahre Mitglieder des Volkes Gottes sind, beschnitten würden. Jakobus selbst nahm auf dem Apostelkonzil, das im Jahr 49 n.Chr. in Jerusalem stattfand, um genau diese Frage zu klären, eine andere Position ein. Das Wirken des Heiligen Geistes im Leben der heidnischen Gläubigen überzeugte ihn, daß Gott in der Tat Neues wirkte. Nun war die Zeit, da die »Sammlung der Heiden« stattfinden und Heiden (d.h. ohne beschnitten zu sein) zum Gottesvolk gehören konnten. Die Tür in das Reich war der Glaube an Jesus, nicht die Vorschriften des Judentums (Apg 15,19; vgl. Gal 2,9–10).

Die Haltung des Jakobus in dieser Angelegenheit war mutig. Sie würde im Umfeld der jüdischen Gemeinde, die in diesen Jahren der wachsenden politischen Spannung äußerst sensibel auf jede Bewegung reagierte, die die Grenzlinien zwischen Juden und Heiden zu verwischen begann, nicht sehr populär sein. Sie würde auch von einigen innerhalb seiner eigenen Gemeinde nicht gutgeheißen werden. Jakobus hatte einen schwierigen Balanceakt zu vollziehen.

An der Episode der »Kollekte« des Paulus ist dies gut zu sehen. Paulus hatte in seinen Gemeinden Geld gesammelt als Zeichen der Unterstützung der ärmeren Christen in Jerusalem und als Zeichen der Solidarität mit ihnen (2 Kor 8–9). Auch wenn Paulus gewünscht haben wird, daß die Jerusalemer Christen in manchen Fragen eine unverkrampftere Position eingenommen hätten, unbestritten war, daß sie in der Stadt, in der alles begonnen hatte, weiterhin Zeugnis für Jesus ablegten. Sie benötigten jede Unterstützung, die sie bekommen konnten.

Aber nicht alles lief glatt, als er am Pfingstfest 57 n.Chr. ankam, um die Kollekte zu übergeben. Fast unvermeidlich wurde er in die Spannungen innerhalb der christlichen Gemeinde der Stadt hineingezogen. Einige der konservativeren Gläubigen bestanden darauf, daß Paulus gewisse Bedingungen zu erfüllen habe, bevor sein Geschenk angenommen werden konnte (Apg 21,20–24). Natürlich traf er auch auf den Widerstand von nicht-christlichen Juden. Weil Paulus bekannt war als jemand, der Heiden dazu ermutigte, dem Volk Gottes beizutreten, nahmen sie an, daß er die Heiden auch ermutigen würde, den inneren Hof des Tempels zu betreten, der nur für Juden zugänglich war (Apg 21,27–29). Nur wenige Tage nach seiner Ankunft wurde Paulus mitten in der Nacht aus der Stadt weggebracht, um niemals wiederzukehren (Apg 23,31).

In der Zwischenzeit waren die Spannungen für Jakobus und die christliche Gemeinde in der emporsteigenden Flut des Nationalismus, die die Stadt mitriß und unerbittlich zu dem Zusammenstoß mit Rom im Jahr 66 n.Chr. führte, weiter angewachsen. Jakobus selbst wurde im Jahr 62 n.Chr. durch den Sanhedrin, der dafür die Übergangszeit zwischen der Einsetzung zweier Prokuratoren nutzte, zum Tode verurteilt.[3] Nach der Überlieferung wurde er von einer der Ecken der Tempelplattform hinuntergestoßen.[4]

Als der Aufstand begann, wurde der christlichen Gemeinde klar, daß es für sie keine Zukunft mehr in der Stadt gab. Dies war der Zeitpunkt, vor dem Jesus sie gewarnt hatte: es war die Zeit, »in die Berge zu fliehen« (Mk 13,14). Auch wenn der Bericht des Eusebius in seiner *Kirchengeschichte*[5] teilweise in Frage gestellt wurde, so ist er doch allgemein anerkannt. Danach floh die Jerusalemer Gemeinde während der Zeit der Belagerung in die Gegend von Pella (im Südosten des Sees von Galiläa im heutigen Jordanien gelegen; siehe Abbildung 18).

Nach der Belagerung werden viele in ihre Häuser nach Jerusalem zurückgekehrt sein. Einige werden sich jedoch dazu entschlossen haben, ein neues Leben in dieser neuen Umgebung zu führen. Es ist z.B. möglich, daß das Matthäusevangelium eng mit der verstreuten Flüchtlingsgemeinde in der Gegend des südlichen Syrien verknüpft ist (vgl. Mt 4,24) – das Evangelium von Jesus, wie es von der Jerusalemer Kirche »im Exil« erinnert wurde.

Zwischen den Aufständen (70–135 n.Chr.)

Nach dem Tod des Jakobus scheint die Leitung der Jerusalemer christlichen Gemeinde sehr lange in den Händen der »Familie des Herrn« gelegen zu haben. In der Liste der ersten 30 Bischöfe von Jerusalem, die Eusebius überliefert, wird Simeon, ein Cousin des Herrn, als unmittelbarer Nachfolger des Jakobus genannt.[6] Ansonsten ist über die Kirche in dieser Periode nur wenig bekannt, mit Ausnahme eines Vorfalls unter Kaiser Domitian (95 n.Chr.). Nach Ansicht des Kaisers stellten zwei überlebende Verwandte Jesu (die Enkel seines Bruders Judas) eine politische Bedrohung dar. Als ihm die beiden vorgeführt wurden, stellte er bald fest, daß von ihnen, Ackerbauern aus Galiläa, keine Gefahr ausging, und schickte sie einfach zurück.[7]

Bekannt ist, daß die Christen es ablehnten, Bar Kochba zu folgen, als dieser mit dem Anspruch auftrat, der Messias zu sein.[8] Weswegen sie einigen Verfolgungen von seiten seiner jüdischen Anhänger ausgesetzt waren. Wieder einmal gab es für die Christen eine höhere Loyalität, die sie davon abhielt, zur Verteidigung der Stadt gegen die römischen Besatzer die Waffen zu ergreifen, auch wenn Jerusalem für sie aus vielen Gründen wichtig war.

Abbildung 18: Palästina (70–300 n.Chr.)

Als Nachwirkung des Edikts von Hadrian im Jahr 135 n.Chr. wurde die Jerusalemer christliche Gemeinde in der umbenannten Stadt Aelia Capitolina heidenchristlich. Dies spiegelt sich wider in den nichtjüdischen Namen der Bischöfe im zweiten Abschnitt der Liste des Eusebius.[9] Eine der wichtigen Fragen in unserem Zusammenhang lautet dann: Bedeutete dieser Bevölkerungswechsel, daß der Ort des Grabes Jesu nun völlig vergessen wurde? Gingen alle Erinnerungen in dieser Zeit verloren? Oder wurde die Überlieferung weitergegeben – vielleicht durch Heidenchristen, die schon vor 135 in der Stadt gelebt hatten? Wir werden darauf später zurückkommen (siehe unten, S. 105 und 162).

Im zweiten Jahrhundert blieb die christliche Gemeinde in Aelia Capitolina ziemlich klein. Sie wurde, was die Größe angeht, durch die Kirche in der Hauptstadt Cäsarea, wo der christliche Glaube starke Wurzeln zu schlagen begann, in den Schatten gestellt. Im darauffolgenden Jahrhundert wurde Cäsarea die Heimat eines der größten christlichen Gelehrten des Altertums, Origenes (ca. 185 – ca. 254). Sie wurde berühmt für ihre Bibliothek und ihre theologische Schule. Immer wenn die Bischöfe von Cäsarea und Aelia in dieser Zeit an Kirchentreffen beteiligt waren, wurde zuerst der Name Cäsareas, dann der Aelias genannt.

Um das Jahr 200 jedoch begann die christliche Gemeinde von Aelia durch zwei Bischöfe, Narcissus und Alexander, an Ansehen zu gewinnen – ein Prozeß, der das dritte Jahrhundert hindurch andauerte und zu Beginn des vierten Jahrhunderts zu einigen Spannungen zwischen den zwei Bischofssitzen führte, da nach Ansicht der Bischöfe von Aelia ihr Sitz in der ehemaligen Stadt Jerusalem ihnen einen natürlichen Vorrang vor Cäsarea gab.

Während dieser Zeit war die Zahl der interessierten christlichen Besucher von Aelia gleichbleibend klein. Wir kennen nur vier von ihnen mit Namen. Um 170 kam Melito, der Bischof von Sardes, nach Palästina, um den wahren Umfang des alttestamentlichen Kanons festzulegen.[10] Er verfaßte auch einen fesselnden Kommentar über den Ort der Kreuzigung (siehe unten, S. 159f.). Alexander, der während seines Besuches in Palästina zum Bischof von Aelia geweiht wurde, kam ursprünglich mit der ausdrücklichen Absicht aus

Kleinasien – so berichtet Eusebius –, die »Schauplätze« zu suchen und »zu beten«.[11] Als Origenes um 230 in Cäsarea weilte, besuchte er wahrscheinlich auch Aelia – zumindest bezieht er sich auf die nahegelegene »Höhle« in Betlehem.[12] Schließlich sein Zeitgenosse Pionius, der auf die Erfahrung, daß er das Land der Bibel mit eigenen Augen gesehen hatte, in seiner Verteidigung des Glaubens vor seinem Martyrium in Smyrna zurückgriff.[13]

Dennoch muß »der Umfang des frommen Tourismus viel größer gewesen sein, als diese wenigen Beispiele meinen lassen«.[14] In der Tat berichtet Origenes, daß der Ort, wo Jesus in Betlehem geboren wurde, »Besuchern aus aller Welt gezeigt werde«, und Eusebius berichtet von Christen, die den Ölberg[15] und Betlehem[16] besuchen.

In Aelia selbst mag den Besuchern eine kleine christliche Bibliothek gezeigt worden sein, ein Bischofsstuhl, der angeblich auf Jakobus selbst zurückzudatieren ist[17], und wahrscheinlich eine kleine Kirche in der unbewohnten Ruinenfläche des Zionsberges; dort hatten sich die Christen zumindest seit 135 versammelt, möglicherweise schon seit den Tagen der Apostel. Aber was war mit Golgota und dem Ort des Grabes Jesu? Was war mit ihnen während dieser langen wechselvollen Geschichte geschehen?

Golgota und das Grab

In seinem alphabetischen Ortsverzeichnis der biblischen Orte sagt Eusebius über Golgota: Dies ist »der Platz des Kreuzes, wo Christus gekreuzigt worden war; er wird in Aelia *gezeigt*, nördlich des Zionsberges gelegen«.[18] Weder hier noch an anderen Stellen seiner Schriften berichtet er davon, daß irgend jemand den Ort *besuchte*. Warum?

Die einfachste Antwort lautet: Er war zu der Zeit nicht zugänglich. Die Lage als solche konnte »*gezeigt*« werden, aber zu Golgota und dem Grab selbst war der »Zutritt verboten«. Die ortsansässigen Christen waren überzeugt, daß Golgota und das Grab unter dem Forum und dem Tempel begraben worden waren, die Hadrian im Zentrum von Aelia im Jahr 135 hatte errichten lassen. Seitdem waren sie den Blicken entzogen.

Im Jahr 324 gewann Konstantin (seit 312 der römische Kaiser im Westen) eine entscheidende Schlacht über Licinius, den Kaiser im

Osten. Seitdem war Konstantin, bis zu seinem Tod im Jahr 337, der einzige Herrscher über den Osten wie über den Westen. Ungeachtet dessen, wie man die Motive und die Aufrichtigkeit seiner öffentlichen Annahme des christlichen Glaubens einschätzen mag – die Auswirkung dieser Tatsache für Palästina war sehr bedeutsam. Das Land der Bibel kam zum ersten Mal unter christliche Herrschaft. Aelia Capitolina erhielt schrittweise seinen historischen Namen »Jerusalem« zurück. Darüber hinaus war nun mit dem Zusammenbruch der heidnischen Herrschaft der Weg geöffnet für eine wachsende Zahl christlicher Pilger und für eine offene Festlegung der verschiedenen biblischen Schauplätze.

Es überrascht nicht, daß das Grab Jesu dabei den ersten Platz einnahm. Wo war es? War die Überlieferung, daß es unter dem Tempel Hadrians lag, zuverlässig, oder würden sie an einem völlig falschen Platz suchen? Und auch wenn sie in der richtigen Umgebung suchten, würde dort nach all den Jahren noch etwas zu finden sein? Würden sie den Ort, der ihnen so viel bedeutete, ans Licht der Öffentlichkeit bringen können?

DAS GRAB UND GOLGOTA

So begann eine der außerordentlichsten Episoden, eine der wenigen archäologischen Ausgrabungen in der alten Welt! Die Arbeit begann wahrscheinlich in der zweiten Hälfte des Jahres 325 oder zu Beginn des Jahres 326. Die Aufgabe bestand in nichts Geringerem als dem kompletten Abbruch des heidnischen Tempels und Forums und der Suche nach einem Grab aus dem ersten Jahrhundert, das zu den Beschreibungen der Evangelien paßte. Eine »unmögliche Mission«?

Das Konzil von Nizäa

Um die Aufgabe angehen zu können, brauchte man zunächst einmal die Erlaubnis des Kaisers! Nachdem die Jerusalemer christliche Gemeinde bereits unter der Herrschaft des Licinius mutig genug gewesen war, die Beseitigung von Hadrians Tempel zu fordern – die Antwort darauf blieb aus –, kam mit der Machtübernahme Konstantins der richtige Augenblick. Zudem erhielt Macarius, der Bischof von

Jerusalem, anläßlich des Konzils von Nizäa, auf dem es um die Beilegung des Streites um Arius ging, die Gelegenheit, Konstantin zu treffen. Während einer der Unterbrechungen des Konzils faßte Macarius Mut, dem Kaiser sein Anliegen vorzutragen: Würde dieser ihnen helfen, das Grab Jesu aufzufinden? Würde er etwas dagegen haben, wenn dies die »Kleinigkeit« erforderte, einen heidnischen Tempel zu zerstören, den sein berühmter Vorgänger Hadrian hatte errichten lassen?

Daß Macarius tatsächlich die Gelegenheit ergriff, um die Erlaubnis des Kaisers zu bekommen, wird auf zwei Weisen bestätigt. Zum einen schrieb Konstantin im Anschluß an das Konzil mit Bezug auf dieses Vorhaben an Macarius (siehe unten, S. 97). Zum anderen scheint eine vom Konzil erklärte Bestimmung das Ergebnis der persönlichen Intervention des Macarius gewesen zu sein. Es betrifft das Verhältnis zwischen ihm selbst als Bischof von Aelia/Jerusalem und dem Bischof von Cäsarea:

Da ein Brauch und eine alte Überlieferung festhält, daß der Bischof von Aelia geehrt werden soll, soll er seine eigene Ehre erhalten, unter Bewahrung der besonderen Ehre für die Metropole (Cäsarea).[19]

Weiter oben war von den wachsenden Spannungen zwischen den Bischofssitzen Cäsarea und Aelia die Rede. Vermutlich ging Macarius mit der ausdrücklichen Absicht nach Nizäa, zwei wichtige Ziele zu erreichen; und in beiden Anliegen hatte er Erfolg: er erhielt die Erlaubnis des Kaisers, bei der Suche nach dem Grab Jesu den Tempel Hadrians zerstören zu dürfen, und die Unterstützung des Konzils, daß seiner Diözese die Bedeutung beigemessen werde, die ihr seiner Meinung nach zustand.

Zu beachten ist in dieser Angelegenheit, daß der Metropolitanbischof von Cäsarea kein Geringerer als Eusebius war, der Mann also, dessen *Kirchengeschichte* für die ersten 300 Jahre der Geschichte der Kirche unersetzlich ist und dessen *Leben des Konstantin* die Hauptquelle für die Ereignisse um das Heilige Grab darstellt. Andererseits reiste Eusebius wegen seiner Sympathien für die Position des Arius als jemand zum Konzil, dem die Exkommunikation drohte. Es sieht ganz danach aus, als ob Macarius Eusebius, der sicherlich seinerseits beim Kaiser vorsprechen wollte, zuvorgekommen ist.

Macarius erhielt also die Erlaubnis. In den kommenden Jahren würde der Kaiser die Zerstörung etlicher heidnischer Tempel genehmigen. In diesem ersten Amtsjahr im Osten brauchte es dem Kaiser gegenüber noch ein wenig Überredungskunst. Waren sie sicher, am richtigen Ort zu sein? War die Zerstörung des Tempels wirklich notwendig, oder konnte das Grab nicht eher unter dem Forum Hadrians liegen als unter dem Tempel selbst? Nein, wird Macarius geantwortet haben, der Tempel müsse weichen.

Andererseits hatte Konstantin bereits öffentlich für die christliche Sache Partei ergriffen, und wir wissen, daß eines der ersten Dinge, die er nach seinem Sieg über Licinius zu tun beabsichtigte, eine Reise in den Osten war.[20] War das bereits ein Zeichen seines Interesses am Heiligen Land als Schauplatz der christlichen Ursprünge? Auf seinem Sterbebett wird er später bedauern, daß er nicht im Jordan getauft werden konnte.[21] Wenn dies seine grundsätzliche Haltung gegenüber den Schauplätzen des Evangeliums widerspiegelt, dann mag seine Bereitschaft, der Forderung des Macarius zuzustimmen, sehr groß gewesen sein. Trotzdem können wir uns gut vorstellen, daß sich Macarius vorsorglich verschiedene Argumente zurechtlegte: »Ihre kaiserliche Majestät, welche Haltung würde besser zum ersten christlichen Kaiser passen, als für die Entdeckung des Grabes Christi verantwortlich zu sein? Gab es eine bessere Gelegenheit für einen Kaiser, seinen Untergebenen im ganzen Reich ein wichtiges Signal hinsichtlich der Absichten und der Natur dieser neuen Regierung zukommen zu lassen?«

So kehrte Macarius mit guten Nachrichten für seine Gemeindeglieder nach Jerusalem zurück, vielleicht sogar mit einem kaiserlichen Edikt in der Hand. Wenig später gingen die Arbeiter ans Werk.

Die Beschreibung der Entdeckung durch Eusebius

Dank Eusebius wissen wir, was als nächstes geschah. Auch er kehrte vom Konzil mit einigen guten Nachrichten für seine Gemeindeglieder zurück. Er hatte den Auftrag zur Herstellung von 50 Bibeln erhalten. Und obwohl er von Macarius in gewisser Weise ausmanövriert worden war, war er zumindest nicht exkommuniziert worden – was leicht hätte geschehen können. Wir sind im Besitz eines Briefes, den er an seine Heimatkirche geschrieben hat und in dem er erklärt, wie es ihm möglich war, ohne einen Kompromiß eingehen zu müssen, das Glaubensbekenntnis von Nizäa zu unterzeichnen. Wir besitzen auch seinen Bericht über das, was danach in Jerusalem geschah. Der folgende Auszug ist eine Zusammensetzung aus direkten Zitaten und meinen (*kursiv* gehaltenen) Zusammenfassungen dieses längeren faszinierenden Berichts von Eusebius.[22]

Während es darum also stand, führte der gottgeliebte Kaiser ein anderes Denkmal in der Provinz Palästina auf. Was war dies aber? Er glaubte den vielgepriesenen Ort der Auferstehung des Heilandes in Jerusalem für alle sichtbar und ehrwürdig machen zu müssen. Sofort befahl er darum, ein Bethaus zu erbauen ...
Gewisse »ruchlose Männer« hatten versucht, »der Finsternis der Vergessenheit jenes göttliche Denkmal der Unsterblichkeit zu übergeben ... an dem der Engel ... den Stein hinweggewälzt und von ihrem Herzen den Stein des Unglaubens weggenommen hat«. Sie hatten den ganzen Ort mit einer großen Menge Erde bedeckt, »die sie von außen hineinschafften« und mit Pflastersteinen, und errichteten über der »göttlichen Höhle« eine »schreckliche Grabstätte für die Seelen toter Götzenbilder, indem sie dem ausschweifenden Dämon der Aphrodite einen dunklen Schlupfwinkel erbauten«. Doch sie konnten ihn nicht besiegen, der den Tod besiegt hat. Konstantin, der dieser Bosheit Widerstand leistete, ordnete eine gründliche Reinigung des ganzen Ortes und die Zerstörung des Tempels an, indem er eifrig für die vollständige Räumung seines Baumaterials und sogar des entweihten Boden an einen »möglichst weit« entfernten Platz sorgte.
Als man auf das Grundgestein stieß, da zeigte sich auch gegen aller Erwarten das hehre und hochheilige Denkmal der Auferstehung des Heilandes, und der heiligsten Höhle sollte da ein ähnliches Wiederaufleben beschieden sein wie dem Erlöser selber: nachdem sie lange Zeit im Dunkel verborgen gewesen war, kam sie wiederum ans Licht und gab denen, die sie zu sehen herbeigekommen waren, deutliche Kunde von den daselbst geschehenen Wundern; denn sie bezeugte die Auferstehung des Erlösers durch Tatsachen, die lauter sprachen als jeder Mund.
Konstantin ordnete dann den Bau eines Hauses des Gebets in der Nähe des Grabes des Erlösers an, er sandte Anordnungen zu

den Herrschern des Ostens und den folgenden Brief an den »damaligen Bischof der Kirche in Jerusalem«:

»DER SIEGER KAISER KONSTANTIN DER GROSSE AN MACARIUS:

So groß ist die Gnade unseres Erlösers, daß kein Aufwand an Worten des vorliegenden Wunders würdig zu sein scheint ..., daß das Denkzeichen seines hochheiligen Leidens schon so lange unter der Erde verdeckt und so viele Jahre hindurch verborgen gewesen ist ... bis es ... wieder aufleuchten sollte ... Darum ist auch dies immer mein erstes und einziges Ziel, daß in dem nämlichen Grade, wie sich die Beglaubigung der Wahrheit täglich durch neue Wunder zeigt, auch in unser aller Herzen der Eifer bezüglich des heiligen Gesetzes zunehme. Was nun, wie ich glaube, allen bekannt ist, davon möchte ich dich überzeugt wissen, daß mir mehr als an allem anderen daran liegt, diesen heiligen Ort mit herrlichen Bauten zu schmücken, den ich auf Geheiß Gottes von dem schmählichen über ihm aufgestellten Götzenbilde wie von einer drückenden Last befreit habe, jenen Ort, der schon von Anfang an nach dem Ratschlusse Gottes geheiligt ward, doch noch heiliger geworden ist, seitdem er das Zeugnis für das Leiden des Erlösers ans Licht gebracht hat. Es muß also dein Scharfsinn derartige Anordnungen und für alles Nötige Vorsorge treffen ...

Kaum war aber der Befehl ausgesprochen, wurde er auch schon ausgeführt und gerade an dem Grabmal des Erlösers das neue Jerusalem gebaut, jenem altberühmten gegenüber, das, nach der schrecklichen Ermordung des Herrn, die Gottlosigkeit seiner Einwohner mit völliger Verwüstung hatte büßen müssen. Diesem also gegenüber ließ der Kaiser den Sieg unseres Erlösers über den Tod mit reicher und großartiger Pracht verherrlichen, so daß leicht dieser Bau jenes von prophetischen Aussprüchen verkündete neue, zweite Jerusalem sein kann, über das große, vom göttlichen Geiste eingegebene Weissagungen so viel Herrliches verkünden.
Zuerst ließ er gleichsam als Haupt des ganzen Werkes die heilige Grotte ausschmücken, ... jenes göttliche Denkmal, bei dem einst der lichtstrahlende Engel allen die frohe Botschaft von der durch den Erlöser angekündigten Wiedergeburt gebracht hat. Dieses also ließ der Kaiser gleichsam als Haupt des Ganzen freigebig mit erlesenen Säulen und großer Pracht ausschmücken ...

Darauf ging er aber dazu über, einen sehr geräumigen Platz, der unter freiem Himmel lag, zu schmücken; ... Denn an der der Grotte gegenüberliegenden Seite, die gegen Sonnenaufgang schaute, war die Basilika angefügt ... Zu beiden Seiten liefen sodann dem ganzen Tempel entlang zwei Säulenwände mit doppelten Säulengängen auf ebener Erde und im ersten Stock, deren Decke ebenfalls mit Gold verziert war. Drei Tore, die gerade nach Sonnenaufgang hin sehr gut verteilt waren, nahmen die hereinströmenden Scharen auf. Diesen gegenüber war die Hauptsache des ganzen Werkes, eine Halbkugel (*Hemisphairion*), oben am Ende der Basilika hingestellt ... Wollte der Beschauer von dort zu den vor dem Tempel liegenden Eingängen gelangen, so nahm ihn ein anderer freier Raum auf; dort waren Exedren zu beiden Seiten, ferner ein Vorhof, und in ihm Säulenhallen und zuletzt die Tore zum Vorhof ...

In diesem Tempel ließ also der Kaiser ein leuchtendes Denkmal der Auferstehung des Erlösers errichten, da er den ganzen Bau mit reicher und wahrhaft kaiserlicher Pracht herstellte.

»Gegen aller Erwarten« – ein Grab!

So wurde ein Grab entdeckt und eine große Kirche gebaut zur Ehre dessen, der von den Toten auferweckt worden war. Der Ort erhielt so seine Kennzeichnung durch das »Grab« (oder »Edicula«) am Westende der Kirche des Heiligen Grabes. Eusebius schrieb diese Worte in seinem *Leben des Konstantin* etwa um die Zeit der Weihe der Kirche (bei der er selber gesprochen hatte) im September 335, aber sicher nicht später als 339 (dem Jahr, in dem das *Leben des Konstantin* veröffentlicht wurde, welches auch sein Todesjahr ist). Die Zeitspanne zwischen dem Beginn der Grabungsarbeiten und dem Bericht beträgt etwas mehr als 10 Jahre. Deshalb gibt es keinen Grund, seine grundsätzliche Glaubwürdigkeit anzuzweifeln. Trotzdem lassen einzelne Besonderheiten vermuten, daß Eusebius ein eigenes Zeitschema hatte.

Natürlich ist der bemerkenswerteste Teil der Geschichte der, den Eusebius selbst kaum glauben konnte: daß nach all diesen Jahren noch etwas aufzufinden war! Geschweige denn ein Grab, das als Grab Jesu identifiziert werden konnte. Den ganzen Bericht durchzieht das Gefühl ehrfürchtiger Erregung und von Wunder. Dieses ehrgeizige Ausgrabungsprojekt hatte sich gelohnt! Sie hatten etwas zum Vorzeigen – nichts weniger als ein Grab, das das Grab Jesu selbst sein konnte.

Es überrascht kaum, wenn Eusebius das Wunder dieser Entdeckung nur schwer in Worte zu fassen vermag. Es ist nur natürlich, daß er in diesem ganzen Ereignis die Hand Gottes selbst entdecken will – der noch einmal seine Wahrheit verteidigt, so wie er drei Jahrhunderte zuvor seinen Sohn verteidigte, indem er ihn zum Leben erweckte. Daher die Parallelen, die Eusebius zwischen der Entdeckung des Grabes (im Dunkeln verborgen, jetzt ans Licht gebracht) und der Auferstehung (der Erlöser selbst begraben, aber dann glorreich zum Leben erweckt) zieht.

Die Frage, ob dies tatsächlich das Grab Jesu war, wird im einzelnen im VII. Kapitel diskutiert werden, aber einige kurze Anmerkungen müssen hier angebracht werden.

Erstens bedeutet der Ausdruck »gegen aller Erwarten« nicht, wie uns einige glauben lassen wollen, daß Eusebius und seine Zeitgenossen längst wußten, daß dieses Projekt ein großer Schwindel war. Es war keine aus dem Stand erfundene Geschichte, um einen naiven Kaiser dazu zu überreden, einen heidnischen Tempel im Herzen der Stadt zu zerstören. Vielmehr spiegelt sie die große Erleichterung und Erregung der ortsansässigen Christen wider, daß nach all diesen Jahren etwas zu finden war. Bis zu diesem Zeitpunkt war die Überlieferung über den Schauplatz der Erlösung weitergegeben worden, doch fehlte jede Art von Nachweis. Nun erschien vor ihren eigenen Augen die Überlieferung auf wunderbare Weise bestätigt. Entgegen ihren kühnsten Träumen war dort ein Grab!

Zweitens brachten die gleichen Ausgrabungen weitere Gräber ans Licht. Einige von diesen sind noch heute in der Kapelle westlich des Grabes, die von den Syrern benutzt wird (siehe Abbildung 19 und Foto 22) sichtbar. Wir dürfen vermuten, daß es einige gute Gründe für ihre Schlußfolgerung gab, daß *dieses* Grab wahrscheinlich das richtige war. Dieses spezielle Grab muß in ausreichender Weise mit den Evangelienberichten übereingestimmt haben, um die Menschen zu überzeugen, daß dieses, und nicht eines der anderen, das Grab Jesu gewesen ist. Nur die Evangelien bewahrten die Erinnerung an das, wonach sie suchten. Ein Grab, das offenkundig nicht zu deren Beschreibung paßte, wäre kaum überzeugend gewesen.

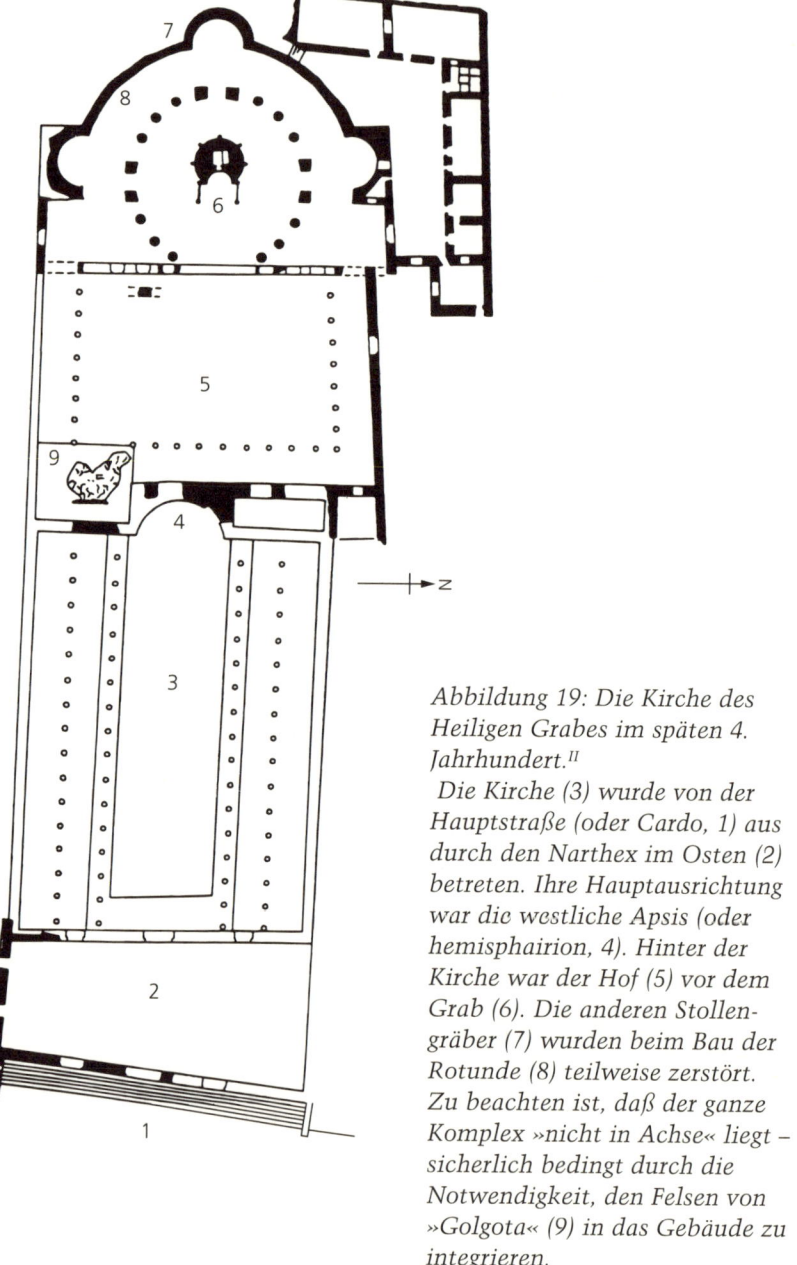

Abbildung 19: Die Kirche des
Heiligen Grabes im späten 4.
Jahrhundert.[II]

Die Kirche (3) wurde von der
Hauptstraße (oder Cardo, 1) aus
durch den Narthex im Osten (2)
betreten. Ihre Hauptausrichtung
war die westliche Apsis (oder
hemisphairion, 4). Hinter der
Kirche war der Hof (5) vor dem
Grab (6). Die anderen Stollen-
gräber (7) wurden beim Bau der
Rotunde (8) teilweise zerstört.
Zu beachten ist, daß der ganze
Komplex »nicht in Achse« liegt –
sicherlich bedingt durch die
Notwendigkeit, den Felsen von
»Golgota« (9) in das Gebäude zu
integrieren.

Deshalb sollte es zum Beispiel nicht allzu sehr verwirren, daß Eusebius das Grab als »Höhle« bezeichnet. Die Evangelien geben den Eindruck wieder, daß das Grab durch Menschenhand in den Felsen geschlagen worden war. Die Ausdrucksweise des Eusebius hat nicht die Absicht, dies zu leugnen. Denn aus dem Kontext vom *Leben des Konstantin*[23] wird deutlich, daß Eusebius diesen Ausdruck wählt, weil er hervorheben will, daß eine Dreizahl solcher »Höhlen« die zentralen Schauplätze des christlichen Credos kennzeichnen: die Höhle des Grabes, die von Betlehem und die vom Ölberg. Geburt, Tod/Auferstehung und Himmelfahrt Jesu sind, so läßt uns Eusebius wissen, in seltsamer Weise mit Höhlen verbunden – auch wenn es in diesem besonderen Fall ein von Menschen gemachtes Grab war. Die drei Hauptorte des christlichen Credos in dieser verblüffenden Weise zu verbinden, findet sich nur bei Eusebius und geht im Verlauf der nachfolgenden Generationen schrittweise verloren.[24]

Golgota und das »Holz des Kreuzes«

So fanden sie ein Grab, genau genommen mehrere Gräber, obgleich nur dieses eine immer erwähnt wird. Was wurde noch gefunden? Hier beginnt der Bericht des Eusebius einen stutzig zu machen. Denn er vermittelt den starken Eindruck, daß dies *alles* war, was sie fanden – ein einzelnes Grab, das dann zum Mittelpunkt des ganzen Gebäudes wurde, das darüber errichtet wurde. Doch jeder Jerusalembesucher zu seiner Zeit wußte, daß dies nur die eine Hälfte der Geschichte war.

Da gab es vor allem einen riesigen Felsen, der fünf Meter aus dem Boden ragte. Die Baumeister hatten ihn sorgfältig in das Kirchengebäude integriert – nicht ohne beträchtliche Schwierigkeiten! Die ganze Ausrichtung des Gebäudekomplexes war leicht schräg, um diesen Felsen vollständig miteinzubeziehen (siehe Abbildung 19). Dies ist mit Sicherheit der Felsen, den Bischof Cyrill von Jerusalem wenige Jahre später in seinen *Katechesen* (348 oder 350 n.Chr.) als »Golgota« bezeichnet. Doch aus irgendwelchen Gründen vermeidet der Bericht des Eusebius jede Bezugnahme auf diesen Felsen. Wenn es für Eusebius noch einen zweiten Schwerpunkt des Gebäudes außer dem Grab gab, dann war dies nicht der Felsen von Golgota, sondern das, was er *hemisphairion* nennt, nämlich die Apsis am

Westende der Basilika. Warum aber bezieht er sich nicht auf, ja erwähnt nicht einmal das, was uns ein weiterer Punkt von höchstem Interesse zu sein scheint, nämlich der mögliche Ort der Kreuzigung Jesu?

Zum Teil mag dies daran liegen, daß Eusebius – wie auch in seinen anderen Schriften – weniger das Kreuz als die Auferstehung betont; daß er also auch dieses Gebäude vorrangig in seinem positiveren Kontext verstanden wissen wollte: als Ort, der den Sieg der Auferstehung bezeugt, und weniger als Ort des Leidens und der Kreuzigung. Doch auch andere Gründe wurden vermutet. Spiegeln sich darin seine Zweifel an der Authentizität *dieses* Golgota wider? Betraf dies den Streit darüber, daß es nur ein *möglicher* Platz für die Kreuzigung Jesu war? Und wollte er einfach keine Diskussion über seine Authentizität entfalten, da man sich, im Gegensatz zum Grab, einfach nicht so sicher sein konnte? Wer vermochte überhaupt zu sagen, daß Jesus auf der Spitze dieses Felsens gekreuzigt worden war und nicht in der Nähe dieses Felsens, der dem Ort seinen Namen gegeben hatte? Klare, jede Zweifel ausräumende Aussagen waren einfach nicht möglich.

Es gab jedoch noch eine andere Vermutung. Diese hängt mit einer weiteren Auslassung innerhalb des Berichts des Eusebius zusammen. In den erwähnten *Katechesen* (die innerhalb des neuen Gebäudes vorgetragen wurden) macht Bischof Cyrill seinen Taufkandidaten klar, daß noch etwas anderes während der Ausgrabungen entdeckt worden war: das berühmte »Holz des Kreuzes«.[25] Dabei ist zu beachten, daß er diese berühmte Reliquie an keiner Stelle mit der Mutter Konstantins, der Königin Helena, in Verbindung bringt, wie dies überhaupt niemand bis zum Ende des vierten Jahrhunderts getan hat. So können die vielen Legenden, die sich später um Helena und das Kreuz rankten, ohne weiteres fallen gelassen werden. Aber darin ist sich Cyrill ganz sicher, daß es ein Stück Holz gab, das schon zu einem frühen Zeitpunkt mit dem Kreuz Christi in Verbindung gebracht wurde. Er kann sogar davon sprechen, daß diese Reliquie durch Pilger bereits »über die ganze Welt« verstreut wurde! Eusebius macht eine beiläufige Bemerkung über »Stein und Bauholz«, das von dem Ort weggeschafft wurde, aber er gibt keinen Hinweis über die Entdeckung des »Holzes des Kreuzes«. Warum nicht?

War er besorgt wegen eines möglichen Reliquienkultes? Oder war er

1. 600-300 c. Chr.

2. Zeit Jesu (um 33 n. Chr.)
   (a) allgemeine Ansicht

   (b) Vogelperspektive

   (c) Aufriß

3. 135 n. Chr.
   (Der Venustempel des Hadrian)

4. 325 n. Chr.
   (Die Basilika Konstantins:
   Anastasis and Martyrium)

5. Nach der Zerstörung
   durch Hakim
   im Jahr 1009

6. 12. Jahrhundert bis heute
   (Kreuzfahrerkirche
   und Klosterkomplex)

Abbildung 20: Der Ort des Heiligen Grabes (30–400 n.Chr.) von Süden aus gesehen[III]

103

ein wenig beunruhigt darüber, daß die Kirche von Jerusalem diesen Gegenstand dazu benutzen konnte, um für ihre eigene Stellung und Anziehungskraft Werbung zu machen (mit negativen Konsequenzen für seine eigene Position als Oberhirte der Provinz)? Oder, noch wahrscheinlicher: Galt seine Hauptsorge der Frage nach der Echtheit? Schließlich wußte er, daß an der Stelle eine Menge »Bauholz« gefunden worden war; und war es dabei nicht ein bißchen zu naiv, zu glauben, daß das Holz des Kreuzes Jesu so »bequem« auffindbar an diesem Ort zurückgelassen worden war? Konnte es nach all diesen Jahren wirklich eindeutig von den anderen alten Holzstücken, die dort herumlagen, unterschieden werden?

Was auch immer der Grund gewesen sein mag, Eusebius war sicherlich beunruhigt durch die Begeisterung, die die Identifizierung dieser Reliquie als »Holz des Kreuzes« auslöste. Im Gegensatz zu später häufig vorgebrachten Vermutungen kann das Schweigen des Eusebius nicht mit schlichter Unkenntnis erklärt werden. Der Text des Eusebius (wie er oben zitiert wurde) verrät unbeabsichtigt, daß er darüber nur zu gut Bescheid wußte. Denn ungeachtet dessen, was Eusebius uns glauben machen will, spricht der Brief des Konstantin an Macarius (ein Brief, den Eusebius gezwungen war, in seine kaiserliche Biographie aufzunehmen, weil er den religiösen Eifer des Kaisers bezeugt) nicht über die Entdeckung des Grabes der Auferstehung.

Statt dessen wird die Entdeckung mit Jesu »heiligstem *Leiden*« in Verbindung gebracht. Auch drückt Konstantin darin sein Staunen aus über die »neuen Wunder«, die dort »täglich« geschehen. Diese verzeihliche Übertreibung bekräftigt zumindest, daß er (Konstantin) über mehr als nur *einen* archäologischen Fund informiert worden war. Mit aller Wahrscheinlichkeit war er schon über das Grab informiert worden. Jetzt antwortete er auf einen weiteren Bericht, der die Entdeckung des Kreuzesholzes betraf – ein »neues Wunder«. So deutet der Bericht des Eusebius zumindest auch diese Entdeckung an!

Diese Eigenheiten im Bericht des Eusebius sind äußerst interessant. Sie zeigen zudem, daß über diese berühmteste Kirche der Christenheit von Beginn an unterschiedliche, rivalisierende Meinungen im Umlauf waren. Und sie haben Auswirkungen in unserer eigenen Angelegenheit, insofern sie Auskünfte über Eusebius' Qualitäten als Historiker geben. Denn daß er gegenüber den Behauptungen hinsichtlich dieser Holzteile so skeptisch war, läßt umgekehrt seine

Haltung bezüglich der Echtheit des Grabes eher als vertrauenswürdig erscheinen. Sollte er jedoch trotz allem im Irrtum sein, können wir wenigstens einigermaßen sicher sein, daß seine Begeisterung nicht das Ergebnis schlichter Leichtgläubigkeit war. Eusebius war nicht ein Mann, der sich von einer Welle populärer Gefühlslagen mitreißen ließ.

Motive Hadrians?

Noch einige andere Eigenheiten im Bericht des Eusebius verdienen eine Anmerkung. Zum einen war es für ihn wie für die ortsansässigen Christen naheliegend, anzunehmen, daß die Wahl dieses Ortes für einen heidnischen Tempel durch Hadrian im Jahr 135 ein Akt der bewußten Feindseligkeit gegenüber den Christen seiner Zeit war. Aber dies muß nicht so gewesen sein.

Wenn es tatsächlich der Schauplatz des Begräbnisses Jesu gewesen sein sollte, dann könnten wir mit guten Gründen vermuten, daß die Christen in der Zeit vor 135 diese Stelle in irgendeiner Weise besonders hervorgehoben hätten, vielleicht nur einfach dadurch, daß sie ihn als einen Gebetsort benutzten (es gibt aber keine sicheren Hinweise, die dies bestätigen würden [siehe unten, S. 160]). Selbst wenn sie dies getan haben, ist es kaum wahrscheinlich, daß der römische Kaiser sich dieses lokalen Brauches bewußt gewesen wäre. Und wenn er darum gewußt hätte, ist es ziemlich unwahrscheinlich, daß er eine Unterscheidung gemacht hätte zwischen nicht-christlichen Juden und jüdischen Christen (auch wenn er Grund zur Dankbarkeit gehabt hätte, daß letztere sich geweigert hatten, sich dem Aufstand gegen ihn anzuschließen). Wenn er darum wußte, daß dies ein besonderer Ort für einige Einwohner Jerusalems war, dann muß seine Wahl, ihn zu überbauen, als Teil seiner generellen, gegen das Judentum gerichteten Politik gedeutet werden. Die jüdischen Christen wurden einfach mit den Juden »über den gleichen Kamm geschoren«. Und waren sie nicht in jedem Fall Juden? So war seine Wahl dieses besonderen Platzes nicht ein Akt einer bewußten antichristlichen Haltung.

Der Ort wurde ziemlich sicher aus ganz anderen Gründen ausgewählt. Er bot sich einfach an als etwas höher gelegener Ort in unmittelbarer Nähe zum Zentrum seiner neuen Stadt. So wäre die Tatsache, daß er das Grab Christi bedeckt hat, einer jener Zufälle der Geschichte – obwohl die Christen dies ohne Zweifel sogleich in ernsterer Weise deuteten!

Ein Sieg der Christen?

Zum zweiten besteht eine interessante Parallele zwischen dem, was Eusebius als Motive Hadrians im 2. Jahrhundert vermutet, und den Motiven Konstantins im 4. Jahrhundert. Die Errichtung Aelia Capitolinas durch Hadrian geschah in der Absicht, dem Sieg des Heidentums über das Judentum steinernen Ausdruck zu verleihen. In ähnlicher Weise drückte jetzt für Eusebius die neuerrichtete Kirche Konstantins den Sieg der Kirche über das »alte Jerusalem« aus. Er hält fest, daß die Kirche auf dem »entgegengesetzten« Hügel gebaut ist, welcher Aussicht auf den Tempelberg gewährt, und fragt sich (möglicherweise in ironischer Absicht), ob dieses neue Kirchengebäude als das »Neue Jerusalem« bezeichnet werden kann, wie es von den Propheten erwähnt wird (vgl. Jes 65,17f).

Was immer wir auch mit dieser Exegese anfangen, sie zeigt auf jeden Fall die triumphalistische Haltung der Christen jener Zeit. Dies war nicht verwunderlich. Vor drei Jahrhunderten war derjenige, an den sie glaubten, durch »Jerusalem« verworfen worden, und nun wurde er bestätigt durch die Bekehrung von niemand Geringerem als dem Kaiser selbst. Jesu wahre Königsherrschaft war letztendlich anerkannt worden. Dies war eine unglaubliche Wendung gegenüber der Situation des ersten Jahrhunderts. Es überrascht nicht, daß sie darin die Hand ihres Gottes spürten.

Dies war jedoch der Anfang jener triumphalistischen Haltung, die in den folgenden Jahrhunderten fortdauerte – nicht immer mit glücklichen Ergebnissen. Ihren deutlichsten Ausdruck findet sie in der Tatsache, daß die Juden, die durch Hadrian aus der Stadt ausgeschlossen worden waren, auch unter der neuen, christlichen Herrschaft ausgeschlossen blieben – mit der einzigen Ausnahme, daß ihnen der Zutritt am Jahrestag der Tempelzerstörung erlaubt wurde.[26]

Natürlich war dies eine schmerzliche Hinterlassenschaft für die folgende Geschichte der Stadt, in der – bis heute – die religiösen Kontroversen häufig in steinerner Form, sprich in Gebäuden, ihren entsprechenden Niederschlag fanden. Und sie fiel auf die Christen zurück. Nur 300 Jahre später wird der Tempelberg, der durch die Christen bewußt wüst gelassen worden war, von Anhängern eines anderen Glaubens bebaut, die dadurch ihre Sicht verdeutlichen, daß *ihre* Religion die wahre sei und ihr Gott mächtiger als der der Juden oder der Christen.

Heilige Stätten?

Drittens schließlich begegnen uns bei Eusebius die Anfänge eines Verständnisses, wonach die Orte der Evangelien als »heilige Stätten« betrachtet werden. Eusebius spricht von »gesegneten Orten«, dem »hehren und hochheiligen Denkmal« und der »heiligsten Höhle«. Konstantin spricht in seinem Brief von »jenem Ort, der schon von Anfang an nach dem Ratschlusse Gottes geheiligt ward«. Im Gefolge einer solch herausragenden Entdeckung voller religiöser Bedeutung ist eine solche Sprache kaum überraschend. Wir hätten sie vielleicht selbst auch verwendet. Dennoch bezeichnet sie eine »Wasserscheide« im christlichen Denken.

In den folgenden Jahrzehnten wird sich das Verständnis von »heiligen Stätten« der Evangelien dramatisch entwickeln. Bis zum Ende des Jahrhunderts wird Palästina von solch »heiligen Stätten« übersät sein. Vor Eusebius tauchte diese Begrifflichkeit in der christlichen Kirche selten auf, weder angewandt auf Kirchengebäude noch auf das Heilige Land. Die christlichen Pilger des Landes waren ohne Zweifel fromme Menschen; doch scheinen sie eher durch einen Geist historischer Forschung motiviert gewesen zu sein als von dem, was wir heute als religiöse »Pilgerfahrt« bezeichnen.

Dies lag sicherlich zum Teil daran, daß der christliche Glaube in jener Zeit noch das Anliegen einer verfolgten Minderheit war. Christen konnten ihre Gebäude nicht öffentlich kennzeichnen. Ein noch gewichtigerer Faktor mag darin gesehen werden, daß das Neue Testament mit dem Begriff der »heiligen Stätten« gebrochen hatte. Die Schreiber des Neuen Testaments betonen die Person Jesu und das universale Wirken des Geistes. Die Stelle aus Joh 4 hatte gewaltige Auswirkungen: die wahren Beter brauchen weder den Berg Garizim noch Jerusalem, was von ihnen gefordert wird, ist, in »Geist und Wahrheit anzubeten« (V. 24).

Als jetzt die Christen in Scharen in das Land zurückkamen, änderte sich dies in dramatischer Weise. Der Bericht des Eusebius markiert einen Wendepunkt in diesem Prozeß. Eusebius scheint im großen und ganzen zur »alten Schule« gehört zu haben, die das generelle Desinteresse der Christen hinsichtlich der religiösen Bedeutung geographischer Schauplätze betonte und der starken Fixierung Konstantins auf heilige Gegenstände und Orte ein wenig kritisch gegenüberstand.[27] Jetzt aber, im Alter von 75 Jahren, konnte er nicht anders, als selbst eine solche Sprache zu verwenden, um diesen neuen, außergewöhnlichen Entdeckungen gerecht zu werden.

Nur wenige Jahre später wird sein jüngerer Zeitgenosse, Bischof Cyrill von Jerusalem, eine deutlich entschiedenere Theologie der »Heiligen Stätten« artikulieren. Cyrill war wahrscheinlich erst fünf Jahre alt, als Konstantin 324 auch Herrscher über das römische Ostreich wurde, und daher ein echtes Kind der neuen Zeit. Während seines Episkopats begann die Wallfahrt nach Jerusalem zu blühen wie nie zuvor. Dies wird belegt und veranschaulicht durch den Reisebericht der Nonne Egeria[28], die bei der Beschreibung ihres Besuchs in Jerusalem im Jahr 384 ständig von den »heiligen Stätten« redet und den Gottesdiensten, die an ihnen stattfanden.[29] Seit dem 4. Jahrhundert sahen die Christen das Heilige Land in einem Ausmaß unter dem Aspekt »heilige Stätten«, der sich deutlich von der früheren Sichtweise unterscheidet.

Auf diese Weise hatte die Entdeckung des Heiligen Grabes viele bedeutende Auswirkungen – nicht nur für die Stadt Jerusalem, sondern auch für die christliche Kirche in der ganzen Welt.

Der Gebäudekomplex aus der Zeit Konstantins

Was genau aber wurde an dem Ort des Grabes Christi gebaut? Wie sah der ganze Komplex aus, als die Bauleute Konstantins ihren Auftrag fertiggestellt hatten? In dieser Hinsicht kann die heutige Grabeskirche irreführen (siehe Abbildungen 19–21).

Die heutige Kirche ist eine kleine, »verstümmelte« Version des Originals – jedoch das Beste, was der byzantinische Kaiser und dann die Kreuzfahrer erstellen konnten, nachdem die Gebäude aus der Zeit Konstantins auf Befehl des fatimidischen Kalifen Hakim im Jahr 1009 zerstört worden waren. Zudem ist die »Edikula«, die über dem

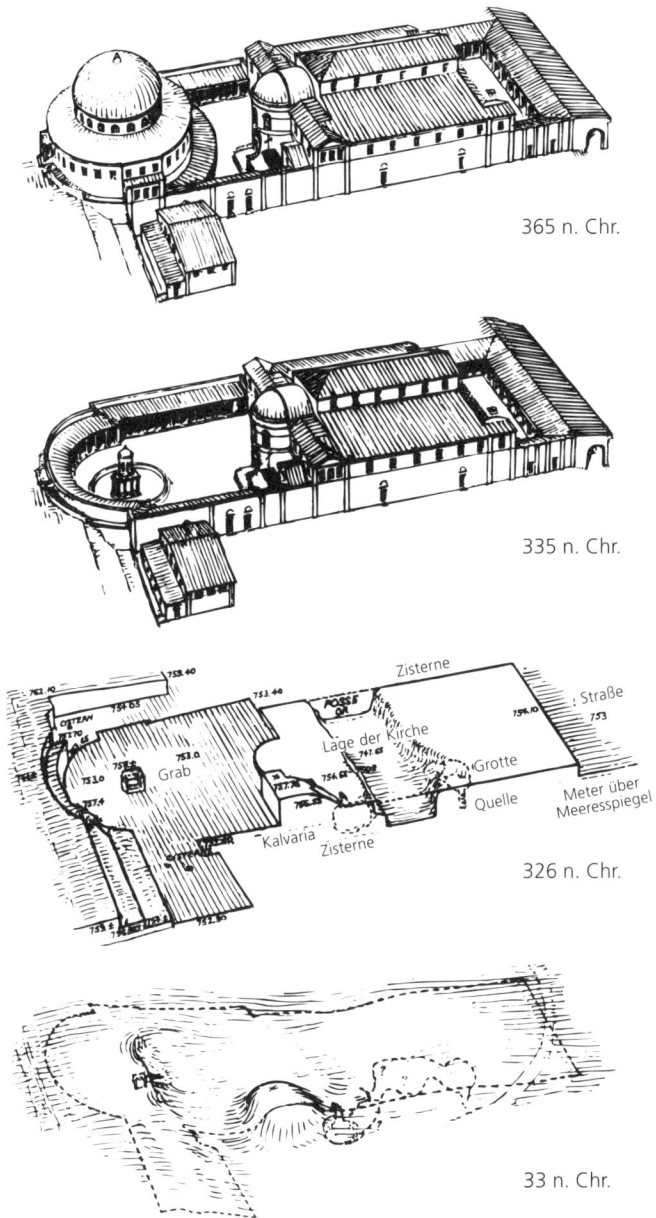

365 n. Chr.

335 n. Chr.

Zisterne

Straße

POSSE

Lage der Kirche

Grotte

Grab

Quelle

Meter über
Meeresspiegel

Kalvaria   Zisterne

326 n. Chr.

33 n. Chr.

Abbildung 21: Das Areal, auf dem die heutige Grabeskirche steht, im Wandel der Zeit.[IV]

Heiligen Grab gebaut wurde, vollständig eine Konstruktion aus dem frühen 19. Jahrhundert nach dem großen Brand von 1808.

Das Grab selbst

Für Eusebius war klar, daß das Grab der wichtigste Teil des ganzen Gebäudes ist. Um dieses zu betonen, haben die Baumeister etwas getan, was uns seltsam erscheinen mag. Anstatt nämlich das Grab in seiner natürlichen Umgebung im Felsen zu belassen, lösten sie das Grab aus dem Felsen und ließen es als ein freistehendes Gebäude stehen – etwa wie das sogenannte Grab des Abschalom und das Grab des Zacharias (die man noch heute im Kidrontal sehen kann) sowie das Grab der Jungfrau Maria in Getsemani.

Ohne Zweifel wurde dies hauptsächlich aus praktischen und liturgischen Gründen unternommen, um eine Prozession der Pilger um das Grab zu ermöglichen. Die Rücksichtnahme auf die Möglichkeit von Prozessionen kann auch aus dem ursprünglichen Plan für die Geburtskirche ersehen werden, die nur wenige Jahre später gebaut, von Kaiser Justinian im 6. Jahrhundert jedoch umgebaut wurde. Man wird es auch als angemessen erachtet haben, das Grab an zentraler Stelle zu plazieren und ihm, der, obwohl in Schwachheit gekreuzigt, jetzt als König der Könige verehrt wurde, einen Hauch von Königswürde zu verleihen.

Eine der Konsequenzen dieser Entscheidung war, daß damit auch ein äußerer ausgehöhlter Felsen oder ein Schutzraum entfernt wurde, der eine Art von Vorraum vor dem Grab gewesen war. Nach Cyrill wurde dies durchgeführt, um »Platz zu schaffen für die heutige Ausschmückung« des Grabes.[30] Das Ergebnis war, so erzählt Eusebius an anderer Stelle, daß das Grab jetzt »aufgerichtet und als Einzelteil auf ebener Erde stand und sich nur eine einzige Höhle in ihm befand«.[31] Der Stein, der als Stein identifiziert wurde, der vom Grab weggerollt worden war, war ebenfalls auf eine Seite gelegt (heute befindet er sich im Zentrum der Kapelle der Engel, genau vor dem Grab).

Abbildung 22 kann uns einen Eindruck davon vermitteln, wie das Grab ausgesehen haben mag. Diese Rekonstruktion stützt sich auf einige der späteren Pilgerberichte und auch auf die Zeichnung des Grabes auf einer Reihe von Proviantflaschen, die heute in der Schatzkammer der Kathedrale von Monza und Bobbio aufbewahrt

Abbildung 22: Das Grab Christi in der Grabeskirche, wie es im 4. Jahr-hundert ausgesehen haben könnte.[V]

werden. Diese wurden in das 6. Jahrhundert datiert und zeigen, wie die Edikula ausgesehen haben mag, bevor das Gebäude im Jahr 614 von den Persern niedergebrannt wurde (allerdings nahm die nach-folgende Restaurierung durch Patriarch Modestus keine bedeuten-den Veränderungen vor).

Im Jahr 1009 jedoch tat Ibn Abu Zahir alles, »um das Grab zu zer-stören ... und riß tatsächlich den größeren Teil von ihm nieder«.[32] Jüngere Textanalysen lassen vermuten, daß von dem ursprünglichen Felsen mehr erhalten geblieben ist, als man oft geglaubt hat – viel-leicht einfach, weil er durch den Berg an Steinen und an Schutt, der an jenem traurigen Tag im 11. Jahrhundert den Ort bedeckte, ge-schützt wurde. Die nachfolgende Restaurierung des *Inneren* des Gra-bes durch die Byzantiner während des 11. Jahrhunderts hat, so scheint es, bis zum heutigen Tag Bestand. Dagegen haben der Wie-deraufbau des *äußeren* Gebäudes durch Bonifaz von Ragusa im Jahr 1555 und durch Kommenos von Mytilene im Jahr 1810 das Äußere beträchtlich verändert.

Abgesehen von ästhetischen Gesichtspunkten ist die Substanz des Gebäudes über die Jahre hin ernstlich beschädigt worden – nicht zuletzt durch das Regenwasser, das in all den Jahrzehnten auf es niederströmte, bevor die Kuppel der Rotunde im Jahr 1868 wiederaufgebaut wurde. Auch das Erdbeben von 1927 trug zu den Beschädigungen bei; dies führte 1947 unter dem Britischen Mandat dazu, daß ein stabilisierender Metallrahmen installiert wurde. Tatsächlich ist das Grab in der Substanz so beschädigt, daß weitere Restaurierungsmaßnahmen in den nächsten Jahren dringend notwendig sind. Dabei würde man vermutlich entdecken können, wieviel genau von dem ursprünglichen Felsen erhalten geblieben ist, und eine Vorstellung davon bekommen, wie das Grab in diesen wichtigen Jahren unmittelbar nach der ersten Entdeckung im Jahr 325 ausgesehen hat. In diesen ersten Jahren war das Grab Wind und Wetter offen ausgesetzt. Innerhalb einer Generation hatte man jedoch die Rotunde über dem Grab errichtet (siehe Abbildung 20), welche ziemlich sicher zum ursprünglichen Plan gehört hatte, deren Bau sich aber aufgrund finanzieller Probleme und bei solchen Vorhaben unvermeidlich auftretender Schwierigkeiten verzögert hatte. Diese Rotunde wird größer gewirkt haben als die heutige Anordnung (heute befinden sich im Bereich zwischen den Säulen und der äußeren Mauer, der früher offen war, Nebenräume). Ihre Außenmauern sind größtenteils erhalten geblieben, doch die Säulen und die Kuppel mußten im 11. Jahrhundert wieder aufgebaut werden.

Der Hof

Die Darstellungen des gesamten Gebäudekomplexes zeigen, daß der Bereich um das und vor dem Grab ein offener Hof war. Dies kann man sich heute nur schwer vorstellen. Was die heutige Kirche größtenteils bedeckt, lag bis in das 12. Jahrhundert unter freiem Himmel! Man kann sich jedoch eine kleine Vorstellung davon machen, wenn man die schmalen byzantinischen Säulen betrachtet, die auf der Nordseite der heutigen Kirche unmittelbar neben den Säulen aus der Kreuzfahrerzeit stehen. Obwohl einige diesen Hof als »Garten« angesehen haben, ist er doch ziemlich sicher gepflastert gewesen. Cyrill selbst behauptet zwar, daß bei den Ausgrabungen Spuren eines »Gartens« gefunden wurden (vielleicht Erde, die Spuren von

Kultivierung gezeigt hat),[33] aber es gibt keinen Hinweis darauf, daß man einen solchen ursprünglichen Zustand wiederhergestellt hat.

Golgota

In der Südost-Ecke des Hofes/Gartens lag ein felsiger Hügel, den man sofort als Golgota, den Platz der Kreuzigung, identifizierte. Der Riß im Felsen, der unbearbeitet gelassen wurde, ist noch zu sehen. Natürlich stellte er die Architekten vor ein Problem. Sie entschieden, die überstehenden Felsen dieses Hügels abzuschneiden und diesen in den Hof einzugliedern, so daß die Besucher aus einiger Entfernung gleichzeitig Golgota und das Grab sehen konnten.

Ungeachtet der persönlichen Vorlieben des Eusebius war der Felsen von Golgota der zweitwichtigste Punkt der gesamten Anlage und zu Zeiten des Cyrill wahrscheinlich von einem großen Kreuz überragt. Dieses Kreuz stand besonders beim Karfreitagsgebet im Mittelpunkt, denn es war Brauch, daß der Klerus den Gläubigen das »Holz des Kreuzes« zeigte. Wie Egeria festhält, bedurfte es dafür zu ihrer Zeit einiger Sicherheitsmaßnahmen, denn wenige Jahre zuvor war es einem Kreuzverehrer gelungen, ein Stück davon abzubeißen und mit nach Hause zu nehmen![34]

Die Hauptkirche

Abschließend muß noch die Hauptbasilika beschrieben werden, weil sie der Ort war, an dem des Todes und der Auferstehung Jesu gedacht werden konnte. Wie in Abbildung 19 zu sehen ist (S. 100), war dies ein massiver Bau, der zusammen mit seinem Atrium bis zum Cardo reichte, der Hauptstraße in Nord-Süd-Richtung der römischen Stadt Hadrians, die dem Verlauf des heutigen *Souk* folgt (siehe Foto 20).

Zur Zeit ihrer Fertigstellung wetteiferte die Basilika wegen ihrer enormen Ausmaße mit der Peterskirche in Rom. Sie hatte fünf Seitenschiffe, die äußeren von ihnen mit Emporen. Entgegen dem üblichen christlichen Brauch war sie westwärts ausgerichtet mit der Hauptapsis direkt neben Golgota (diese ungewöhnliche Anordnung entspricht der der Peterskirche, wo die Notwendigkeit, das Grab des Petrus zu bewahren, zu einer ähnlichen Umorientierung führte). Die

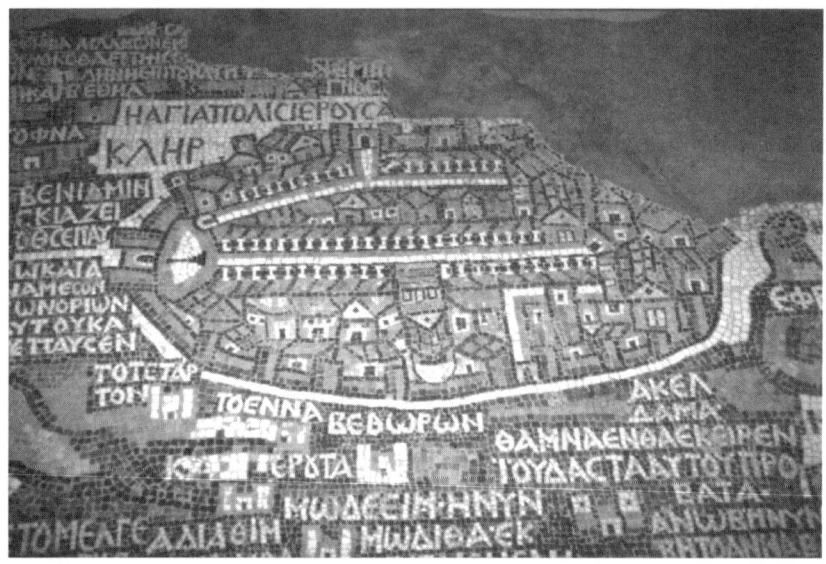

Abbildung 23: Die Madaba-Mosaikkarte. Das Bodenmosaik aus dem 6. Jahrhundert zeigt »die heilige Stadt Jerusalem« aus der Vogelperspektive, in der Blickrichtung von Westen nach Osten. Beachtenswert sind die beiden mit Säulen gerahmten Hauptstraßen, die bei der Hadriansäule unmittelbar vor dem Damaskustor zusammenlaufen. Die Fläche des zerstörten Tempels ist nicht zu sehen. Die Grabeskirche liegt in der Mitte am unteren Rand und kann am besten erkannt werden, wenn man die Abbildung umdreht. Man beachte die Stufen, die zu ihren drei Eingangstüren führen, und die Rotunde auf der westlichen Seite des Gebäudes.

drei Haupteingänge zum Atrium waren deswegen zur aufgehenden Sonne hin ausgerichtet; fünf Stufen führten hinunter zur Hauptstraße (Cardo). Dies wird durch archäologische Funde im Bereich der russischen Mission bestätigt. Die Stufen können (wie die Rotunde) auch auf der »Luftbild«-Aufnahme von der Kirche in dem berühmten Mosaik aus dem 6. Jahrhundert aus Madaba eindeutig erkannt werden (siehe Abbildung 23).

Unter der Kirche hatte man Räume oder »Zisternen« aus dem Felsen gehauen, die seit dem 12. Jahrhundert für Besucher zugänglich sind (die armenische »Krypta der Helena«). Wie dieser Name vermuten läßt, wurde der Ort später mit der Überlieferung von Helena und der Entdeckung des Kreuzes verbunden. Aber davon findet sich in den ursprünglichen Quellen keine Erwähnung. In diesem Bereich befinden sich einige Fundamente der Basilika wie auch gewachsene Felsen. Die armenischen Ausgrabungen hinter und unter ihrer Kapelle lassen auch Fundamente aus der Zeit Hadrians und Konstantins erkennen, ebenso das berühmte Graffito von einem Schiff (siehe unten, S. 161). Die Tatsache, daß der ganze Bereich von den Bauleuten Konstantins unter ihrer Basilika begraben wurde, zeigt, daß zu ihrer Zeit dem, was dort gefunden wurde, wenig Bedeutung beigemessen wurde.

GESCHICHTE UND BEDEUTUNG

Der gesamte Komplex hinterließ einen mächtigen Eindruck und zog Pilger aus aller Welt an. Einer der ersten Besucher war der sogenannte Pilger von Bordeaux, der einen kurzen fesselnden Reisebericht nach Palästina im Jahr 333 hinterlassen hat. Bei seinem Besuch acht Jahre nach Beginn der Ausgrabungen (als der Schauplatz einem Bauplatz ähnelt) schreibt er:

Auf der linken Seite befindet sich der kleine Hügel Golgota, wo der Herr gekreuzigt worden war, und einen Steinwurf davon entfernt die Gruft, wohin sie seinen Leib gelegt hatten und wo er am dritten Tag auferstand. Im Auftrag des Kaisers Konstantin wird dort jetzt eine Basilika gebaut, die seitlich einige Zisternen von bemerkenswerter Schönheit hat.[35]

Zwei Jahre später unterbrach eine große Zahl von Bischöfen ihre Synode in Tyrus, um an der Weihe der Basilika teilzunehmen. Konstantin war nicht anwesend. Dafür reiste Eusebius unmittelbar danach in die neue Hauptstadt Konstantinopel, wo er anläßlich der Feierlichkeiten zum 30. Jahrestag der Machtübernahme des Kaisers eine große Rede über das Heilige Grab hielt; diese Rede griff auf Teile der Rede zurück, die er zuvor in der Basilika gehalten hatte.[36]
Es ist eine Ironie der Geschichte, daß die Bischöfe diesen Weihegottesdienst für das Heilige Grab auch als Gelegenheit nutzten, um Arius, der aufgrund seiner häretischen Ansicht über den göttlichen Ursprung Jesu auf dem Konzil von Nizäa (325) exkommuniziert worden war, formal zu rehabilitieren. Dies führte zu manchem Protest,

nicht zuletzt durch Athanasius, dem großen Verfechter der Orthodoxie, und wurde später wieder rückgängig gemacht. Aber es zeigt wieder einmal, wie dieser Kirchenbau von außen in kirchliche Auseinandersetzungen hineingezogen wurde.

Weitere großartige Kirchen wurden bald in Jerusalem (die Kirche über dem Ort des Pfingstereignisses auf dem Zionsberg, um 340) und in ganz Palästina (besonders die Kirchen in Betlehem und auf dem Ölberg, deren Bau ein oder zwei Jahre nach dem Besuch der Königin Helena begonnen wurde) gebaut. Keine von diesen wird die Kirche des Heiligen Grabes jemals hinsichtlich der Prachtentfaltung und der Bedeutung einholen. Bischof Cyrill nutzte sie als Ort für seine Taufkatechesen im Jahr 350, und am Ende seines Episkopats waren ganze liturgische Feiern ausgearbeitet worden. Wie sich der detailreichen Beschreibung Egerias (384) entnehmen läßt, war die Feier der Karwoche in Jerusalem eine farbige Angelegenheit – und auch ziemlich anstrengend! Auch andere benachbarte Orte (wie Getsemani oder der Gipfel des Ölbergs) waren in diese Feierlichkeiten einbezogen. Im Zentrum stand jedoch die Basilika und besonders die Anastasis (wie die Rotunde über dem Grab genannt wurde).

Anastasis meint schlicht »Auferstehung«. Dieser Ort diente seitdem der Erinnerung an die Auferstehung Jesu. Gerade wegen seiner Bedeutung wurde er auch zum Schauplatz von Auseinandersetzungen zwischen den christlichen Kirchen. Griechen, Armenier, Syrer, Kopten, Katholiken – sie alle haben versucht, sich an diesem zentralen Ort festzusetzen. Die Tatsache, daß sie heutzutage alle zusammen unter einem Dach vereint sind (und zusätzlich die Äthiopier *auf dem Dach!*), ist jedoch auf ihre Weise Zeugnis für eine größere Einheit, als sie in anderen Kontexten und religiösen Auseinandersetzungen gefunden werden kann. Der einfache Besucher mag darüber verwirrt oder sogar entsetzt sein. Aber die Alternative dazu – eine nur von einer Konfession genutzte Kirche – wäre noch schlechter.

Die Verwüstungen im Laufe der Geschichte haben das Gebäude in einen Zustand versetzt, der nur schwerlich als die Sinne ansprechend bezeichnet werden kann. Während die Weigerung des Kalifen Omar im Jahr 638, in ihr zu beten, zur Folge hatte, daß sie anschließend nicht in eine Moschee umgewandelt wurde, haben das zerstörerische Werk des Kalifen Hakim, die Verwüstungen durch Feuer und die endlose »Abnutzung« durch die Pilger ihren Tribut gefordert. Es überrascht nicht, daß viele Besucher des 19. Jahrhunderts, besonders Protestanten, ziemlich bedrückende Berichte von dem Gebäude gaben. Nur sehr wenig war getan worden, um das Gebäude nach dem Brand von 1808 zu restaurieren. Wir können uns eine Vorstellung davon machen, wenn wir den gegenwärtigen Zustand der unrestaurierten Kapelle betrachten, die von den Syrern westlich der Edikula genutzt wird. Erst in den letzten Jahren sind die verschiedenen Parteien übereingekommen, die Kirche zu »überholen«. Das jüngste Beispiel davon ist die großartige Neudekoration der Rotunde, die 1997 offiziell enthüllt wurde.

Ungeachtet aller ästhetischen und liturgischen Fragestellungen muß man einfach zugestehen, daß diese Kirche einzigartig ist. Wenn wir die Frage nach der historischen Echtheit beiseite lassen, müssen wir zur Kenntnis nehmen, daß für mehr als eineinhalb Jahrtausende dies der Ort gewesen ist, an dem der Auferstehung Jesu gedacht wurde. Als komplexe Gebäudestruktur mag sie in ihrer ganzen Erscheinung von den Ereignissen des ersten Ostermorgens weit entfernt sein. Doch ihre Geschichte, vor allem die Tatsache, daß sie alle Stürme überstanden hat, dient im letzten dem Zeugnis von etwas anderem – nämlich der fortdauernden Bedeutung der Auferstehung für die Christen durch die Jahrhunderte.

Jesus war von den Jerusalemer Behörden verworfen und vor die Mauern der Stadt geführt worden. Doch diese Kirche hat durch ihre schlichte Gegenwart im Herzen Jerusalems für so lange Zeit die göttliche Rechtfertigung, die Jesus nach christlichem Glauben am »dritten Tag« erfuhr, verkündet. Diese Botschaft des auferstandenen Christus, so verstanden es die ersten Anhänger Jesu, war »in ganz Judäa und Samarien und bis an die Grenzen der Erde« zu verkünden, doch sie war auch eine Botschaft für »Jerusalem« (Apg 1,8). Es war eine Botschaft des »Friedens«, nicht nur für die »Fernen«, sondern auch für die »Nahen« (vgl. Eph 2,17). So verkündet die Grabeskirche, oder zutreffender die Auferstehungskirche, einfach durch ihre Gegenwart im Herzen der Stadt, daß die Auferstehung Jesu nicht nur von zentraler Bedeutung für die Welt ist, sondern auch für Jerusalem.

VI. Eine neue Entdeckung

Das Gartengrab

Für die Grabeskirche sprechen viele der Gründe, die am Ende des vorangegangenen Kapitels aufgezählt wurden. Die gleichen Faktoren werden jedoch auch in die genau entgegengesetzte Richtung gedeutet. Vor allem die Tatsache, daß sie mitten in der Stadt liegt, ist kein starkes Argument, sondern offenbart ihre größte Schwäche – die Möglichkeit, daß sie letztendlich nicht der wahre Schauplatz der Kreuzigung Jesu, die *außerhalb* der Stadtmauern stattfand, gewesen ist.

Genau aus solchen Gründen, die archäologische Zweifel und eine gewisse Unsicherheit in spiritueller Hinsicht verbanden, begannen protestantische Pilger in das Heilige Land um die Mitte des 19. Jahrhunderts eine Frage zu stellen, wie sie in den vorangegangenen 1500 Jahren selten gestellt worden war. Gab es etwas ganz in der Nähe, das seit 1800 Jahren darauf wartete, entdeckt zu werden und den wirklichen Schauplatz dieser bedeutsamen Ereignisse darstellte? Eine solche Entdeckung wäre in der Tat eine Sensation. Es überrascht nicht, daß die Suche nach einem alternativen Schauplatz und die Auseinandersetzung um den bislang anerkannten die Aufmerksamkeit einer großen Zahl von Forschern und Pilgern auf sich zog. Das 19. Jahrhundert erlebte gleichzeitig das Aufkommen der biblischen Archäologie wie eine stärkere Hinwendung der Christen auf den menschlichen, den historischen Jesus. Die Verbindung dieser beiden Faktoren führte unvermeidlicherweise dazu, daß an den bisherigen Schauplatz viele Fragen gestellt wurden. Würde die Archäologie einen Ort ans Tageslicht bringen können, der weniger mit allerlei religiösem »Schnickschnack« überladen wäre und eher mit dem Jesus, den wir aus den Evangelien kennen, in Verbindung gebracht werden könnte?

Eineinhalb Jahrhunderte später ist die Frage nach dem wahren Ort der Kreuzigung und der Auferstehung weiterhin eine der Hauptfragen, die die christlichen Besucher in Jerusalem stellen. In diesem Kapitel werden wir die Entwicklungen nachzeichnen, durch die viele dazu veranlaßt wurden, ihre Aufmerksamkeit auf einen solchen alternativen Ort zu richten: das Gartengrab mit dem benachbarten »Skull Hill« (»Schädel-Hügel«), beide etwas nordöstlich vom Damaskustor gelegen.

DIE SUCHE NACH GOLGOTA

Alte Zweifel?

Es gibt einige überlieferte ältere Texte, die sich darüber, daß die Grabeskirche mitten im Herzen der Altstadt liegt, kritisch äußern. Wenn man die Eindeutigkeit der Evangelien in diesem Punkt ernst nimmt, ist dies wenig überraschend. Es überrascht vielmehr, daß es nicht mehrere solcher Äußerungen gab. Im Jahr 724 schrieb Willibald:

Der Kalvarienberg lag früher außerhalb Jerusalems, aber als Helena das Kreuz fand, richtete sie es so ein, daß der Ort innerhalb der Stadt lag.

Einige deuten dies dahingehend, daß Willibald die Echtheit des Ortes in Frage stellte (Helena »verschob« den Ort). Obwohl dies nicht auszuschließen ist, ist es in gleicher Weise wahrscheinlich, daß er daran dachte, daß Helena veranlaßte, den Verlauf der *Stadtmauer* so zu verändern, daß der Kalvarienberg innerhalb der Stadtmauern zu liegen kam. Er kann also einfach versucht haben, einen wichtigen Punkt zu erklären, auf den die vielen Pilger zweifelsohne gestoßen wären.

Das gleiche gilt für die verschiedenen Karten von Jerusalem aus dem Mittelalter, welche den Ort der Kreuzigung außerhalb der Stadtmauern verzeichnen. Dies weist weniger auf eine alternative Überlieferung hin, sondern drückt einfach den Wunsch aus, die Aussage der Evangelien mit der Topographie Jerusalems in Einklang zu bringen. Einige Karten aus der Zeit nach der Reformation sind allerdings sehr interessant, denn sie zeichnen den Kalvarienberg als nördlich oder zumindest nordwestlich der Stadt gelegen. Spiegelt dies eine lokale Überlieferung oder sogar einen Zweifel an der traditionell angenommenen Lage wider?

Nichtsdestotrotz blieb die Annahme der Echtheit des Heiligen Grabes bis in die Neuzeit unangefochten. Im Jahr 1738 jedoch schrieb Jonas Korte im Anschluß an einen Jerusalem-Besuch ein Buch, in dem er die These aufstellte, daß das Grab Jesu irgendwo außerhalb der türkischen Stadtmauern liegen müsse. 1801 zog Edward Daniel Clarke, später Professor für Mineralogie in Cambridge, nach einem kurzen Jerusalem-Aufenthalt die Schlußfolgerung, daß die Kreuzigung auf dem Zionsberg stattgefunden hatte; Jesu Grab befand sich danach irgendwo am Hang des gegenüberliegenden Hügels, jenseits des Hinnomtales. Diese wenigen Stimmen schwollen innerhalb kurzer Zeit zu einer Flut an.[1]

Als nach 1830 (unter dem ägyptischen Pascha Muhammed Ali) die Reise nach Palästina für westliche Besucher viel einfacher wurde, stieg die Zahl der Pilger und damit auch der Personen, die den bisher angenommenen Ort in Frage stellten, beträchtlich an. Einer der berühmtesten unter ihnen war Edward Robinson, der 1838, kurz nach seiner Ernennung zum Professor für Biblische Literatur am Union Theological Seminary in New York, zusammen mit Eli Smith, einem Missionar in den arabischen Ländern, in den Nahen Osten aufbrach.

In seinem anschließenden Buch über das Heilige Grab[2] gab er seiner Verwunderung darüber Ausdruck, daß die Orte der Kreuzigung und der Auferstehung so nahe beieinanderliegen sollten. Dabei wandte er sich auch gegen die vielen anderen Überlieferungen, die ebenfalls an dieser Stelle lokalisiert wurden:

der Stein, auf dem der Leib unseres Herrn für das Begräbnis gesalbt wurde, der Spalten im Felsen, die Aushöhlungen, in denen die Kreuze standen, der Ort, an dem das echte Kreuz durch Helena gefunden worden war ...

Besonders die Geschichte über die Entdeckung dreier Kreuze zog seinen Spott auf sich. Er betrachtete dies als Ergebnis eines »leichtgläubigen Zeitalters, von Legendenbildung und Erfindung, wenn nicht von frommem Betrug« – den letzten Ausdruck wiederholte er häufig. Indem er die Aussage des Flavius Josephus[3] aufgreift, daß die »zweite Mauer« der Stadt zur Zeit der Kreuzigung den nördlichen Teil der Stadt einbezog und folglich auch den Ort, auf dem nun das Heilige Grab stand, trat er dafür ein, daß der moderne, wissenschaftliche Ansatz der Archäologie dazu genutzt werden sollte, den wahren Ort zu bestimmen.

Die Argumente Robinsons sorgten für einige Aufregung und standen am Anfang einer anhaltenden Debatte zwischen einem modernen, wissenschaftlichen Zugang (oft identifiziert mit dem Protestantismus) und einem traditionellen Zugang seitens der katholischen und orthodoxen Kirche. Aber auch innerhalb der protestantischen Reihen sprachen sich einige für den traditionellen Ort aus, so George Williams, Kaplan des ersten protestantischen Bischofs in Jerusalem, der Flavius Josephus in unterschiedlicher Weise las. Nach George Finally mußte Konstantin gute Beweise für die Annahme der Echtheit des Ortes gehabt haben, um den großen Auftrag geben zu können, den Tempel der Venus zu zerstören, der über diesen Ort gebaut worden war. Und auch John Henry Newman schaltete sich (vor seiner Bekehrung) in die Debatte ein, indem er davon sprach, daß die Jerusalemer Christen des 4. Jahrhunderts auch nach 300 Jahren wahrscheinlich in engerer Berührung mit einer ernsthaften Überlieferung des Ortes standen als etwa Robinson, der nur aus der Ferne argumentierte. Robinson seinerseits zweifelte die Glaubwürdigkeit des im Oriel College, Oxford, »in seinem Lehnstuhl sitzenden« Newman an! So begann eine Debatte, die – oftmals in lebhafter Weise geführt – bis heute anhält.

Robinson selbst schlug keinen alternativen Ort vor, außer der Angabe, daß dieser wahrscheinlich an einer der Hauptstraßen lag, die nach Joppe oder Damaskus führten. Wenige Jahre später, 1848, äußerte ein Architekt namens James Fergusson (der niemals Jerusalem besuchte hatte!) die Vermutung, daß der Felsendom auf dem Tempelberg der richtige Ort sei. Diese Moschee mit ihrer großartigen Kuppel, die, wie wir heute wissen, teilweise nach dem Vorbild byzantinischer Kirchen gebaut worden ist, sei die ursprünglich von Konstantin über den Kalvarienberg erbaute Kirche.

Um seine Behauptung beweisen zu können, beteiligte sich Fergusson 1865 an der Gründung des Palestine Exploration Fund, dessen *Quarterly Statement* in den kommenden Jahrzehnten zahlreiche Artikel über die eine Frage nach dem Ort der Kreuzigung veröffentlichte. Es zeigte sich jedoch bald, daß Fergussons Position nicht haltbar war. In der Tat wurde er überzeugend widerlegt durch den Mann, den der Fund 1867 beauftragt hatte, rund um den Tempelberg Untersuchungen durchzuführen, nämlich Charles Warren. Kurze Zeit später wurde die Madaba-Mosaikkarte gefunden, die die Basilika der Grabeskirche aus der Zeit Konstantins eindeutig an ihrer heutigen Stelle zeigt (siehe Abbildung 23, S. 114). Niemand konnte länger ernsthaft behaupten, daß die Grabeskirche eine Erfindung der Kreuzfahrer sei. Sie stand genau da, wo im Jahr 325 das Grab entdeckt worden war.

»Der Schädel-Hügel«

Zurück in die 40er Jahre. Hier zog kurz nach Robinsons Einlassungen ein anderer Ort die Aufmerksamkeit auf sich. Nordöstlich des Damaskustores befand sich gegenüber der Stadtmauer eine felsige Böschung, die bereits in der lokalen Überlieferung mit der »Grotte Jeremias« in Verbindung gebracht worden war; dem Ort, an dem der Prophet seine Klagelieder über die Zerstörung Jerusalems verfaßt hatte. Verblüffenderweise ließen einige Züge den Hügel wie einen Schädel aussehen. War es da nicht eher wahrscheinlich, daß Jesus hier gekreuzigt worden war statt auf dem Felsen, der in der Grabeskirche gezeigt wurde? Er erinnerte nicht nur an einen Schädel, sondern er lag zur Zeit Jesu zweifelsohne auch außerhalb der Stadtmauern.

Üblicherweise wird der Deutsche Otto Thenius, der Jerusalem 1842 besucht hatte, als derjenige genannt, der als erster diese Vermutung geäußert hatte. Es gab aber auch einige Amerikaner, die um diese Zeit zur gleichen Schlußfolgerung kamen: Rufus Anderson (1845), Fisher Howe (1853), Charles Robinson (1867) und Selah Merrill (1875–1877) sowie der berühmte Franzose Ernest Renan, der Autor von *Vie de Jésus* (1863), und die Engländer Henry Tristram (1858) und Claude Conder (1872).

Letzterer, der 1872 von dem Palestine Exploration Fund beauftragt worden war, eine topographische Vermessung Palästinas durchzuführen, war besonders von der Tatsache beeindruckt, daß, in Übereinstimmung mit den Forschungen von Thomas Chaplin, die sephardischen Juden diesen Ort noch immer mit dem »Steinigungsplatz« der Mischna (*Sanhedrin* 6,1–4) gleichsetzten, was die Vermutung nahelegte, daß dieser Ort tatsächlich der Hinrichtungsplatz Jerusalems zur Zeit Jesu gewesen ist.[4]

General Gordon: Seine Argumente

General Charles Gordon war ein berühmter Soldat seiner Zeit; und er war Soldat und Christ, der den Großteil des Jahres 1883 zur persönlicher Besinnung in Palästina verbrachte.
Gordon kam am 17. Januar 1883 nach Jerusalem. Am nächsten Tag schrieb er seiner Schwester Augusta:

> Ich fühle mich darin bestätigt, daß der Hügel nahe dem Damaskustor Golgota ist ... Von ihm aus kannst du den Tempel, den Ölberg und den Großteil von Jerusalem sehen. Seine ausgestreckten Arme umschließen es: »den ganzen Tag streckte ich meine Hände aus« [vgl. Jesaja 65,2]. Gleich daneben liegt das Schlachthaus Jerusalems, Blutlachen sind dort zu sehen. Der Ort selbst ist mit muslimischen Gräbern bedeckt. Es gibt dort viele in den Felsen gehauene Höhlen, und Gärten umgeben ihn. Der Hinrichtungsplatz muß in der Zeit Jesu ein unreiner Platz gewesen sein ... Dieser Hügel ist m.E. immer kahl geblieben, weil er zunächst als Hinrichtungsplatz benutzt worden war.

Gordon war sich der Überlieferungen bewußt, die diesen Ort nicht nur mit den Klageliedern Jeremias, sondern auch mit dem »Steinigungsplatz« in Verbindung brachten.[5] Er gab jedoch besonders einem Argument Gewicht, das sich von der Typologie und Topographie ab-

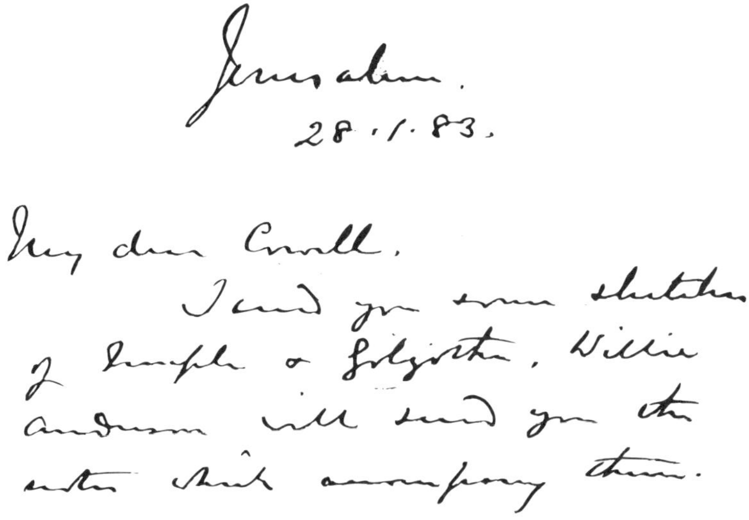
Jerusalem.
28.1.83.

My dear [illegible].
I send you some sketches of Temple & Golgotha. Willie Anderson will send you [illegible] [illegible] [illegible] accompany them.

Abbildung 24: Einer der vielen Briefe von General Gordon. Dieser Brief enthält »Skizzen des Tempels und Golgotas«.

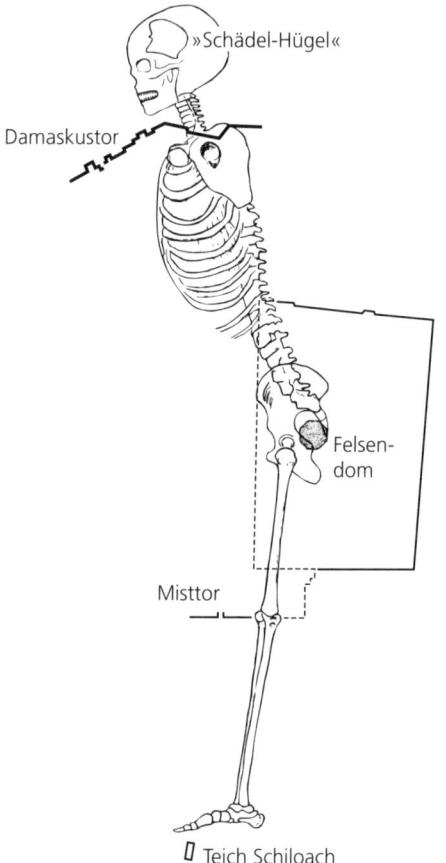

»Schädel-Hügel«

Damaskustor

Felsen-
dom

Misttor

◻ Teich Schiloach

Abbildung 25: Gordons Zeichnung von Jerusalem (vereinfacht). Aus der Vogelperspektive erkannte er die Umrisse in Gestalt eines menschlichen Skeletts mit dem »Schädel-Hügel« an der Stelle des Kopfes. Trotz ihrer Bizarrerie gibt sie korrekt wieder, wie der »Schädel-Hügel« die natürliche Verlängerung der Kammlinie darstellt, auf der der Tempel gebaut ist.

leitete. Am besten kann man es verstanden, wenn man seine akribischen Zeichnungen studiert (siehe Abbildung 25).

Er glaubte offensichtlich, daß die Topographie Jerusalems, wenn man sie aus der Vogelperspektive betrachtet, der Gestalt eines menschlichen Skeletts ähnelt. In dieser Anordnung entspricht der Tempelberg dem Becken und »sein« Golgota dem Schädel.[6]

Gordons Denken war geprägt von seiner mystischen und tiefen Ehrfurcht vor den Einzelheiten der Schrift. Er war auch von dem Glauben beeinflußt, daß Christus der Schlüssel des Alten Testaments sei, so daß viele Einzelheiten des Alten Testaments typologisch auf Christus verwiesen.[7]

Nur wenige sind ihm jedoch in seiner besonderen Argumentations-linie gefolgt, und er erntete dafür selbst von seinen Freunden zeit seines Lebens Kritik. So stimmte z.B. Lawrence Oliphant mit Gor-don in bezug auf die Lokalisierung von Golgota überein; doch erach-tete er die Skelett-Theorie als ein »einzigartiges und mystisches Konzept«.[8]

Gordons *Reflections in Palestine 1883* wurden zu Beginn des Jahres 1885 veröffentlicht. Sein Tod am 26. Januar 1885 in Khartoum erhöh-te nur das Interesse des (britischen) Publikums an dieser rätselhaften Gestalt und seinen Ansichten. Man kann der Ansicht sein, daß Gor-don einige seiner Argumente zu weit trieb. Doch es gab auch einige Hinweise dafür, daß das wahre Golgota nun vielleicht doch entdeckt worden war. Hier, außerhalb der Stadtmauern, gab es einen Hügel in Schädelform, der von der Stadtmauer aus wie von der Straße, die vor dieser Mauer nach Osten führte, klar zu erkennen war; er galt auch als »Steinigungsplatz«, und er wurde mit Jeremia in Verbindung gebracht. Viele, unter ihnen Schriftsteller wie Cunningham Geikie, Alfred Edersheim und Lew Wallace, der Autor von *Ben-Hur*, waren nun überzeugt, daß das wahre Golgota entdeckt worden war. Wo aber war das Grab?

DIE SUCHE NACH DEM GRAB

»An dem Ort, wo man ihn gekreuzigt hatte, war ein Garten, und in dem Garten war ein neues Grab, in dem noch niemand bestattet worden war« (Joh 19,41). Wenn man die zunehmende Übereinstim-mung in der Frage der Lokalisierung von Golgota sieht, ist es nicht verwunderlich, daß sich bald ein vergleichbares Interesse an der Lo-kalisierung des Grabes entwickelte – das, nach dem biblischen Zeug-nis, nicht weit davon entfernt sein konnte. Im Jahr 1881 entdeckte Conder, der von dem »neuen« Golgota überzeugt war, ein Bankbo-gengrab ca. 180 m westlich des »Schädel-Hügels«, welches offen-sichtlich von einem runden Stein verschlossen gewesen war (siehe Abbildung 26). Er bat um Geldmittel, um es zu erwerben[9], hatte je-doch keinen Erfolg, und das Land wurde bald darauf von den Fran-ziskanern gekauft (heute ist es im Besitz der Weißen Schwestern auf der Westseite der Nablus Road).

Abbildung 26: »Conders Grab«, nach seiner eigenen Zeichnung (in: Palestine Exploration Quarterly 13 [1881] 202).

Weit mehr Interesse fand ein Grab, das 1867 ungefähr 150 m weiter östlich entdeckt worden war und sich am westlichen Abhang des »Schädel-Hügels« befand (siehe Abbildung 27).

Als wenige Jahre später in England ein Aufruf für seinen Erwerb gestartet wurde, stellte sich Conder dem entgegen, indem er zugleich bestritt, daß Gordon irgendein Interesse an diesem Grab gezeigt hätte. Conrad Schick jedoch, der von Gordon eine wahre »Sintflut« an Korrespondenz hinsichtlich Jerusalemer Themen erhalten hatte, behauptete in einem seiner Briefe und mehrmals in den *Quarterly Statements* das Gegenteil, daß Gordon tatsächlich überzeugt war, daß dies das Grab Jesu war. Im Leitartikel der *Times* zu diesem Thema (am 8. Oktober 1892) findet sich eine Anspielung auf einen Mr. Hanbury, der die Absicht hatte, (für 1200 Pfund) das Eigentum rund um das Grab zu erwerben, eigens aus dem Grund, weil er von »Gordons Glauben« inspiriert war. Auch Conder selbst gestand am Ende seines Lebens ein, daß für Gordon das »Grab in dem Felsen – das jetzt als Gartengrab bekannt ist – der wahre Ort des Heiligen Grabes sein mußte«.[10] So ist die Aussage Crawley-Boeveys einige Jahre später wohl zutreffend, daß Gordons »Annahme, daß dies der wirkliche Ort des Begräbnisses Jesu gewesen sei, mehr als anderes zur Berühmtheit des Gartengrabes beigetragen hat«.[11]

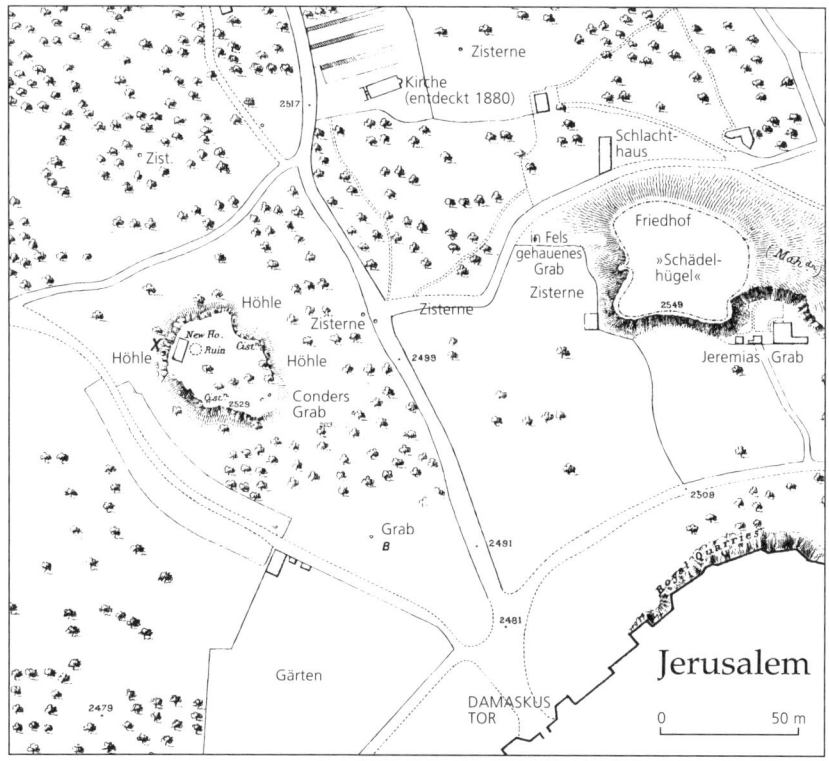

Abbildung 27: Das Gebiet nordwestlich des Damaskustores, wie es in Palestine Exploration Quarterly 17 (1885) 75, dargestellt wird. Das Gartengrab ist das »in den Felsen gehauene Grab«. Wenige Jahre später werden die Überreste der Basilika des hl. Stephanus auf dem Grundstück der Dominikaner entdeckt, das nördlich des Gartens liegt, zusammen mit Gräbern, die nahe zum Gartengrab liegen. Man beachte das städtische Schlachthaus, auf das sich General Gordon bezieht (oben S. 123). Conders Grab (vgl. Abbildung 26) ist weiter westlich in der Nähe eines Hügels, der auch als ein möglicher Schauplatz der Kreuzigung die Aufmerksamkeit auf sich zog.

Conrad Schick und die erste Entdeckung des Grabes

Conrad Schick war wesentlich an der Entdeckung des Grabes beteiligt. Schick, ein gebürtiger Deutscher, war 1846 mit einer Schweizer Missionsgesellschaft aus Basel nach Jerusalem gekommen. Er war

Uhrmacher, aber mit den Jahren wurde er ein ausgewiesener Experte in Sachen Jerusalemer Archäologie (besonders des Tempelberges). Im Jahr 1892 wurde er um eine gründliche Untersuchung des Abschnittes rund um das Grab herum gebeten; wenige Jahre vorher war er schon in die zwei Zisternen innerhalb des Geländes gestiegen, von denen eine sehr geräumig ist (sie hat einen Grundriß von 20 x 9 m und faßt über eine Million Liter). Obwohl dort ein besonders großes Kreuz an einer Wand abgebildet war, datierte er die Zisterne in die kanaanäische Zeit (siehe Fotos 29 und 30).[12]

25 Jahre vorher war er, unmittelbar nachdem das Grab entdeckt worden war, die erste Person, die von dem griechischen Eigentümer des Grundstücks daraufhin angesprochen wurde, ob diese »Höhle« als Zisterne genutzt werden konnte. Zu dieser Zeit war sie bis einen halben Meter unter der Decke mit Schotter, Knochen und Erde gefüllt. Schick gab den Ratschlag, sie zu verschließen. Doch als er wenige Monate später zurückkehrte, fand er sie im großen und ganzen ausgeräumt vor.

Seine Beschreibung[13] stimmt mit dem überein, was man auch heute sehen kann: eine 1,5 m hohe Türöffnung führt in einen (den linken) von zwei Räumen; entlang der Wände des rechten Raumes finden sich drei Gräber (siehe Abbildung 28). Er berichtet auch davon, daß an eine Wand ein Kreuz in roter Farbe gemalt war, das von vier griechischen Buchstaben umgeben ist (siehe Abbildung 29).

Schon bald nach der Entdeckung wurde die beschädigte Vorderseite des Grabes (zwischen der Stelle, wo heute die Türe ist, und dem kleinen Fenster oben rechts) mit etwas Mauerwerk repariert. Der auffallendste Unterschied (verglichen mit seinem heutigen Aussehen) liegt darin, daß einige Platten von ca. sieben cm Dicke aufrecht rund um die drei Bankbogengräber standen und so Grabmulden schufen; einige dieser Platten waren zu der Zeit, als Schick seinen Bericht schrieb, entfernt worden (siehe Foto 33). Eine ähnliche Grabmulde befand sich an der entfernt gelegenen Wand des linken Raumes.

Bis in die Jahre nach 1890 befand sich vor dem Grab ein fester Erdwall, der den Zugang ziemlich erschwerte, während die Fläche ringsum ein nicht eingezäuntes, unbebautes Grundstück war. Schick vermutete, daß das Grundgestein mehr als eineinhalb Meter unterhalb der Türöffnung lag und daß der ursprüngliche Zugang viel kleiner gewesen sein muß. Auch war er überzeugt, daß sich irgend-

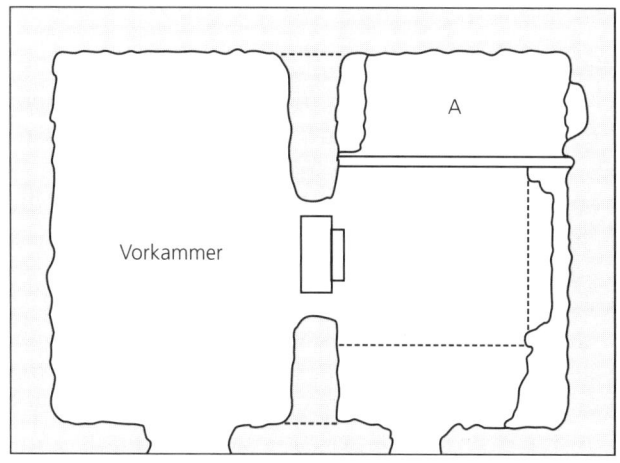

Abbildung 28: Plan des Inneren des Gartengrabes. A = Bankbogengräber

Abbildung 29: Das kleine byzantinische Kreuz im Inneren des Gartengrabes

wo vor dem Grab eine Art von Gewölbe befunden haben mußte.

Schick war über viele Jahre hinweg hinsichtlich der traditionellen Bestimmung des Ortes des Heiligen Grabes skeptisch geblieben. Als er im Jahr 1892 seinen Bericht schrieb, hatte er seine Meinung jedoch zugunsten des überlieferten Ortes geändert. Dies war das Ergebnis von Ausgrabungen, die er in dem Bereich östlich der Grabeskirche durchgeführt hatte, der in russischem Besitz war. Nichtsdestotrotz war er jedoch der Meinung, daß dieses neu entdeckte Grab in der Nähe des »Schädel-Hügels« jüdischen Ursprungs war – auch wenn es in der Zeit nach 400 n.Chr. von Christen verändert worden war. Auch Conder hat das Grab 1873 untersucht (siehe unten), ohne es als Begräbnisplatz Jesu zu identifizieren. Trotzdem wuchs, vielleicht beeinflußt durch die Meinung Gordons, seit 1880 die Zahl derer, die davon überzeugt waren, daß dies wahrscheinlich das echte Grab des Josef von Arimathäa war.[14]

Dem Erwerb entgegen

Nach dem Tod des vormaligen Besitzers im Jahr 1870 gelangte das Grundstück schließlich in den Besitz eines älteren deutschen Bankiers namens Frutiger, der in dem erwähnten Leitartikel der *Times* als »schlauer deutscher Spekulant« beschrieben wurde. Wegen seiner schlechten Gesundheit mußten die Verhandlungen mit seinem Schwiegersohn Färber geführt werden, der wenig geneigt war, das Grundstück zu seinem normalen Marktwert zu verkaufen. Ein erster Spendenaufruf schien nötig zu sein, doch als die Verhandlungen in Jerusalem scheiterten, wurde er zurückgenommen.

Daraufhin wurde durch Haskett Smith und Charlotte Hussey mit Frutigers Ehefrau eine Vereinbarung getroffen, wonach die Hälfte des Grundstücks sofort gekauft werden konnte und die verbleibende Hälfte, sobald die Gelder aufgetrieben worden waren (dies wurde bald dahingehend abgeändert, daß zuerst zwei Drittel gekauft werden mußten). Davon erfuhr Louisa Hope, die daraufhin zusammen mit Evan Hopkins und Smith ein Komitee mit dem Ziel bildete, das Grab über Spendengelder zu erwerben.

Kontroverse in der Times

Unterstützt wurde das Anliegen von dem Publizisten John Murray – sowohl in seinen eigenen Organen als auch über einen gemeinsam mit Henry Campbell verfaßten Leserbrief, der am 22. September 1892 in der Londoner *Times* erschien und ein großes Echo hervorrief:

Ihre Leser sind zweifelsohne mit dem Ort vertraut, der außerhalb des Damaskustores in Jerusalem liegt, der allgemein als »Gordons Grab« bekannt ist ... Die Frage, ob es sich dabei um das echte Grab Jesu handelt, ist von höchstem Interesse, und obwohl nicht alle Archäologen dieser Ansicht zustimmen und beim gegenwärtigen Kenntnisstand eine vollständige Klärung der Frage nicht abzusehen ist, ist es aufgrund der Wahrscheinlichkeit, daß es sich bei diesem Grab tatsächlich um das Heilige Grab handelt, wünschenswert, daß es vor Zerstörung und Entweihung bewahrt bleibt.
Das Grab mit dem Grundstück, auf dem es steht – eine Fläche von ungefähr 16 000 qm –, steht jetzt zum Verkauf an, und die Zeit, für

die wir das Vorkaufsrecht erhalten haben, ist fast schon abgelaufen. Der Preis für den Erwerb der Grundstücksrechte beträgt 4000 Pfund. Das Ziel und der Wunsch derer, die den größten Teil in den Verhandlungen zu tragen hatten, liegt in dem Erwerb dieses Ortes, um Ausgrabungen und Restaurierungen durchzuführen ...

Wir bitten darum, eine Gelegenheit zu ergreifen, die niemals wiederkehren wird, um einen Ort zu erwerben und zu bewahren, der für alle Christen von höchstem Wert und Interesse ist.

Während der nächsten 17 Tage waren die Leserbriefspalten der *Times* gefüllt mit unterschiedlichen Reaktionen auf diesen Aufruf. Conder war der erste, der antwortete. Seine eigenen Ausgrabungen im Jahr 1873 hätten gezeigt, daß das Grab als Kreuzfahrergrab benutzt worden war. Es enthielt viele Knochen, und auf der östlichen Wand seien zwei rote lateinische Kreuze. So sei es denkbar, daß es ursprünglich von griechischen Christen im 9. Jahrhundert ausgegraben worden sei.[15] Er warnte davor, »die Fehler des vierten Jahrhunderts« zu wiederholen und der Welt »zwei falsche und unmögliche Orte für das Heilige Grab« zu nennen.

Haskett Smith antwortete, indem er einige seiner bereits veröffentlichten Argumente wiederholte: daß das Grab eindeutig in die Herodianische Zeit zu datieren sei; daß es zwar ursprünglich von Juden benutzt worden sei, später aber das Interesse der Christen geweckt hatte; auch eine kurz zuvor (1889) auf dem benachbarten Grundstück der Dominikaner gefundene Inschrift (»Das persönliche Grab des Diakons Nonnus Onesimus von der Heiligen Auferstehung Christi und von diesem Kloster«; siehe Abbildung 30) betrachtete er als Beleg für seine Position. Er betonte, daß die spätere Nutzung des Grabes durch die Kreuzfahrer in keiner Weise Einfluß auf die Erstdatierung habe. Unter den Knochen der »Kreuzfahrer« war viel Schutt angehäuft, was ein Hinweis darauf sei, daß das Grab viele Jahrhunderte hindurch unbenutzt war.

Demgegenüber äußerte Thomas Chaplin seine Zweifel hinsichtlich der Identifizierung von Golgota mit dem »Schädel-Hügel«. Falls das Heilige Grab je als unecht nachgewiesen würde, sei der kleine Hügel, der an das Grab Conders angrenzt, die bessere Alternative. Solange die ganze Sache aber nicht bewiesen werden könne, erachtete er es als nicht wünschenswert, sich so leichtgläubig »wie im Mit-

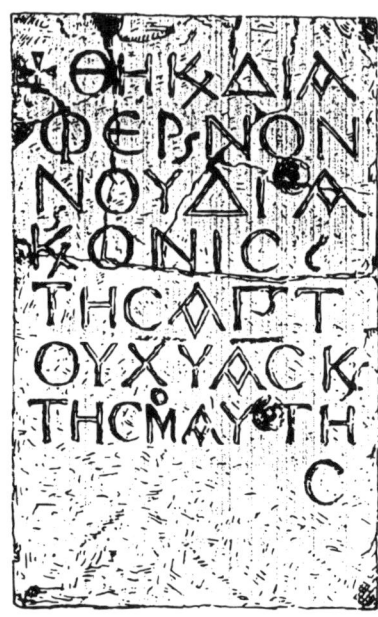

Abbildung 30: Die Inschrift über dem Grab des Nonnus Onesimus

telalter« zu verhalten und den »sechs- oder achtfachen Preis für etwas zu zahlen«, von dem nicht erwiesen war, daß es tatsächlich das Grab Jesu sei.

Der letztgenannte Punkt wurde von Charles Wilson, der die Vermessung Jerusalems für den Palestine Exploration Fund durchführte, aufgegriffen. Er stimmte der Überlieferung zu, wonach der »Schädel-Hügel« ein traditioneller jüdischer »Steinigungsort« war. Aber nach seiner Meinung sprach dies *dagegen*, daß es der Ort der Kreuzigung war – weil Jesus von den *Römern* hingerichtet worden war. Er neigte der Position zu, daß Jesu Opfertod direkt nördlich des Tempels stattgefunden haben könnte (genau wie die Sündopfer im Alten Testament); aber der »Schädel-Hügel« liegt eher nord*westlich*.

Beeinflußt durch das gewichtige Wort von Wissenschaftlern wie Wilson und Conder, beendeten die Herausgeber eine Woche später die Auseinandersetzung in der *Times* mit dem Hinweis, daß die Befürworter des Gartengrabes »keine angemessenen Gründe für ihren Aufruf um öffentliche Hilfe« hatten aufzeigen können (8. Oktober). Viele aber dachten anders.

Die Urkunden

Aufgrund der Spenden nach diesem Aufruf (u.a. durch den Bibelforscher B.F. Westcott, später Bischof von Durham, und Randall Davidson, später Erzbischof von Canterbury) konnte der Kaufvertrag im Mai 1894 unterzeichnet werden.

Damit war aber nicht alles geklärt. Vor 1908 konnte in Jerusalem

132

kein Land von einem Komitee gekauft werden, weil das türkische Gesetz vorschrieb, daß nur ein Individuum, das zudem persönlich erscheinen mußte, Käufer sein konnte. Dies wurde dadurch gelöst, daß ein Missionar vor Ort, Rev. Charles T. Wilson, als Käufer auftrat (und einen separaten Treuhandvertrag zugunsten des Komitees abschloß).

Die türkischen Behörden stellten dann als weitere Kaufbedingung, daß eine große Mauer zwischen dem Garten und dem muslimischen Friedhof gebaut werden müßte. Auch dies wurde erfüllt.

Als nächstes ging Frutigers Bank in Konkurs, und diejenigen, die die Transaktion des letzten Drittels abwickeln sollten, begannen den Preis nach oben zu treiben und beabsichtigten eine Zurückverlegung der ursprünglichen Grenzen.

Schließlich entbrannte ein großer Streit darüber, ob die Original-Urkunden das Grab miteinschlossen oder ob dieses der Person gehörte, die den Grund und Boden 7,5 m darüber besaß. Auch dieser Streit war vermutlich durch die Empfindlichkeiten wegen der Nähe des Ortes zum muslimischen Friedhof verursacht. Die Sache erforderte zahlreiche Verhandlungen zwischen dem britischen Konsul in Jerusalem und dem britischen Botschafter in Konstantinopel und wurde erst im Jahr 1898 gelöst, indem man übereinkam, daß die »Grotte« (d.h. das Grab), obwohl sie nicht in den Archiven des Katasteramtes aufgelistet war, dennoch Teil der Original-Urkunden war.

Dann gingen noch die nun gültigen Urkunden zwischen Jerusalem und England verloren und man mußte die englischen Behörden davon überzeugen, daß auch eine arabische Kopie als angemessener Beweis verwendet werden kann. Die Angelegenheit war einer gültigen Regelung zugeführt worden. Aber sie hatte Jahre von Verhandlungen und Diplomatie erfordert.

So war das Grab, das für viele so wichtig war, schließlich erworben. Die ersten Treuhänder des Gartengrab-Fonds waren der Duke von Argyll, der Marquis von Northampton, der Earl von Aberdeen, Rev. Charles T. Wilson (CMS) und Louisa Hope. Die Original-Treuhänderurkunde hielt fest, daß deren Aufgabe und Ziel es sei, sicherzustellen, daß der Garten und das Grab »als ein stiller Ort gepflegt und sowohl vor Verwüstung und Entehrung als auch vor abergläubischen Bräuchen bewahrt werden sollte«.

Gegen beträchtlichen Widerstand war so auf der Karte Jerusalems ein zweiter Ort erschienen, der den Anspruch erhob, der mögliche Schauplatz des größten Ereignisses in der Geschichte des Christentums zu sein. Verglichen mit der Grabeskirche und ihrer 1600-jährigen Geschichte war er ein echter Nachzügler. Viele würden sich niemals mit der Ankunft dieses neuen »Kindes« abfinden, und so war ihm kein leichtes Leben in Aussicht gestellt. Tatsächlich stand er in den folgenden Jahrzehnten oft im Zentrum von Auseinandersetzungen, aber zugleich entwickelte er sich auf eine Weise, die selbst die kühnsten Träume derer übertraf, die an seinem Kauf beteiligt waren. – Was geschah nun als Nächstes?

DIE GESCHICHTE DES GARTENS VON 1894–1967 IN KURZFORM

Die türkische Herrschaft (1894–1917)

Im Laufe der nächsten 100 Jahre erlebt das Gartengrab nicht weniger als vier Wechsel in der Regierungsverwaltung und liegt innerhalb der Zone von vier Kriegen und zahlreichen gewaltsamen Auseinandersetzungen. Wir streifen hier kurz die ersten drei Zeiträume (und schauen dann auf die Zeit nach 1967 in Kapitel X).

Charlotte Hussey

So wie Louisa Hope eine treibende Kraft für die Förderung des Gartengrabes in England gewesen ist, so Charlotte Hussey in Jerusalem. Hussey war 1892 nach Jerusalem gekommen und bald danach am Erwerb des Grabes beteiligt. Während dieser ersten Jahre war sie zeitweise fast allein mit den Angelegenheiten rund um den Garten betraut.[16]

Hussey lud Conrad Schick ein, das Grundstück zu vermessen und zu inspizieren, und sie entdeckte mit ihm die Anker/Kreuz-Figur, die auf der Vorderseite des Grabes deutlich zu sehen ist (siehe Foto 31). Die Vermutung einiger Kritiker, daß sich der Boden wahrscheinlich sechs Meter unter dem Eingang des Grabes befinde, erwies sich als unrichtig, nachdem sie veranlaßt hatte, daß die Fläche vor dem Grab gesäubert wurde. Sie entdeckte den flachen Mutterfelsen, die »Rille«, die solchen ähnlich ist, »in denen Steine bewegt werden«, und die Nischen (welche aussehen, als würden sie »die Wölbung von Bogen stützen«). Sie veranlaßte, daß eine Mauer entlang der »Nordwestgrenze des Gartens« gebaut wurde, die »ihn von der Straße trennte«, und sie stellte sicher, daß die Zisterne repariert wurde.

Die britische Herrschaft (1917–1948)

Mit Beginn der britischen Verwaltung wurden viele Dinge einfacher. Doch wer geglaubt hatte, daß die Briten die Gelegenheit nützen würden, um die »Sache des Gartengrabes« voranzubringen, sah sich getäuscht. Der britische Wunsch, den Status quo nicht zu verändern, zielte in die entgegengesetzte Richtung.

Die Verbindung zur anglikanischen Kirche

Die Vereinigung des Gartengrabes war auf nicht-konfessioneller Basis gegründet worden. Doch bereits zu Beginn hatte sie die Unterstützung einiger führender Persönlichkeiten der Kirche von England erhalten, und auch im Fortgang ihrer Geschichte stand sie in enger Verbindung mit dieser Kirche. Unter diesen Umständen hätte die anglikanische Kirche in Jerusalem leicht versucht sein können, während der britischen Mandatszeit den Garten als *ihre* »heilige Stätte« zu fördern.

Statt dessen setzten die Bischöfe ihre eingeschlagene Politik der guten Beziehungen mit allen Kirchen in der Stadt fort. Dies bedeutete, daß eine einseitige Förderung des Gartens nicht zur Debatte stand. Im Gegenteil sah die anglikanische Kirche ihren Mangel an heiligen Stätten als etwas Segensreiches an, das ihr eine von allen respektierte Neutralität in den kirchlichen Auseinandersetzungen innerhalb der Stadt einbrachte. Im nachhinein wirkte sich dies auch für das Gartengrab vorteilhaft aus, da es seine nicht-konfessionelle Atmosphäre zum Wohle aller seiner Besucher bewahren konnte.

Der Venus-Stein

Daß jedoch die Frage der Echtheit des Ortes nach wie vor ein heißes Eisen war, läßt sich an zwei Ereignissen in dieser Zeit erkennen.

Das erste betrifft die Entdeckung einer Weinpresse im Garten in den frühen 20er Jahren. Diese Presse sowie die große, nahegelegene Zisterne wurden als Beweis dafür angesehen, daß der Bereich um das Grab in der Antike tatsächlich (landwirtschaftlich) genutzt worden sei – und deshalb der »Garten« sei, auf den sich das Johannesevangelium (19,41) bezieht. Für noch größere Aufregung sorgte die Entdeckung des »Venus-Steines« (siehe Foto 34) durch Charlotte Hussey im Jahr 1923; denn wenn dies der Tempel-Stein aus einem Venustempel war, dann stand die Frage im Raum, ob damit ausgesagt war, daß ein Venustempel vor dem Grab gestanden hatte. Und wenn dem so war, konnte dies dann nicht der Venustempel sein, den – nach Eusebius und anderen – Hadrian über dem Grab Jesu hatte bauen lassen? War dies das noch fehlende Beweisstück?

Diese Annahme erscheint aber eher unwahrscheinlich. Hundert Jahre vorher, als man noch unsicher darüber war, ob die Grabeskirche der Kreuzfahrer wirklich an der Stelle der konstantinischen Kirche stand, hätte der Venus-Stein möglicherweise weitergeholfen; war *dies* der Ort, an dem Konstantin seine Kirche hatte bauen lassen? Da jedoch durch die Madaba-Mosaikkarte klar nachgewiesen war, daß die konstantinische Kirche an der Stelle der jetzigen Grabeskirche gestanden hatte, war der gefundene Venus-Stein in dieser Frage ohne Bedeutung. Denn es war völlig klar, daß die konstantinische Basilika an der gleichen Stelle wie der Venustempel gebaut worden war; dieser war zerstört worden, bevor man mit ihrem Bau beginnen konnte.

Am Fuß des »Schädel-Hügels«

1934 gab es Anzeichen dafür, daß das Land am Fuße des »Schädel-Hügels« bald zum Verkauf anstehen würde. Bis zu dieser Zeit hatten die Besucher durch ein kleines Eisentor hinausgehen können und waren dann am Fuß des Steinfelsens gestanden. Nun schien die Vereinigung das Land selbst erwerben zu können. In diesem Zusammenhang kam Cyril Dobson, ein Mitglied des Komitees, bei seinen Studien zu einem neuen Buch über das Gartengrab zu einer neuen, aufsehenerregenden Schlußfolgerung: In den vorangegangenen 90 Jahren waren alle (sowohl die, die den »Schädel-Hügel« mit Golgota identifizierten, als auch diejenigen, die dem widersprachen) von der Annahme ausgegangen, daß Jesus auf der *Spitze* des Hügels gekreuzigt worden war. Dobson kam nun zu dem Schluß, daß Jesus am *Fuß* des Hügels gekreuzigt worden war. Tatsächlich sprachen die Evangelien niemals von einem »Hügel«, sondern von einem »Ort« namens Golgota. (Und dies war genau das Stück Land, dessen Erwerb gerade eben verhandelt wurde!)

Indes: Es kam zu keinem Abschluß, ja einige Jahre später (1956) wurde dieser Streifen Land sogar zum Busdepot von Ostjerusalem und blieb es auch, trotz einiger Pläne in den 80er Jahren, die die Verlegung des Depots an einen Ort nordwestlich des Damaskustores vorsahen.

Archäologische Befunde

Ende der 30er Jahre besuchte der berühmte Archäologe Flinders Petrie das Gartengrab. Dabei bezog er in der Frage der Datierung die Position, wonach das Grab »aus der Zeit Herodes des Großen stammen könnte«. Er war durch die Ausgrabungen von Sukenik und Meyer aus den späten 20er Jahren beeinflußt, die die Vermutung geäußert hatten, daß die »dritte Mauer«, die Herodes Agrippa im Jahr 44 n.Chr. hatte bauen lassen, weiter nördlich verlief (siehe Abbildung 31, S. 146).

Danach war jedes Grab, das südlich dieser Linie lag, vermutlich vor diesem Datum angelegt worden. Petrie neigte jedoch dazu, die Mulde vor dem Grab als »Futtertrog« aus der Kreuzfahrerzeit anzusehen. Er richtete seine Aufmerksamkeit auf die Rinnen um die drei Bankbogengräber herum; diese zeigten an, daß es Platten gegeben hatte, die drei horizontal liegende Bretter gestützt hatten. Obwohl er durch den Venus-Stein vor ein Rätsel gestellt war, sah er die Nischen im Felsen nicht als Teil eines Venustempels an; statt dessen dienten sie seiner Ansicht nach als Auflage für Balken in einer späteren Konstruktion. Schließlich bezog er Stellung zu dem herzförmigen Gebilde im Felsen: es weise nicht auf ein Baptisterium hin, sondern es handele sich dabei einfach um das Zuschneiden von unbehauenem Stein, damit dann Steinplatten darüber gelegt werden konnten.

Sir Charles Marston, ein anderer Archäologe, stimmte der Position Sukeniks bezüglich der »dritten« Mauer zu, wobei das Damaskustor als auf den herodianischen Mauern stehend angesehen wurde (dies trotz der Ausgrabungen von Hamilton im Jahr 1937, wonach diese aus der Zeit Hadrians stammten). Für Marston war es daher sehr unwahrscheinlich, daß das Heilige Grab außerhalb der Mauern lag. Er vermutete, daß, wenn die Byzantiner mit ihrer Lokalisierung des Zionberges falsch lagen, dies auch bei Golgota leicht der Fall sein konnte. Außerdem gäbe es in keiner Stadt der Welt etwas im Aussehen Vergleichbares zum »Schädel-Hügel«.

Die jordanische Herrschaft (1948–1967)

Als die Briten im Mai 1948 Palästina verließen, kam es zu heftigen Kämpfen zwischen Juden und Arabern im Umfeld des Gartens, die zur vollständigen Zerstörung benachbarter Flächen führten (so des jüdischen Quartiers etwas westlich davon). Das Haus des Aufsehers nahm Schaden, doch das Grab und der Garten blieben vergleichsweise unversehrt.

Nach dem Ende der Kämpfe lag der Garten direkt an der Grenze einer nunmehr geteilten Stadt. Die Hügel Westjerusalems, das in Israel lag, waren keine 360 m entfernt, doch der Garten selbst lag jetzt in Jordanien.

Ein hingebungsvoller Aufseher

Dieser Zeitraum nach 1948 wird für immer mit dem Namen eines Mannes verbunden sein – dem von Solomon Mattar, einem christlichen Araber.

Bei all seinem Engagement schoß er bei zumindest einer Gelegenheit über das Ziel hinaus. Er war zu der Schlußfolgerung gekommen, daß die große Zisterne (die bald nach seiner Anstellung einige dringende Reparaturen benötigte) ein Ort gewesen sein könnte, wo sich die ersten Christen zum Gottesdienst versammelten – nicht zuletzt wegen eines riesigen Kreuzes auf einer ihrer Mauern (siehe Foto 30). Diese »Entdeckung« war für einige eine Sensation; es wurden archäologische Untersuchungen gestartet, um zu sehen, ob eine Treppe in die Zisterne hinunterführte oder ob es einen Verbindungsgang zum Grab gebe. Die Sache erwies sich bald als haltlos. Die Förderer des Gartengrabes sahen sich damit konfrontiert, daß Mattars Mangel an archäologischem Fachwissen das ganze Anliegen des Gartengrabes unnötigerweise in Verruf gebracht hatte. Als Bill White, der Sekretär der Vereinigung in den 80er Jahren, diese Episode kommentierte, stellte er zutreffend fest: »Solche zügellosen Anflüge einer frommen Phantasie haben das Gartengrab ungerechtfertigterweise lächerlich gemacht, so daß eine vorurteilslose Untersuchung des Ortes oft unterdrückt worden ist«.[17]

Nach dieser Episode war Mattar weitere zwölf Jahre im Dienst – bis zum Sechs-Tage-Krieg 1967. Wegen seiner Lage war der Garten ein gefährlicher Platz. Mattar, loyal bis zum Ende, lehnte es ab, ihn zu verlassen; genau dies kostete ihm das Leben, als er am Morgen des 5. Juni von israelischen Fallschirmspringern, die glaubten auf ein feindliches Widerstandsnest gestoßen zu sein, getötet wurde. Am folgenden Tag waren die Kämpfe vorüber.

Nun wurde das arabische Jerusalem von den Israelis verwaltet: Das Gartengrab lag nicht mehr auf der Grenze einer geteilten Stadt, sondern war nahe dem Zentrum einer wiedervereinigten Stadt.

VII. Eine unabgeschlossene Debatte

Wo geschah es?

So werden dem heutigen Jerusalembesucher, bezogen auf das wichtigste Ereignis der christlichen Geschichte, die Kreuzigung und die Auferstehung Jesu, zwei verschiedene Orte gezeigt. Während der eine Teil der Besucher sich dadurch nur in seiner wachsenden Skepsis, gar seinem Agnostizismus bestätigt fühlt, bevorzugen andere einen der beiden Orte auf Kosten des anderen oder wertschätzen beide Schauplätze und betrachten sie als sich gegenseitig ergänzend.

Natürlich sind diejenigen, welche die letztgenannte Position einnehmen, sich darüber im klaren, daß unter historischem Gesichtspunkt nur *einer* der beiden Schauplätze der richtige sein kann. Wenn der eine authentisch ist, dann muß der andere falsch sein. Jesus starb nur an einem Ort. Andererseits ist es durchaus möglich, daß keiner der beiden Orte der richtige ist. Es sei nur an Mose erinnert (Dtn 34,6), dessen genauer Begräbnisplatz nicht bekannt ist – ein Umstand, den manche als hilfreich erachten, um so nachfolgende Auseinandersetzungen oder unangebrachte Fixierung auf einen besonderen Ort oder Helden zu vermeiden (vgl. Jud 9).

Dieses Kapitel will in einer Zusammenfassung die Stärken und die Schwächen der jeweiligen Position vorstellen und es dabei dem Leser überlassen, seine eigenen Schlußfolgerungen zu ziehen. Vieles wurde zu dieser Frage in den letzten 100 Jahren geschrieben. Im folgenden soll über den heutigen Diskussionsstand sowie über das Hin und Her der Debatte im Verlauf der letzten 100 Jahre informiert werden.

DER ÖLBERG

An diesem Punkt muß jedoch auf die Tatsache hingewiesen werden, daß die Situation noch komplexer ist. Denn es gibt weitere Orte im Umkreis von Jerusalem, die zum Gegenstand der Diskussion wurden. In den letzten Jahren hat besonders einer allgemeine Aufmerksamkeit auf sich gezogen.

Eine neue These

Ernest Martin hat in seinem Buch *Secrets of Golgotha* entschieden die These vertreten, daß weder die Grabeskirche noch das Gartengrab authentisch seien, daß Jesus stattdessen auf dem Ölberg gekreuzigt worden sei. Golgota, so behauptet er, sei auf dem Gipfel des Ölberges zu lokalisieren (gegenwärtig steht dort ein muslimisches Gebäude, das über dem dort traditionell vermuteten Ort der Himmelfahrt Jesu gebaut wurde). Das Grab des Josef von Arimathäa wäre ein wenig südlicher anzusiedeln (möglicherweise in der Nähe der Höhle unterhalb der Paternoster-Kirche). Seine wichtigsten Argumente sind:

1. Das Bekenntnis des römischen Hauptmanns (»Wahrhaftig, dieser Mensch war Gottes Sohn« [Mk 15,39]) war nach Martin nicht nur davon beeinflußt, wie Jesus starb, sondern auch davon, daß er sehen konnte, wie der Vorhang im Tempel entzweiriß (15,38). Das konnte nur *von Osten aus* gesehen werden – vom oberen Hang des Ölbergs.

2. Im Hebräerbrief 13,10–12 steht:

   Wir haben einen Altar, von dem die nicht essen dürfen, die dem Zelt dienen. Denn die Körper der Tiere, deren Blut vom Hohenpriester zur Sühnung der Sünde in das Heiligtum gebracht wird, werden außerhalb des Lagers verbrannt. Deshalb hat auch Jesus, um durch sein eigenes Blut das Volk zu heiligen, außerhalb des Tores gelitten.

   Die kultische Verbrennung der Tierkadaver fand, so Martin, auf einem Altar auf dem Ölberg statt, einem Altar, den er auch mit dem der *Verbrennung des Jungstiers* verbindet. Der Autor des Hebräerbriefes würde sich deshalb auf einen tatsächlichen Altar beziehen und behaupten, daß dies genau der Ort gewesen sei, wo Jesus starb. Auf diese Weise entsteht die engstmögliche Parallele zwischen dem Opfertod Jesu und den früheren levitischen Opfern. Sie können nicht nur typologisch, sondern auch geographisch miteinander verbunden werden.

3. Entsprechend seiner Lektüre des Alten Testaments wurde dem Gebiet östlich des Tempels eine besondere Bedeutung beigelegt. Das Allerheiligste, der Ort der göttlichen Gegenwart, schaute nach Osten; so lag dieser Bereich tatsächlich »vor dem Herrn« und war der Schauplatz seines Gerichts.

4. Es gibt Hinweise dafür, daß die Stadt Jerusalem und ihre Umgebung im kultischen Sinn als Fortsetzung des Wüstenlagers verstanden wurde; und es gab Bestimmungen, daß Hinrichtungen und Bestattungen außerhalb des Lagers stattfinden mußten. Dies erforderte einen Abstand von mindestens 900 m von dem Allerheiligsten. Grabeskirche und Gartengrab liegen näher am Tempel, der Gipfel des Ölberges nicht.
5. Da das Wort »Platz/Ort« (*topos*) manchmal als Abkürzung für den Tempel verwendet wird (siehe Apg 6,13; 21,28; Joh 4,20), sollte der Text von Joh 19,20 zutreffender so übersetzt werden: »Weil *der Platz der Stadt*, wo Jesus gekreuzigt wurde, nahebei lag.«

Die Aussagen auf dem Prüfstand

Was sollen wir davon halten? Im 19. Jahrhundert spekulierten eine Reihe von Leuten (S. Manning und N. Hutchinson) darüber, daß der Ölberg ein möglicher Ort gewesen sei.[1] In jüngster Zeit ist dies die einzige diesbezügliche Aussage.

Das erhellendste Argument, das Martin in die Debatte einbringt, ist die Hervorhebung der kultischen und praktischen Bedeutung, die dem »Osten« zugeschrieben wird; gleichwohl ist festzuhalten, daß die von ihm zitierten biblischen Texte (Num 5,16–31; 16,41–50; Lev 10,1–7; Ps 96,13) diesen Punkt nicht *ausdrücklich* erwähnen.

Seine Auslegung der Reaktion des Hauptmannes regt dazu an, die Passionserzählung noch einmal und aufmerksamer zu lesen. Trotzdem scheint die herkömmliche Deutung zutreffender zu sein, die in der Tatsache, daß die Evangelisten den Vorfall im Tempel mit dem Tod Jesu in Verbindung bringen, einen theologischen Grund sieht: daß damit zum Ausdruck gebracht wird, daß der Zugang zu Gottes heiliger Gegenwart durch das Blut Christi auf eine neue Weise möglich ist (vgl. Hebr 10,19–20). Dennoch muß die Frage gestellt werden, ob jemand vom Ölberg aus sehen konnte, was mit dem *inneren* Vorhang im Tempel geschah.

Martins Erklärungsversuch ist von der Überzeugung geprägt, daß die Vorgaben des Alten Testaments und die jüdischen Bestimmungen *wörtlich* in den Einzelheiten der Kreuzigung Jesu erfüllt werden mußten. Auch wenn die Argumente hinsichtlich der kultischen Bedeutung des »Ostens« Gültigkeit haben, so folgt daraus nicht, daß diese römische Hinrichtungsart mit den jüdischen Bestimmungen übereinstimme. Die römischen Behörden werden vielmehr darauf geachtet haben, diese Hinrichtung so schnell wie möglich durchzuführen, und dazu einen Ort ausgesucht haben, der nicht zu weit weg lag. Auch gibt es keine Hinweise für einen jüdischen Hinrichtungsort auf dem Ölberg. Im Fall der Steinigung des Stephanus bestand die einzige Notwendigkeit darin, ihn »zur Stadt hinaus« zu treiben (Apg 7,58).

Sicherlich war der Schreiber des Hebräerbriefes davon überzeugt, daß der Tod Jesu die kultischen, mit dem Tempel verbundenen Opfer zur Erfüllung brachte (vgl. seine Argumentation in den Kapiteln 7–10). Es findet sich allerdings kein Hinweis darauf, daß dies an einen bestimmten Ort gebunden war. Für den Autor des Hebräerbriefes ist der Tod Jesu auch die Erfüllung der kultischen Tieropfer, die auf dem Tempelgelände stattfanden, und faßt Jesu Aufnahme in den Himmel das Ritual des Versöhnungstages mit dem Eintritt des Hohenpriesters in das Allerheiligste (Hebr 9,12.24; 10,12 etc.) zusammen. Doch es wäre ziemlich absurd zu behaupten, daß Jesus innerhalb des Tempelbezirkes starb (oder gar in den Himmel aufstieg!). Theologische Parallelen haben ihren Wert, unabhängig von genauen geographischen Übereinstimmungen.

Fast alle Kommentatoren verstehen den »Altar« in Hebr 13,10 als anschauliche, aber symbolische Deutung, in der der Autor des Hebräerbriefes seine ganze Argumentation hinsichtlich des Todes Jesu als das letzte Opfer zusammenfaßt. Der entscheidende Punkt seines Briefes liegt darin, die Judenchristen, denen er schreibt, davon zu überzeugen, daß sie durch Jesus einen vollständigen Zugang zu Gott haben, der in keiner Weise von Jerusalem abhängt. Den Ölberg im wörtlichen Sinne hervorzuheben würde die Absicht seines Briefes vollständig unterlaufen.[2]

Was den Jungstier betrifft, verdient es festgehalten zu werden, daß dieser gemäß der Mischna (*Parah* 3–4) nicht auf einem Altar verbrannt wurde, sondern in einer Grube. Darüber hinaus verwiesen diejenigen, die im 19. Jahrhundert von dem typologischen Argument ähnlich überzeugt waren, auf einige Aschehaufen im *Norden* der Stadt (nicht weit von der heutigen St. George's). Sie hielten diese Aschehaufen für die Überreste der Tempelopfer.[3] Wenn dies zuträfe, dann würde dieses Argument unseren Blick in Richtung Norden der Stadt, nicht Richtung Osten lenken.

Auch die anderen Argumente Martins rufen viele Fragen hervor. Die Übersetzung von Joh 19,20 ist sehr gezwungen. In den anderen Versen, die er zitiert, ist aus dem Kontext ersichtlich, daß der Tempel gemeint ist; hier ist das nicht der Fall. Seine verschiedenen Argumente hinsichtlich früher christlicher Überlieferungen sind ähnlich schwach. Insbesondere muß hervorgehoben werden, daß entgegen der Behauptung Martins Eusebius von Cäsarea sich niemals auf den Ölberg als »Berg Zion« bezieht.[4] Vielmehr verwendet Eusebius diesen Ausdruck häufig, um den Tempelberg oder den westlichen Hügel (der heute Zionsberg genannt wird) zu bezeichnen. Wenn Eusebius also schreibt, daß »Christus in der Nähe des Zionsberges gekreuzigt wurde«[5], dann bezieht er sich nicht auf den Ölberg, sondern spricht eindeutig von dem zu seiner Zeit erst kurz zuvor entdeckten Heiligen Grab (am nördlichen Ende der gleichen Hügelformation wie der Zionsberg gelegen). Die anderen Schriften des Eusebius stellen klar, daß es zu seiner Zeit keine christliche Überlieferung vom Tod Jesu auf dem Ölberg gegeben hat. Die Christen gingen dorthin, um der Himmelfahrt und seiner prophetischen Worte gegen Jerusalem zu gedenken.[6] Das heißt nicht, daß alles, was Eusebius sagt, notwendigerweise korrekt ist. Aber es bedeutet, daß seine Schriften nicht dazu benutzt werden können, die Vermutung zu stützen, daß Jesus auf dem Ölberg gekreuzigt worden ist.

Schlußfolgerung

Martin hat einige interessante Fragen aufgeworfen, doch muß der Schauplatz der Kreuzigung mit größter Wahrscheinlichkeit näher an den Stadtmauern Jerusalems zu finden sein. Die Evangelisten erwähnen den Ölberg ziemlich häufig und überliefern manche geographische Einzelheit (siehe Lk 19,37; 21, 37; 22,39). So hätten sie es sicherlich klar zum Ausdruck gebracht, daß Golgota irgendwo auf seinen Hügeln zu lokalisieren ist – wenn es so gewesen wäre. Sie berichten davon, daß der Ölberg der Ort des triumphalen Einzugs Jesu, der Endzeit-Rede und der Himmelfahrt gewesen ist. Warum sollten sie nicht erwähnen, daß er auch der Ort des wichtigsten Ereignisses gewesen ist? Statt dessen sagen sie schlicht: »Dann führten sie Jesus hinaus, um ihn zu kreuzigen ... und sie brachten Jesus an einen Ort namens Golgota« (Mk 15,20.22). Wo ist dieses Golgota?

144

Außerhalb der Stadtmauer

Im Vergleich zum Ölberg hat das Gartengrab den großen Vorteil, daß es nahe bei der Stadt liegt und gleichzeitig klar außerhalb der Stadtmauern zur Zeit Jesu (die Flavius Josephus als »zweite Mauer« bezeichnet). Gegen den traditionellen Ort des Heiligen Grabes wurde immer wieder eingewandt, daß er innerhalb der Linie dieser »zweiten Mauer« liege. Wenn dies bewiesen werden könnte, dann müßte sein Anspruch auf Authentizität sofort fallengelassen werden. Denn ein Punkt in der Debatte ist unumstößlich, daß Jesus *außerhalb* der Stadtmauern gekreuzigt worden ist (Mk 15,20; Hebr 13,12). Und bislang ist noch von niemandem behauptet worden, daß die Gegend, wo sich das Gartengrab befindet, zur Zeit Jesu innerhalb der Stadtmauern lag. Sie lag außerhalb der Stadtmauern, nicht weit entfernt von einem wichtigen Tor und nahe bei den Straßen, die nach Norden und Osten führen.

Die meisten Forscher glauben, daß sich der nördlichste Punkt der »zweiten Mauer« ungefähr entlang der Linie der gegenwärtigen türkischen Mauern befand – zumindest für den Teil, der vom Damaskustor nach Osten verläuft. (Das Tor, das jetzt unterhalb des Damaskustores zu sehen ist, stammt aus der Zeit Hadrians aus dem zweiten Jahrhundert n.Chr., aber es wurde wahrscheinlich auf der Linie der vormaligen »zweiten Mauer« gebaut.) Andere vertreten die Meinung, daß die Mauer nicht weiter nördlich verlief als auf der Höhe der Burg Antonia (siehe Abbildung 1, S. 12). Wie auch immer es sich im einzelnen verhalten mag, es wird allgemein anerkannt, daß das Gartengrab und der »Schädel-Hügel« zur Zeit Jesu außerhalb der Mauern lagen.

15 Jahre nach dem Tod Jesu wurde jedoch eine »dritte« Mauer gebaut. Dies geschah in der Regierungszeit des Herodes Agrippa (41–44 n.Chr.). Viele, vor allem israelische Archäologen, haben die Position vertreten, daß einige Quadersteine nördlich des Gartengrabes (in der Nähe des amerikanischen Konsulats) den Verlauf der dritten Mauer markieren (siehe Abbildung 31). Diese wird oft nach den beiden Forschern, die in den späten 20er Jahren dieses Jahrhunderts dort für die Ausgrabungen verantwortlich waren, »Meyer-Sukenik-Mauer« ge-

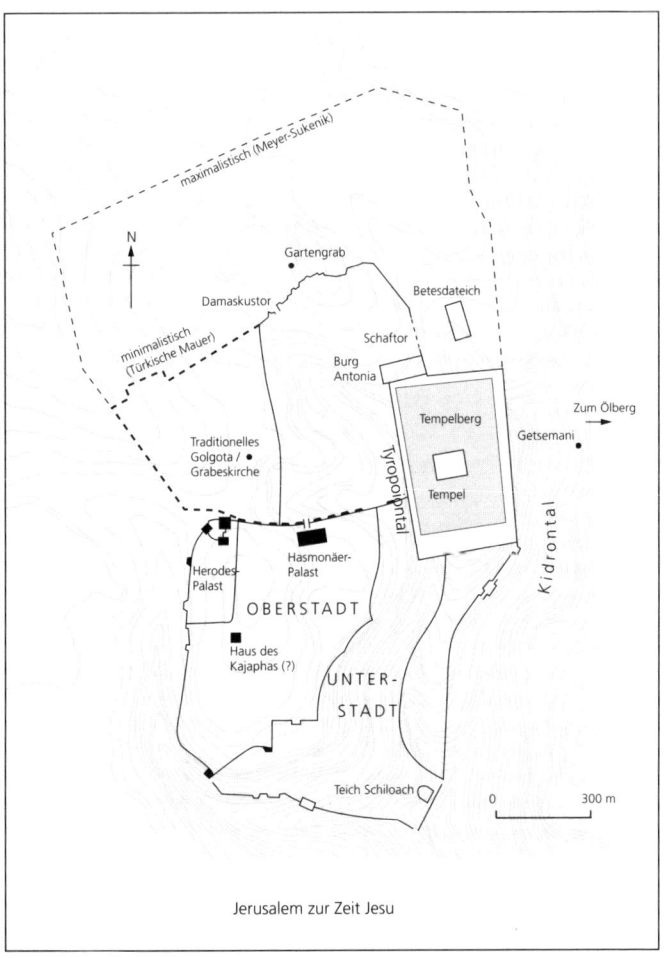

Jerusalem zur Zeit Jesu

Abbildung 31: Alternative Vorschläge für den Verlauf der »dritten« Mauer, nach den Archäologen, die sie 1929 ausgruben, auch die »Meyer-Sukenik«-Mauer genannt.

nannt.[7] Wenn dies zutrifft, dann wäre das Gartengrab für die kurze Zeitspanne bis zum Fall Jerusalems im Jahr 70 n.Chr. innerhalb der Stadtmauern gelegen. Doch hat dies keine Auswirkungen auf die

146

mögliche Echtheit des Gartengrabes, die ja von dem Verlauf der Stadtmauer zur Zeit Jesu abhängt.

Das Jerusalem-Modell im Holy Land Hotel zeigt, wie die Stadt in den Jahren vor 70 n.Chr. ausgesehen hat. Dort kann man sehen, daß der Felsen des »Schädel-Hügels« deutlich innerhalb der Stadt liegt (siehe Foto 19). Eine Reihe von Forschern bezweifelt jedoch diese »maximalistische« Deutung. Danach könnten die Steine der »Meyer-Sukenik-Mauer« auch die Überbleibsel einer Sperrmauer sein, die während des ersten jüdischen Aufstands in aller Eile errichtet wurde, um zu verhindern, daß die römischen Wurfmaschinen zu nahe an die Stadt herankommen konnten.[8] Sie plädieren dafür, daß die »dritte« Mauer ungefähr entlang der Linie der gegenwärtigen Altstadtmauern verlief. Der große Unterschied zwischen dieser »dritten« Mauer und ihren Vorläufern läge darin, daß diese dritte Mauer weiter nach Nordwesten reichte (wie es die Altstadtmauern heute tun) und das Gebiet des modernen christlichen Viertels in die Stadt brachte.[9]

Die ganze Debatte über den Verlauf der »dritten« Mauer ist für das Gartengrab ohne Bedeutung. Aber sie hat mögliche Auswirkungen für das Heilige Grab/die Grabeskirche. Es würde, um es kurz anzudeuten, bedeuten, daß dieser Ort schon bald nach der Kreuzigung innerhalb der Stadt zu liegen kam. Das Grab wurde wahrscheinlich sichtbar und unangetastet gelassen; jedoch war erforderlich, es zu leeren und rituell zu reinigen; es wird schrittweise von neuen Häusern umgeben worden sein. Zweitens bedeutet die wachsende Zustimmung der Forscher für die minimalistische Position, daß Jerusalem während der Herodianischen Zeit kleiner gewesen ist, als man bisher angenommen hat. Wenn dies zutrifft, dann steigt damit nur die Wahrscheinlichkeit, daß das Areal der Grabeskirche auch außerhalb der »zweiten« Mauer gelegen sein könnte.

Die Argumentation lautet folgendermaßen: Wenn die »dritte« Mauer tatsächlich weit im Norden verlaufen ist (auf der Meyer-Sukenik-Linie), dann muß man auch davon ausgehen, daß die »zweite« Mauer weiter nach Nordwesten gereicht hat. Ansonsten hätte die Erweiterung der Stadt unter Herodes Agrippa die Grundfläche der Stadt verdoppelt. Obwohl wir wissen, daß die Römer durch dieses Projekt des Herodes alarmiert waren und es deswegen niemals vollendet wurde[10], so scheint es sehr unwahrscheinlich, daß er es jemals gewagt hätte, die Stadt um ein solches Ausmaß zu erweitern. Es ist daher wahrscheinlicher, daß die dritte Mauer ungefähr entlang der gegenwärtigen türkischen Mauer verlief und die zweite Mauer dann weiter südlich, was wiederum bedeutet, daß das Heilige Grab außerhalb der Stadt lag.

Das Gartengrab jedoch lag, wie auch immer die Diskussionen verlaufen, außerhalb der Stadt.

Ein unbenutzter Steinbruch

Es ist auch möglich, daß das Areal vor dem »Schädel-Hügel« für einige Zeit ein unbenutzter Steinbruch gewesen ist. Geologisch gesehen gehört der »Schädel-Hügel« (mit seinen ca. 30 m Höhe ist er höher als der Fels in dem Tempelbezirk) zur Felsformation, die am Tempel beginnt und entlang der gegenwärtigen türkischen Stadtmauer verläuft (siehe Foto 24). Dadurch, daß man ihn als Steinbruch benutzte, ist er davon getrennt worden. So wurde in der Vergangenheit etwa auch die Fläche, wo sich heute der Busbahnhof befindet, als Steinbruch genutzt. Aber wann geschah dies?

Entgegen der Annahme, daß dies in die hasmonäische Zeit zu datieren ist (2. Jahrhundert v.Chr.), und der zum Teil vorgetragenen Meinung, daß die Nutzung als Steinbruch auch noch nach der Zeit Jesu weiterging, spricht vieles dafür, daß das Gebiet in der Regierungszeit von Herodes dem Großen (40–4 v.Chr.) als Steinbruch genutzt wurde. In jenen Jahren wurde mehr gebaut als zu jedem anderen Zeitraum in der Geschichte Jerusalems. Es war die Zeit, als Herodes die Grundfläche des Tempels erweitern ließ, sich einen neuen Palast baute und wahrscheinlich die Konstruktion eines Theaters und eines Hippodroms in Auftrag gab. All dies erforderte eine enorme Menge an Steinen. Es lag nahe, das nördlich an den Tempel anschließende Gebiet als Steinbruch zu nutzen.

Der Steinbruch reichte jedoch nicht weiter nördlich, weil das Felsgestein des »Schädel-Hügels« dafür ungeeignet war. Aufgrund des großen zeitlichen Abstandes können wir natürlich nicht wissen, wie der ungebrochene Felsen ausgesehen haben mag, ob er die heutige Schädelform hatte oder nicht. Aber es ist ziemlich wahrscheinlich, daß das Gebiet unterhalb des »Schädel-Hügels« zur Zeit Jesu im großen und ganzen ausgebeutet war. So gesehen war der Hügel ein nutzloser Flecken Erde – und vielleicht deswegen ein idealer Ort als Hinrichtungsstätte?

In den literarischen Quellen findet sich nicht der geringste Hinweis darauf, wo zu der Zeit die jüdische Hinrichtungsstätte lag (erst 25 Jahre vorher, im Jahr 6 n.Chr., hatten die jüdischen Behörden das Recht verloren, Todesstrafen zu verhängen, das sogenannte *ius gladii*). Aber es gibt einen interessanten Text der Mischna (*Sanhedrin* 6,1–4) aus dem zweiten Jahrhundert n.Chr., der von einem »Steinigungsplatz« (*Beth-has-sekilah*) außerhalb der Stadt berichtet. Dies scheint eine Felsenklippe gewesen zu sein, »zweimal so hoch wie ein Mann«, von der der Verurteilte von dem ersten seiner beiden Ankläger gestoßen wurde; der zweite warf dann Steine auf ihn (vgl. den Anschlag auf das Leben Jesu in Lk 4,29). Könnte dies der Ort gewesen sein?

Conder und andere stießen bei ihren Nachforschungen Mitte des 19. Jahrhunderts auf die Überlieferung, wonach der »Schädel-Hügel« der »Ort der Steinigung« gewesen sei.[11] Seine äußeren Konturen würden gut passen. Dies war eines der Argumente, das auch Hanauer überzeugte.[12] Er war zugleich davon beeindruckt, daß die Gegend mit Jeremia in Verbindung gebracht wurde – dem Propheten, der nicht nur über die Zerstörung der Stadt weinte, sondern auch, gemäß einer späteren Überlieferung, gesteinigt wurde (siehe Paralipomena Jeremiae und möglicherweise Hebr 11,37).

Die Leser der Apostelgeschichte wissen um eine solche Steinigung, die außerhalb der Stadtmauern Jerusalems wenige Jahre nach dem Tod Jesu stattfand – das Martyrium des Stephanus. »Sie trieben ihn zur Stadt hinaus und steinigten ihn« (Apg 7,58). Dies war ein spontaner Akt, und es gibt keinen Hinweis darauf, daß Stephanus an einen für die Hinrichtung bestimmten Ort gebracht wurde. Sie trieben ihn einfach an die nächstgelegene, dafür geeignete Stelle außerhalb der Stadt. Dennoch bleibt das Gebiet um den »Schädel-Hügel« eine ernstzunehmende Möglichkeit.

Sicherlich wurde die gesamte Gegend seit dem fünften Jahrhundert, als die große Kirche St. Stephan an der Stelle gebaut wurde, wo sich heute die École Biblique der Dominikaner befindet (genau nördlich des Gartengrabes), mit Stephanus in Verbindung gebracht. Möglicherweise wurde die Stelle aus dem ganz einfachen Grund ausgesucht, weil kaum noch Orte übrig waren, wo noch keine Basilika stand. Doch könnte man auch älteren Überlieferungen gefolgt sein. Dies alles stellt natürlich keinen Beweis dar. Es ist auch kein Beweis dafür, daß Jesus an diesem Ort hingerichtet wurde (trotz der interessanten Parallele, die Lukas zwischen Stephanus und seinem Meister zieht, gibt es nicht den geringsten Hinweis in der Apostelgeschichte, daß beide an dem gleichen Ort hingerichtet wurden). Doch es wirft eine interessante Frage auf: Würde es für die Römer nicht Sinn machen, ihre Kreuzigungen an dem Ort auszuführen, der schon von den Juden als Hinrichtungsstätte benutzt worden war?

Kreuzigungen durch die Römer waren zu dieser Zeit in Jerusalem recht selten. Diese Hinrichtungsart wurde nur gegenüber politisch Aufständischen angewandt; und das politische Zentrum der Römer war Cäsarea und nicht Jerusalem. So werden die römischen Behörden kein festgelegtes Verfahren oder einen festen Ort gehabt haben. Was sollten sie unter solchen Umständen tun: auf einen bereits vorher von den jüdischen Behörden genutzten Ort zurückgreifen oder von Fall zu Fall entscheiden?

Verblüffenderweise weiß man jetzt auch von dem Areal, wo die Grabeskirche steht, daß es ein unbenutzter Steinbruch gewesen ist, wobei das »traditionelle Golgota« als Felsen stehenblieb, weil er Risse besaß. In diesem Punkt bestehen enge Parallelen zwischen dem Gartengrab und der Grabeskirche. In beiden Fällen kann der Name »Golgota« (»der Ort des Schädels«) daher rühren, daß er mit Hinrichtungen verbunden ist, und/oder daher, daß der Felsen in seiner äußeren Erscheinung einem Schädel glich. In beiden Fällen könnte diese Ähnlichkeit auf verschiedenen Gesichtszügen (die Augenhöhle etc.) beruhen, wahrscheinlicher aber auf der Form des Felsens als ganzem. Schließlich hat in beiden Fällen nur in der volkstümlichen Überlieferung die Kreuzigung auf der Spitze des schädelförmigen Hügels stattgefunden; sie könnte genausogut auch an seinem Fuß oder in seiner Nähe stattgefunden haben.

»An dem Ort, wo man ihn gekreuzigt hatte, war ein Garten« (Joh 19,41)

Im Areal des Gartengrabes kommt zusammen, was sich ein Leser der Evangelien nur schwer vorstellen kann: die Nähe der Hinrichtungsstätte zu einem Garten und einem Grab. Die Debatten um die

Datierung der größeren Zisterne südöstlich des Grabes sind noch nicht abgeschlossen (siehe Foto 29); aber die Weinpresse scheint den Gedanken zu stützen, daß dies zur Zeit Jesu ein agrarisch genutzter Ort war. Bemerkenswerterweise liegt dieser »Garten« sehr nahe an dem »Schädel-Hügel« und ist gleichwohl weitgehend außer Sichtweite (siehe Abbildung 32).

Daß all dies mit den Evangelienberichten so genau zusammenpaßt, ist beeindruckend und braucht den Vergleich mit der Grabeskirche nicht zu scheuen, wo der Abstand zwischen dem »traditionellen Golgota« und dem Heiligen Grab viel geringer ist (weniger als 30 m). Trotzdem spricht die Umgebung des Gartengrabes mit seiner Gartenfläche, die den »Schädel-Hügel« an einer Seite berührt, eher für diesen Ort.

»Und in dem Garten war ein neues Grab« (Joh 19,41)

In den letzten hundert Jahren stand die Frage, was genau an jenem ersten Ostermorgen passiert ist, im Mittelpunkt vieler Untersuchungen; dabei ging es auch darum, so viel wie möglich aus den schriftlichen Berichten über die Größe und die Beschaffenheit des Grabes des Josef von Arimathäa zu erfahren. Ohne Zweifel sind auch andere Formen denkbar, aber es ist auffällig, daß das innere Aussehen des Gartengrabes dem biblischen Bericht in keinem Detail widerspricht.

Die Evangelien erzählen, daß das Innere des Grabes zwei Merkmale aufweist: die Stelle, wo Jesus lag, war für eine Person, die von außen hineinblickte, einsehbar (Joh 20,5). Und es gab noch genügend Platz für den Engel, um »auf der rechten Seite« zu sitzen (Mk 16,5). Beides trifft für das Gartengrab zu.

Nach der Bibel muß vor dem Grab ein (Roll-)Stein gelegen haben. Zwar vermuteten einige, daß die Mulde vor dem Grab aus einer späteren Zeit stamme – möglicherweise eine Mulde oder ein Bewässerungssystem aus der Kreuzfahrerzeit sei.[13] Doch deutet nichts darauf hin, daß das ursprüngliche Grab nicht einen Stein gehabt haben könnte. Es ist davon auszugehen, daß der ursprüngliche Eingang viel kleiner gewesen ist (möglicherweise max. 1 m). Ziemlich wahrscheinlich war auch der Boden etwas höher gelegen als jetzt.[14] Das bedeutet, daß der Eingang möglicherweise zum Teil unter dem

Grab

Größte Zisterne

»Schädel-Hügel«

Buchladen
und Aus-
gang

Wein-
presse

Abbildung 32: »Luftbild« des Grundstücks des Gartengrabes, das die Verbindung zwischen »Schädel-Hügel«, Garten und Grab verdeutlicht.

Grundniveau gelegen hat und über ein paar hinunterführende Stufen erreicht wurde. Für eine solche Konstruktion gibt es noch weitere Beispiele in der Jerusalemer Gegend, so z.B. das Familiengrab des Herodes im Westen der Altstadt und die Gräber auf dem Grundstück der Kirche von Betfage.

Ein »Schädel-Hügel«, ein landwirtschaftlich genutztes Areal und ein passendes Grab – und dies alles außerhalb der Stadtmauern zur Zeit Jesu! Die Verbindung ist beeindruckend. Kein Wunder, daß diejenigen, die diesen Ort als erste entdeckten, begeistert waren!

Einige Fragen: das Fehlen jeglicher Überlieferung

So überrascht es auch nicht, daß sie diesen Ort erwerben wollten, um ihn für die kommenden Generationen zu erhalten.

Unvermeidlicherweise wurde das Gartengrab zum Gegenstand einer riesigen Kontroverse, vor allem in den frühen Jahren nach seiner Entdeckung und seinem Erwerb. Hinsichtlich seiner möglichen Authentizität wurden einige gewichtige Fragen aufgeworfen. Diese betreffen zwei Hauptpunkte.

152

Zum einen: Im Vergleich mit der Grabeskirche ist das Gartengrab in der Frage der *Überlieferung* deutlich im Nachteil. Die 300 Jahre, die das erste Ostern von der Entdeckung der konstantinischen Zeit trennen, mögen lang erscheinen, doch sind sie kurz im Vergleich zu den 1850 Jahren, die bis zur Entdeckung des Gartengrabes vergingen. Wir müssen davon ausgehen, daß die Erinnerung an die Lage des Grabes sehr schnell in Vergessenheit geriet und so für die christliche Überlieferung verloren war – bis zu dem Zeitpunkt, da die moderne Archäologie die Bühne betrat. Das ist natürlich durchaus möglich, doch setzt es das Gartengrab leicht dem Vorwurf aus, eine moderne Idee zu sein ohne Rückhalt in der Geschichte und der Überlieferung. Um diese Lücke zu schließen, haben einige vorgebracht, daß in der Tat frühe Überlieferungen existierten, die für das Gartengrab sprechen. So wurde etwa darauf hingewiesen, daß die archäologischen Strukturen vor dem Grab Hinweise auf eine byzantinische Kirche seien. Warum sollte sie gebaut worden sein, wenn es nicht eines Ereignisses im Zusammenhang mit dem Grab zu gedenken gegeben hätte? Andere glaubten nach der Entdeckung des Venus-Steines durch Charlotte Hussey im Jahr 1923, darin einen Hinweis darauf zu erkennen, daß dies das Areal des Venustempels aus der Zeit Hadrians gewesen sei. Von diesem Venustempel hatte Eusebius geschrieben, daß er sich bis in die Zeit Konstantins an der Stelle des Grabes Jesu befand. Sind dann aber die archäologischen Strukturen vor dem Grab nicht ein Hinweis auf eine byzantinische Kapelle, sondern auf Hadrians heidnischen Tempel?

Diese letzte Annahme ist in der Tat merkwürdig (wie in Kap. VI, S. 136 angemerkt). Nach der Entdeckung der Madaba-Mosaikkarte im Jahr 1884 kann kein Zweifel mehr daran bestehen, daß die Grabeskirche – und nicht das Gartengrab – der Ort der konstantinischen Basilika gewesen ist. Auch wenn hier, an der Stelle des Gartengrabes, eine Venusverehrung stattgefunden haben mag, so war dies eindeutig nicht der Ort, über den Eusebius und die anderen sprachen.

Die Annahme, daß vielleicht byzantinische Christen das Grab als einen möglichen Ort der Auferstehung verehrten, ist nicht sehr überzeugend. Nach dem Jahr 325 bestand kein Zweifel daran, wo dieses große Ereignis stattgefunden hatte – da, wo die Grabeskirche steht. Möglicherweise war dieser Glaube falsch. Doch es gibt keinen literarischen oder historischen Hinweis darauf, daß es irgendeinen

Streit oder einen rivalisierenden Anspruch in dieser Frage gegeben hat. Die Grabinschrift, die in der Nähe der École Biblique gefunden wurde (siehe Abbildung 30, S. 132) und sich auf die Kirche der »Heiligen Auferstehung« bezieht, bedeutet einfach, daß der dort begrabene Mann gleichzeitig Mönch des Klosters St. Stephan und Diakon an der Kirche der Auferstehung, d.h. der Grabeskirche, gewesen ist. Trotz einiger Gerüchte, die sich aber bald nach der Entdeckung der Inschrift im Jahr 1889 wieder legten, spricht die Inschrift nicht von einem Grab, das »nahe bei dem Ort liegt, wo der Leichnam des Herrn lag«. Diese Inschrift ist daher auch kein Beweis für eine alternative byzantinische Überlieferung hinsichtlich eines möglichen Begräbnisortes Jesu.

Es gibt keinen solchen Hinweis. Wenn byzantinische Christen an diesem Ort Interesse hatten, dann mit Sicherheit nicht deshalb, weil sie in ihm eine mögliche Alternative zur Grabeskirche sahen. Es deutet vielmehr alles darauf hin, daß sie ihn einfach als Grab wiederbenutzten. Dies hätten sie als Christen sicherlich unterlassen, wenn sie wirklich davon überzeugt gewesen wären, daß es sich um das Grab Jesu handelte. Diese Wiederbenutzung als Grab in der byzantinischen Zeit ist die einfachste Erklärung für das schöne Kreuz auf der rechten inneren Wand, das ins fünfte oder sechste Jahrhundert datiert wird (siehe Abbildung 29, S. 129). Die Zeichen vor dem Grab stammen vermutlich nicht aus der byzantinischen Epoche, sondern aus der Kreuzfahrerzeit, als diese Gegend Teil eines Hospizes war, das als Asnerie bekannt ist.[15]

Das Gartengrab kann sich also für seinen Anspruch auf Echtheit auf keine Überlieferung berufen. Das bedeutet nicht, daß die Identifizierung falsch ist, sondern nur, daß sein Fall für sich geprüft werden will.

Die Datierung des Grabes

Dies führt uns zum zweiten großen Fragenkomplex, der immer wieder aufgeworfen wird: die Datierung des Grabes. Viele unterschiedlichen Daten sind vorgeschlagen worden: das 12. Jahrhundert nach Christus (Macalister), das neunte (Conder) oder das erste, wonach es sich um ein herodianisches Grab handeln könnte und so in die Zeit Jesu zu datieren wäre (Petrie, Marston und Kathleen Kenyon). In jüngerer Zeit hat Gabriel Barkay die Position vertreten, daß es sich um ein Grab aus der Eisenzeit (8. oder 7. Jahrhundert vor Christus) handelt: Danach waren die drei *loculi* ursprünglich Bankbogengräber, die aber während der byzantinischen Zeit »ausgehöhlt« wurden, als man das Grab wieder benutzte.[16]

Barkays Argumentation stützt sich nicht auf irgendwelche Fundstücke aus dem Grab, die in die Eisenzeit zu datieren wären. Nichts war übriggeblieben, nachdem es 1867 geräumt worden war. Er verweist auf einige Fundstücke, die 1904 in der Nähe des Grabes gefunden wurden (siehe Foto 35).[17] Die Fundstücke gingen zwar schon in den 20er Jahren verloren, doch ist Barkay davon überzeugt, daß die Fotos Fundstücke zeigen, die anderen Fundstücken aus der »Eisenzeit II« ähneln. Wenn nachgewiesen werden könnte, daß die Fundstücke wirklich in der Nähe des Grabes gefunden worden sind, wäre dies ein bedeutsamer Nachweis. Doch ist es auch möglich, daß sie von anderswoher zum Gartengrab gebracht wurden.

Barkay argumentiert weiterhin, daß der Schnitt des Grabes ziemlich verschieden ist von dem anderer Gräber aus der Zeit des Herodes, die bisher in der Jerusalemer Gegend ausgegraben worden sind. Das Gartengrab unterscheidet sich dadurch, daß es eine flache Decke hat und die zwei Räume sich nebeneinander (statt *hinter*einander) befinden. Er stellt ebenso fest, daß die Schnittspuren die Schneidetechnik dieser früheren Epoche widerspiegeln, nicht den Kammmeißel in der Zeit des Zweiten Tempels. Danach ist das Gartengrab Teil einer eisenzeitlichen Begräbnisstätte, die weitere Gräber in dem Gebiet miteinschließt – eines, das jetzt unter der Hauptstraße beim Damaskustor liegt, das Grab Conders bei den Weißen Schwestern, einige andere in der Schmidt-Schule und die Gräber im Garten der École Biblique. Letztere, obwohl unterschiedlich im Stil, liegen keine zwei Meter vom Gartengrab entfernt (siehe Abbildung 33).

Barkays Argumentation erregte natürliche Aufsehen. Sie verwarf die zuvor vertretene Position hinsichtlich der Gräber in diesem Gebiet. Dennoch haben viele Archäologen seine Sicht übernommen. Es ist nicht neu, daß die Schulmeinung einer Generation von der der nächsten Generation verworfen wird. So ist es auch nicht ausgeschlossen, daß in einigen Jahren die Verfechter einer späteren Datierung auf den Plan treten werden. Bis jetzt ist dies jedoch noch nicht geschehen.

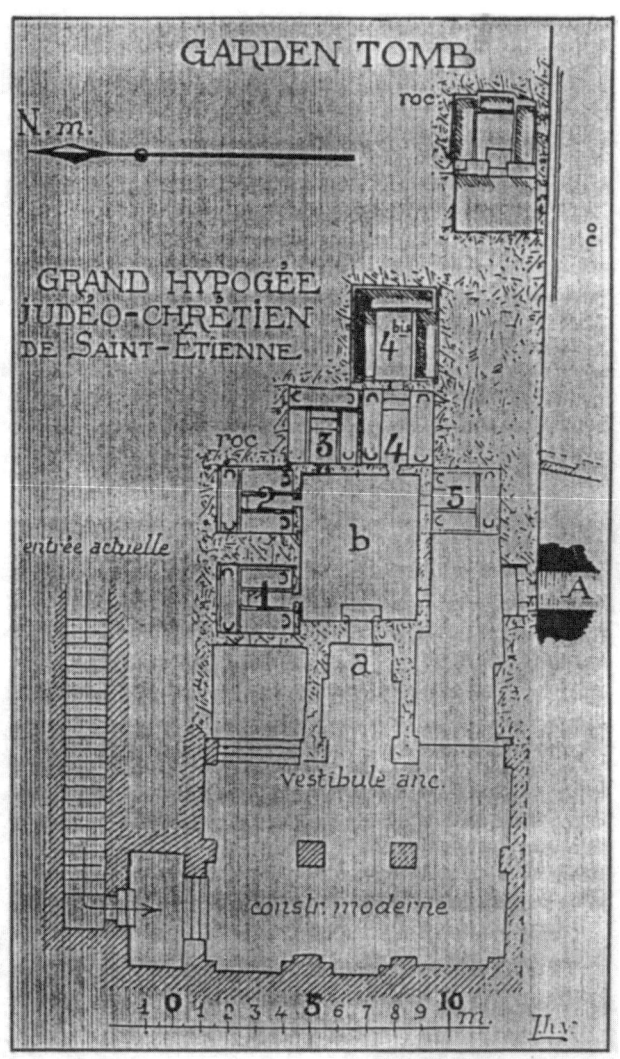

Abbildung 33: Plan der Gräber in dem Nachbargrundstück der Dominikaner (von Vincent [1925], 407). Der große Höhlenkomplex mit Gräbern liegt
nur 2 m neben dem Gartengrab (im oberen rechten Eck gezeichnet). Die Be-
schriftung von Vincent zeigt, daß er davon ausging, daß der Gräberkomplex
in nachneutestamentlicher Zeit von Judenchristen gebaut worden ist
(»Große judenchristliche Gruft von St. Stephan«).

156

Einige Leser werden durch diese archäologischen Argumente überzeugt werden. Andere werden skeptischer bleiben und daran erinnern, daß wir es bei der Archäologie selten mit sicheren Aussagen zu tun haben, daß hier nur mit Modellen und Wahrscheinlichkeiten gearbeitet werden kann. Dennoch bleibt im Augenblick die Datierung des Grabes die größte Anfrage hinsichtlich der Echtheit des Ortes als ganzem. Natürlich ist es möglich, daß das Grab des Josef von Arimathäa seinen eigenen Stil besaß, den anderen Gräbern seiner Zeit unähnlich – vielleicht auch deswegen, weil es nie wirklich vollendet worden ist. Aber dann bleiben immer noch die Schnittspuren, die auf eine frühere Epoche hinweisen. Es ist auch möglich, daß das Grab des Josef in der Tat viele Jahrhunderte vorher ausgehauen wurde, daß es für ihn »neu« nur in dem Sinne war, daß er es erst vor kurzen erworben hatte. Doch dies scheint dem Sinn der Evangelien zuwiderzulaufen, die von einem »neuen Grab« sprechen, »in dem noch niemand bestattet worden war« (Joh 19,41).

Trotzdem könnte dies – eine interessante Möglichkeit – eine falsche Übersetzung des Johannestextes sein. Es gibt nämlich eine Variante in der griechischen Handschriftenüberlieferung, die das Wort *kainon* (»neu«) durch das Wort *kenon* (»leer«) ersetzt. Wenn man diese Lesart annimmt (obgleich sie beträchtlich weniger gut bezeugt ist), dann will uns Johannes nicht über das Alter des Grabes unterrichten, sondern darüber, daß es leer war. In diesem Fall müßten diejenigen, die das Grab zu identifizieren versuchen, in das Jesus gelegt worden ist, nicht notwendigerweise ein Grab des ersten Jahrhunderts suchen! Jedes Grab, das zur Zeit Jesu existierte, würde in Frage kommen, das Gartengrab eingeschlossen.

So hat also die Annahme der Echtheit des Gartengrabes seine Stärken und Schwächen. Dasselbe gilt auch, wie wir jetzt sehen werden, für die Grabeskirche.

DIE GRABESKIRCHE

Das stärkste Argument zugunsten der Grabeskirche ist schon immer ihr Verweis auf die antike Überlieferung gewesen. Die Argumentation lautet folgendermaßen: Die heutige Kirche stammt überwiegend aus der Kreuzfahrerzeit und wurde über der vormaligen konstantinischen Basilika erbaut. Und die Kirche Konstantins ist über dem Ort der Kreuzigung Jesu gebaut worden, da seine Ratgeber im vierten Jahrhundert einer vertrauenswürdigen, lokalen Überlieferung folgten.

Überlieferung oder Legende?

Spricht diese Überlieferung nun eher für oder gegen die Grabeskirche als Ort des Grabes Jesu? Gegen Ende des vierten Jahrhunderts waren verschiedene Legenden darüber im Umlauf, wie Königin Helena in Zusammenarbeit mit Bischof Macarius von Jerusalem das »wahre Kreuz« entdeckt hat. Bei allen Unterschieden besagt ihr gemeinsamer Kern, daß die drei Kreuze während der Ausgrabungen des Jahres 325 gefunden wurden und daß das »wahre« durch als Wunder gedeutete Vorfälle entdeckt wurde. Nach 400 wurde die Geschichte dieses Wunders zunehmend als Bestätigung für die Echtheit des gesamten Ortes benutzt. Es überrascht nicht, daß heutige Christen gegenüber dieser Legende skeptisch sind.
Wir haben schon oben (Kapitel V, S. 102) gesehen, daß Eusebius von Cäsarea (unsere Hauptquelle für den gesamten Abschnitt) ebenfalls skeptisch war. Er erwähnt Helena nicht ein einziges Mal im Zusammenhang mit der Grabeskirche. Und er spricht, auch wenn es deutliche Hinweise dafür gibt, daß er darüber informiert war, niemals von dem »Holz des Kreuzes«; ganz sicher deswegen, weil er an dessen Authentizität zweifelte. Eusebius bewahrte sich eine kritische Einstellung!
Das bedeutet, daß wir gut daran tun, ihn ernst zu nehmen, wenn er so positiv über das Heilige Grab spricht. Es werden gute Beweise vorgelegen haben, welche seine Identifikation mit dem Grab Jesu stützten. Zumindest mußte es mit den Berichten der Evangelien zusammenpassen. Natürlich bestand ähnlich wie 1880 bei der Entdeckung des Gartengrabes, so auch im Jahr 325 die Gefahr, daß die Begeisterung die Menschen zu falschen Schlußfolgerungen verleitete. Aber in beiden Fällen dürfen wir voller Nachsicht annehmen, daß diejenigen, die die jeweiligen Gräber entdeckten, nicht zu Leichtgläubigkeit neigten.
Ein Teil der Begeisterung des Eusebius resultiert ohne Zweifel aus der Aufregung, daß *überhaupt etwas* gefunden wurde (siehe Kapi-

tel V, S. 98). Nach etwas zu suchen, das 300 Jahre lang nicht zu sehen war, ist immer ein riskantes Abenteuer. So können wir uns ihre Erregung und auch ihre Erleichterung gut vorstellen, als sie nicht nur ein Grab, sondern mehrere fanden. Die Überlieferung, der sie gefolgt waren, schien also eine gute gewesen zu sein.

Aber folgten sie einer Überlieferung? Einige haben die Vermutung geäußert, daß Konstantin und die Jerusalemer Christen den Ort aus ganz anderen Gründen auswählten. Vielleicht wollten sie nur den »Schandfleck« dieses heidnischen Tempels aus der Mitte Jerusalems entfernen. Oder sie wollten den hochgelegenen Ort in der Nähe des Stadtzentrums in Besitz nehmen, der den zerstörten jüdischen Tempel überragte. War dies nicht der ideale Platz für eine repräsentative Kirche?

Dies alles mag eine Rolle gespielt haben. Aber hätte Konstantin so ohne weiteres das Gesuch des Macarius erfüllt, wenn ihm nicht gute Gründe vorgelegt worden wären, daß es sich um den wahren Ort handelte? Immerhin bat ihn Macarius um finanzielle Unterstützung und darum, den Tempel zu zerstören, den sein verehrter Vorgänger Hadrian hatte bauen lassen. Zudem war Jesus *außerhalb* der Stadt getötet worden. Der Ort, den Macarius vorschlug, mußte ihm absurd erscheinen! Er war so weit in der Stadt gelegen, da Hadrian sie neu angelegt hatte. Wer diesen Vorschlag vorbrachte, mußte auf eine wirklich zuverlässige Überlieferung verweisen können, die eine solche Unregelmäßigkeit erklären konnte. Schließlich konnten sie auch nicht auf die Möglichkeiten der modernen Archäologie zurückgreifen, um ihre Sicht der Dinge beweisen zu helfen. Offensichtlich überzeugte Macarius Konstantin davon, daß es eine starke Überlieferung *gab*. Dies war der Ort, so versicherte er ihm, der in der Erinnerung der Christen in Jerusalem bewahrt worden war.

Drei frühe Hinweise

Es gibt einige Hinweise dafür, daß eine solche Überlieferung existiert hatte. Erstens spricht Melito von Sardes, der Jerusalem um das Jahr 170 n.Chr. besuchte, an drei Stellen seiner *Paschahomilie* davon, daß Jesus »in der Mitte der Stadt« gekreuzigt worden war. Dabei sagt er ebenfalls, daß Jesus in der Mitte der *plateia* gekreuzigt wurde, ein Wort das auch mit »Platz« übersetzt werden könnte.[18]

Spiegeln diese seltsamen Aussagen, die der Evangelienüberlieferung klar widersprechen, seine Reiseerfahrungen in Palästina wider? Hatten ihm seine Führer den wahrscheinlichen Ort der Kreuzigung gezeigt – der nun im Herzen von Aelia Capitolina und unter dem Forum und Tempelgelände Hadrians lag? Wenn dies zutrifft, würde dies beweisen, daß die traditionelle Identifizierung seit der zweiten Hälfte des zweiten Jahrhunderts gut abgesichert ist.

Die Christen zur Zeit des Eusebius waren der Überzeugung, daß diese Identifizierung schon früher allgemein bekannt war – seit 130 n.Chr. Sie vermuteten, daß der Bau Hadrians an diesem Ort im Jahr 135 ein Akt antichristlicher Haltung war – die unfreundliche Antwort des Kaisers auf diese christliche Überlieferung. Wahrscheinlich war dies nicht der Fall (siehe Kapitel V, S. 105). Hadrian wählte den Ort aus ganz anderen Gründen. Daher kann dies auch nicht als Argument herangezogen werden. Aber in den Schriften des Eusebius findet sich etwas anderes, das möglicherweise das hohe Alter dieser Überlieferung belegt.

Eusebius erzählt davon, daß eine stattliche Zahl von Christen vor 325 nach Jerusalem kam, um die Schauplätze der Evangelien aufzusuchen, aber die beiden Hauptorte auf ihrer Reise waren Betlehem und der Ölberg (siehe S. 92). Sie gedachten der Geburt Jesu, seiner Endzeit-Rede und seiner Himmelfahrt. Aber warum schloß ihre Reiseroute nicht das wichtigste Ereignis mit ein: den Ort der Kreuzigung und Auferstehung? Wenn man ihr naheliegendes Interesse an diesem Ort voraussetzt, kann man sich beinahe vorstellen, daß die Führer schon einen geeigneten Ort für sie ausgesucht hätten! Die Tatsache, daß kein Ort besucht wurde, läßt vermuten, daß es eine starke Überlieferung gab, die die Ereignisse an einem Ort ansiedelte, der zu der Zeit nicht zugänglich war. Wenn es allgemein bekannt war, daß über dem Grab der Venustempel stand, dann erklärt es sich leicht, warum niemand daran dachte, es zu besuchen – und auch warum niemand einen anderen, leichter zugänglichen Ort »erfand«! Statt dessen hält Eusebius schlicht fest, daß Golgota »in Aelia im Norden des Zionsberges gezeigt« wurde.[19] Die allgemeine Lokalisierung war in der Erinnerung bewahrt, doch es gab nichts zu *besuchen* (siehe Kapitel V, S. 92).[20]

In den letzten Jahren wurde manchmal ein dritter Punkt in die Debatte eingeführt. 1971 wurde ein Stein unter der armenischen

DIE ZWEI ALTERNATIVEN ORTE

Foto 18 (oben): Luftaufnahme (1998, von Nordwesten aus gesehen), die sowohl das Gartengrabgelände (unten links) als auch die grauen Kuppeln der Grabeskirche (Mitte rechts) zeigt.

Foto 19 (unten): Jerusalem 44–70 n.Chr. (im Modell des Holy Land-Hotels, von Südwesten aus gesehen). Es zeigt eine Variante, wie die beiden Orte durch die »dritte Mauer« innerhalb der Stadt gelegen kamen. Das traditionelle Golgota ist dargestellt als ein Haufen unbehauener Felsen (Mitte rechts) außerhalb des Gartentores. Der Felsen des »Schädel-Hügels« (oben links) liegt außerhalb des Damaskustores.

DIE GRABESKIRCHE

Foto 20: Der Verlauf der Hauptstraße (Cardo Maximus, heute der Souk), von Mitte links nach rechts unten. Die konstantinische Basilika erstreckte sich von hier bis zur großen Rotunde. Der Wiederaufbau der Kirche durch die Kreuzfahrer (mit der kleineren Kuppel) betraf nur das westliche Drittel der Fläche. Man erkennt vor der jetzigen Grabeskirche das äthiopische Kloster auf dem Dach der Kirchenkrypta. Links ist der Turm der lutherischen Erlöserkirche (1898) zu sehen und zwischen ihnen die Ausgrabungsfläche, die der russischen Kirche gehört.

Foto 21 (kleines Bild): Die Edicula, die 1810 von Kommenos von Mytilene über dem traditionellen Grab Jesu gebaut wurde.

Foto 22 (gegenüberliegende Seite oben): Die Stollengräber auf der Südseite der syrischen Kapelle. Sie wurden im 4. Jahrhundert ausgegraben, als die runde Mauer der Rotunde (gerade noch auf der Linken zu erkennen) gebaut wurde.

Foto 23 (gegenüberliegende Seite unten): Die geräumige Rotunde am Ende des 17. Jahrhunderts (de Bruyn). Die Edicula (wie sie von Bonifaz von Ragusa im Jahr 1555 rekonstruiert worden war) sah vor dem Feuer im Jahr 1808 deutlich anders aus.

DAS GEBIET DES GARTENGRABES IM SPÄTEN 19. JAHR-
HUNDERT

Foto 24 (oben): Die nördlichen Mauern der Altstadt vom »Schädel-Hügel« aus
gesehen (ca. 1887). Man erkennt das Damaskustor (rechts). Das Gebäude im
Vordergrund rechts befindet sich noch südlich der Gartengrabfläche.

Foto 25 (unten): Das Gelände des Gartengrabs vom »Schädel-Hügel« aus gesehen (ca. 1900); das Foto wurde wahrscheinlich von Peder Beckholdt, der von
1896 bis 1912 Verwalter war, aufgenommen und zeigt die Mauern, die er rings
um das Gelände errichtet hat.

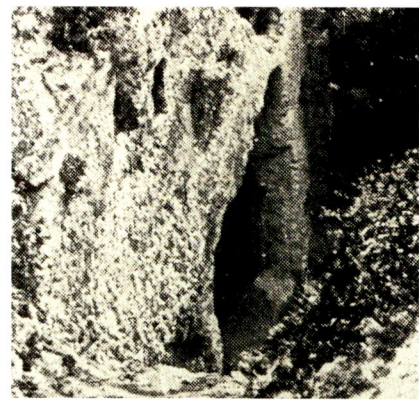

Foto 26 (oben): Das Gartengrab unmittelbar nach seiner Entdeckung im Jahr 1867

Foto 27 (Mitte): Das Gartengrab heute

Foto 28 (unten): Der innere Raum mit den drei Bankbogengräbern; das größte, an der Nordwand, scheint eine abgeschrägte Kopfstütze und einen extra für die Füße ausgehauenen Teil zu haben.

RUND UM DAS GELÄNDE DES GARTENGRABES

Foto 29 (großes Bild): Die große Zisterne in der Nähe des Grabes (1977).

Foto 30 (kleines Bild oben): Eines der beiden Kreuzfahrer-Kreuze, das auf der unteren Seitenwand der Zisterne eingeritzt ist.

Foto 31 (kleines Bild Mitte): Der Anker/Das Kreuz im Felsgestein außerhalb des Grabes, vermutlich von byzantinischen Christen gemeißelt.

Foto 32 (kleines Bild unten): Die antike Weinpresse, die vermuten läßt, daß das Areal landwirtschaftlich genutzt wurde.

Foto 33 (oben): Zwei Frauen im Innern des Grabes (ca. 1890). Die vertikale Steinplatte wurde bald entfernt, aber die Rinne ist noch deutlich zu sehen.

Foto 34 (links): Der kleine »Venus-Stein«, der im Jahr 1923 von Charlotte Hussey vor dem Grab entdeckt wurde.

Foto 35 (unten): Einige Fundstücke, von denen man annahm, daß sie von Peder Beckholdt im Jahr 1904 vor dem Grab gefunden worden waren, die aber (nach Hanauer) während des Ersten Weltkriegs verlorengingen.

DIE ALTSTADT HEUTE

Foto 36: Eine Luftansicht, die zeigt, wie der Straßenverlauf aus der Zeit Hadrians (135 n.Chr.) bis heute erhalten geblieben ist (vgl. Abbildung 17). Das Gelände des Gartengrabes liegt außerhalb der nördlichen Stadtmauern (oben Mitte); die Grabeskirche liegt innerhalb der Altstadt (Mitte links).

Foto 37 (kleines Bild): Vor dem Damaskustor aufgenommen; es zeigt, wie die graue Kuppel der Grabeskirche etwas höher liegt als die goldene Kuppel des Felsendomes.

»Krypta der hl. Helena« (innerhalb der Grabeskirche) gefunden, auf dem ein großes Graffito eines Bootes zu sehen ist (siehe Abbildung 34). Unter dem Boot stehen Schriftzeichen, die als »DOMINE IVIMUS« (lateinisch für »Herr, wir sind gekommen«) entziffert wurden – geschrieben von frommen christlichen Pilgern? Die vielleicht auf die Worte von Ps 122,2 anspielen und ihren Besuch in Jerusalem und an diesem heiligen Ort dokumentieren wollten?

Dies ist eine interessante Möglichkeit. Der Stein ist heute Teil der Grundmauern. Als solcher war er nur zu dem Zeitpunkt zugänglich, als die Fundamente für eine kurze Zeit offen lagen – entweder 135 n.Chr. oder 325. Haben die Pilger damals ihre Zeichen hinterlassen? War der Ort Ziel einer Pilgerfahrt zu einem solch frühen Datum?

Gegen diese Deutung sind größere Einwände erhoben worden. Die Buchstaben wurden ganz anders entziffert (»D.D. NOMINUS«), andere vermuten, daß sie seit ihrer ersten Entdeckung leicht verändert wurden.[21] Es wird heute in der Tat für wahrscheinlich gehalten, daß sich das Graffito bereits auf dem Stein befand, als dieser von einem anderen Ort zu Bauzwecken hierher gebracht wurde. Auf diese Weise würde er die Argumentation für eine frühe Überlieferung nicht stützen können.

Abbildung 34: Nachzeichnung des Boot-Graffito, das 1971 unterhalb des Heiligen Grabes gefunden wurde.

Zurück in das erste Jahrhundert?

Unsere Argumente haben uns jedoch nur in das zweite Jahrhundert geführt. Diejenigen, die an die Authentizität des Ortes glauben, müssen voraussetzen, daß es eine durchgehende Überlieferung von der Zeit Jesu bis in die Zeit Melitos gegeben hat.

Andere halten dies für unwahrscheinlich. Schließlich flohen die Judenchristen während des ersten jüdischen Aufstands (66–70 n.Chr.) aus der Stadt, und Heidenchristen traten an ihre Stelle im Gefolge des zweiten jüdischen Aufstands (135 n.Chr.). Würde die Überlieferung diese Umwälzungen wirklich unbeschadet überstanden haben? Und was, wo doch die erste Generation der Christen nicht viel Aufhebens um das Grab machte? »Die frühe Kirche machte Geschichte, aber sie schrieb sie nicht«, kommentiert White; »ihnen ging es nicht um die Bekanntmachung eines Grabes; sie verkündeten einen auferstandenen Herrn.«[22] Wenn dem so ist, könnte der Ort des Grabes bereits im ersten Jahrhundert in Vergessenheit geraten sein. Doch ist dies eher unwahrscheinlich, in Anbetracht des allgemeinen jüdischen Interesses an den Gräbern ihrer Propheten und auch der Verweise auf das leere Grab in den Evangelien selbst (die wahrscheinlich kurz vor und nach dem Fall Jerusalems im Jahr 70 n.Chr. verfaßt wurden).

Wenn allerdings die Überlieferung nicht durchgehend war, dann ist die Überlieferung des zweiten Jahrhunderts relativ wertlos. Es könnte dann durchaus so argumentiert werden, daß die Christen im Jerusalem des zweiten Jahrhunderts einfach einen besonderen Ort »erfanden«, um die Lücke zu füllen. Dann hätten wir zwar unleugbar eine alte Überlieferung, jedoch eine, die uns nicht weit genug zurückführt.

Unter denen, die die Wurzeln der Überlieferung im ersten Jahrhundert sehen, gibt es natürlich solche, die noch einen Schritt weitergehen und behaupten, daß das Heilige Grab und das »traditionelle Golgota« in jeder Hinsicht die wahren Orte seien. Andere, die von der Echtheit der Lage im allgemeinen ausgehen, stellen die präzise Lokalisierung in Frage. So könnte das echte Grab auch 30 m weiter südlich gelegen haben, in einem Abschnitt, den die Ausgräber in der konstantinischen Zeit nicht beachteten; oder das Heilige Grab echt sein, nicht aber Golgota.

Gibt es irgendeinen archäologischen Hinweis, der uns weiterhelfen kann?

Jüngere Archäologie

Die Restaurierungsarbeiten an der Grabeskirche in den letzten 30 Jahren haben bestätigt, daß dieser Bereich ein ungenutzter Steinbruch war (wie derjenige unterhalb des »Schädel-Hügels«) und daß der Felsen von »Golgota« ein brüchiges Felsenstück war, das stehengelassen wurde. Es fanden sich auch Spuren von roter Erde, was bei landwirtschaftlich genutzten Flächen in der Nähe von Kalksteinfelsen häufig zu finden ist, weswegen auch angenommen wurde, daß diese Gegend im ersten Jahrhundert ein Garten war, in dem Weinreben, Feigen, Johannisbrot- und Olivenbäume standen.[23] Allerdings liegen keine botanischen Funde vor, die diese Schlußfolgerung stützen. Bedeutsamer ist vielleicht die Tatsache, daß das naheliegende Tor als »Gennath«- oder »Garten«-Tor bekannt war, was vermuten läßt, daß die Gegend auf die eine oder andere Weise mit Vegetation bedeckt war.[24] Es ist, allgemein gesprochen, während dieser archäologischen Ausgrabungen nichts gefunden worden, was die Glaubwürdigkeit des Ortes in Frage stellen würde.

Archäologische Arbeiten am Grab selbst sind natürlich schwierig. Die Umgebung des ursprünglichen Grabes ist durch die Bauleute Konstantins abgetragen worden; und der Großteil der Überreste des Grabes ist im Jahr 1009 auf Befehl des Kalifen Hakim zerstört worden. Trotzdem lassen photogrammetrische Versuche der jüngeren Zeit vermuten, daß mehr von dem ursprünglichen Felsen übriggeblieben ist als bisher angenommen. Nach dem verheerenden Feuer von 1808 und bevor die Edikula gebaut wurde war noch etliches von dem ursprünglichen Felsen auf der Nord- und der Südseite sichtbar. Auch wenn in Zukunft eine detailliertere Untersuchung möglich sein sollte, ist es sehr unwahrscheinlich, daß sie entscheidende Beweise für die Echtheit des Grabes erbringen wird.

Wichtige Hinweise bezüglich der Echtheit erhalten wir allerdings von den Gräbern, die nur 10 m westlich liegen (siehe Kapitel V, S. 99 und Foto 22). Es gilt allgemein als erwiesen, daß diese Stollengräber in Palästina nur in der Zeit von 100 v.Chr. bis 100 n.Chr. in Gebrauch waren. Wenn das zutrifft, besagt es, daß diese Gegend innerhalb dieses Zeitraumes außerhalb der Stadtmauern lag. (Es gibt noch zwei weitere Gräber in der Nähe: eines unter dem koptischen Kloster, das andere unter dem Eingangshof.) Das ist ein wichtiger Beweis für die Echtheit des Ortes im allgemeinen. Es ist aber auch möglich, daß diese Gräber nur während der *frühesten* Jahre dieses Zeitraumes außerhalb der Mauern lagen und dann in die Stadt einbezogen wurden, als man die »zweite« Mauer wenige Jahre vor der Regierung Herodes' des Großen baute. Dennoch haben wir keinen sicheren archäologischen Beweis dafür, daß dieser Ort zur Zeit Jesu außerhalb der Stadtmauern lag. Die Existenz dieser Gräber macht dies sehr wahrscheinlich, sicher ist er nicht.

Einige Fragen: der Verlauf der »zweiten« Mauer

Das größte Fragezeichen hinter der Grabeskirche bleibt das dornige Thema, ob sie zur Zeit Jesu außerhalb der Stadtmauern gelegen hat oder nicht. Die Stollengräber sind ein wichtiger Hinweis. Auch ist das Jerusalem der Zeit Jesu wahrscheinlich kleiner gewesen, als man bisher dachte (siehe S. 147).

Auf den heutigen Karten vom Jerusalem der Zeit Jesu wird die zweite Mauer gewöhnlich als im Bereich des Gennath-Tores im 90°-Winkel aus der ersten Mauer herauskommend gezeichnet (etwa 35 m südöstlich von Golgota). Sie verläuft dann in nördlicher Richtung (und läßt dabei Golgota 15 m westlich liegen), bevor sie nach Osten in Richtung des heutigen Damaskustores abzweigt (siehe Abbildung 35, S. 165).

Diese Rekonstruktion mag zutreffen, doch bis zum heutigen Tag konnte noch kein Abschnitt der »zweiten« Mauer mit Sicherheit identifiziert werden. Auch die Existenz und Lage des Gennath-Tores kann nicht sicher festgelegt werden – weil die Archäologen zuwenig Zeit hatten, bevor die Bauarbeiter ihre Arbeiten begannen.[25]

Die Rekonstruktion stützt sich hauptsächlich auf eine Deutung der Beschreibung der Mauern durch Flavius Josephus in seiner »Geschichte des jüdischen Krieges«. »Die zweite Mauer begann bei dem Tor Gennath, das noch zur ersten Mauer gehörte, umzog den nördlichen Bezirk der Stadt und erstreckte sich bis zur Antonia.«[26] Gegen diese Rekonstruktion der »zweiten« Mauer wird eine Reihe von Gründen vorgebracht. Zum einen, daß das Wort »umzog«, das Fla-

164

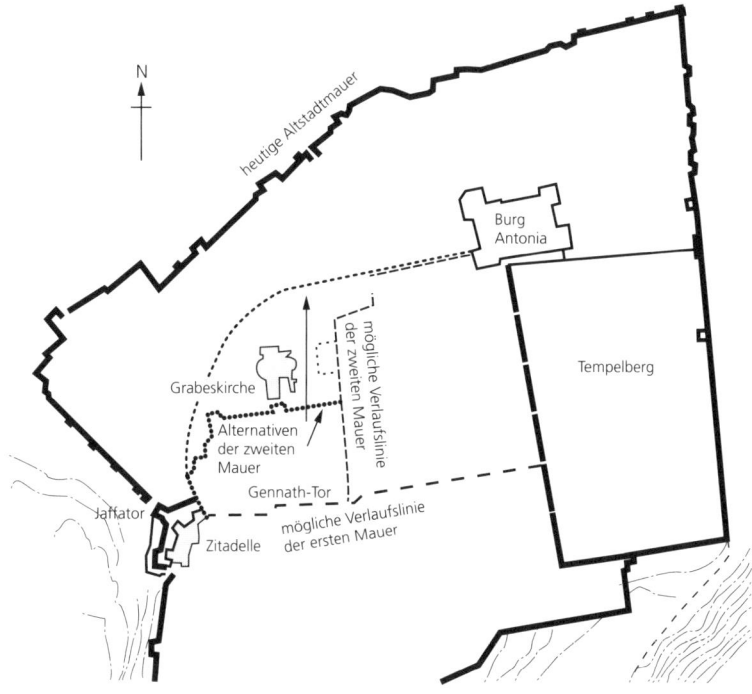

N
↑

heutige Altstadtmauer

Burg
Antonia

Tempelberg

Grabeskirche

mögliche Verlaufslinie
der zweiten Mauer

Alternativen
der zweiten
Mauer

Gennath-Tor

Jaffator

Zitadelle

mögliche Verlaufslinie
der ersten Mauer

*Abbildung 35: Neuere alternative Vorschläge bezüglich der Verlaufslinien
der »zweiten« Mauer Jerusalems (nach Kenyon [1974], 233).*

vius Josephus verwendet, nicht so recht mit dem mehr zerklüfteten
Aussehen zusammenpaßt, das normalerweise angenommen wird.
Andere fragen sich, ob dies unter verteidigungsstrategischen Gesichtspunkten ein sinnvoller Verlauf der Mauer gewesen sei.[27] Jerusalem war immer von Norden her am verwundbarsten. Diese Rekonstruktion läßt die höher gelegene Fläche (die des heutigen christlichen Viertels) außerhalb der Mauer – und gibt dem Feind einen po-
tentiellen Vorteil. Es würde nicht überraschen, wenn Herodes Agrippa mit dem Bau der »dritten« Mauer sicherstellen wollte, daß diese
Fläche in die Stadt integriert wurde.

Der so vermutete Verlauf der »zweiten« Mauer wird auch aus de-
mographischen Gründen in Frage gestellt. Die Schätzungen der Be-
völkerungszahl Jerusalems zur Zeit Jesu bewegen sich zwischen

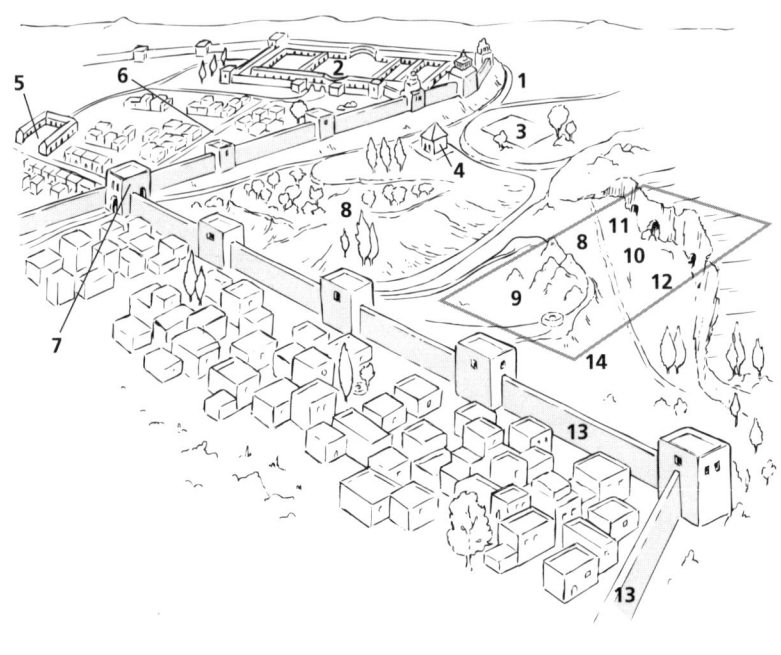

Abbildung 36: Gegend des traditionellen Golgota, wie es (nach Pixner) zur Zeit Jesu ausgesehen haben könnte. Der Blick erfolgt aus Nordosten und nimmt an, daß die »zweite« Mauer unregelmäßig verlief.

30 000 und 120 000.[28] Reichte die von der Mauer eingeschlossene Fläche, besonders im Hinblick auf die Arbeiter, die für den Bau des Tempels in die Stadt geholt wurden? Und auch wenn die »zweite« Mauer so verlief, so zeigt die Tatsache, daß Agrippa schon kurz nach der Kreuzigung Jesu die Stadt in Richtung Nordwesten erweiterte, daß es ein Überbevölkerungsproblem gab, wie auch Flavius Josephus ausdrücklich anmerkt.[29] Würden nicht in einem solchen Fall Teile

der Bevölkerung damit beginnen, sich außerhalb der Stadt anzusiedeln? Wenn das zutrifft, müßte der Ort, wo Golgota herkömmlicherweise vermutet wird, von neuen Wohngebieten umgeben gewesen sein. Wäre dies dann aber ein geeigneter Ort für eine Hinrichtungsstätte gewesen?

Dennoch lassen in jüngerer Zeit in der Nähe der Grabeskirche durchgeführte archäologische Grabungen vermuten, daß die Gegend in der Tat außerhalb der Stadtmauern lag.[30] Dabei wurden keine Hinweise darauf gefunden, daß die Gegend in der Zeit Jesu bewohnt war; d.h. sogar während des ganzen Zeitraums vom 2. Jahrhundert v.Chr. bis 135 n.Chr. Zu diesem späteren Zeitpunkt wurde allerdings eine Menge Erde und anderes Material herbeigeschafft, um die Fläche »aufzufüllen«. Dies würde dem entsprechen, was wir im Zusammenhang mit den Bauten Hadrians in diesem Areal wissen.

Wie beim Gartengrab, gibt es aber auch bei der Grabeskirche Stärken und Schwächen. Für sie spricht eine sehr alte Überlieferung, die mit Sicherheit in das zweite Jahrhundert zurückgeht. Aber ist dies weit genug? Die neueren Grabungen legen nahe, daß dieses Gebiet zur Zeit Jesu außerhalb der Mauern lag. Dies bestätigen auch die in der Nähe befindlichen Stollengräber. Doch der exakte Verlauf der »zweiten« Mauer ist nicht endgültig geklärt. Vor allem aber können wir nicht mit Sicherheit wissen, ob die Grabungen des vierten Jahrhunderts das richtige Grab und den richtigen Felsen identifizierten. Viele sind überzeugt davon. Andere sind sich nicht so sicher. Eusebius hat, wie wir gesehen haben, den Felsen niemals mit Golgota identifiziert. So vertreten einige Forscher, obgleich sie für die Echtheit des Heiligen Grabes eintreten, die Meinung, daß Golgota anderswo lag – vielleicht weiter südlich in Richtung Gennath-Tor.[31] Welche Schlußfolgerung man auch immer zieht, letztlich geht es um das Abwägen einer Reihe von Wahrscheinlichkeiten.

Schlußfolgerung

Die Debatte geht weiter! Ich hoffe, daß die obige Darstellung einen ausreichenden Überblick über die Argumente verschafft hat, damit jeder zu seinen eigenen Schlußfolgerungen kommen kann. Einige werden den Schwerpunkt eher auf die Überlieferung legen, andere auf die verschiedenen archäologischen Befunde. Einige werden völlig von ihrer Position überzeugt sein, andere werden unschlüssig bleiben oder vorziehen, die Frage offenzuhalten.

Andere werden zu der Schlußfolgerung kommen, daß diese Frage niemals mit Sicherheit beantwortet werden wird und daß dies wirklich nichts ausmacht. Was wichtig ist, ist nicht so sehr *der Ort, wo* diese Ereignisse stattfanden, sondern *die Tatsache, daß* sie stattfanden.

Aus dieser Perspektive wurde dieses Buch geschrieben. Es wurden verschiedene Argumente vorgestellt, und einige von ihnen wiegen schwerer als andere. Doch letzten Endes ist es wichtig, die Auferstehung *selbst* als Ereignis der Geschichte herauszuheben, nicht so sehr ihre präzise Lokalisierung. Einfach ausgedrückt: Geschichte ist wichtiger als Geographie. In der Moderne ist dieser geschichtliche Aspekt der Auferstehung Jesu häufig bestritten worden. *Dies* ist aber das Thema, bei dem wir einen festen Standpunkt brauchen! Wir können die Frage nach dem Verbleib des Ostergartens offenlassen. Aber wenn die Auferstehung selbst eine Fabel ist und wenn »Christus nicht auferweckt worden« ist, dann, so sagt Paulus, »ist euer Glaube sinnlos« (1 Kor 15,14). Keine Auferstehung, kein Christentum!

So sind die Christen zu Bestimmtheit aufgerufen, wenn es um die Frage der Auferstehung als einem historischen Ereignis geht. Hat Gott Jesus aus dem Grab auferweckt? Antwort: Ja! Was aber die genaue Lokalisierung angeht, können wir mit Unsicherheiten leben.

Auch im Neuen Testament ist ganz eindeutig der *Person* Jesu die größere Priorität vor irgendwelchen *Schauplätzen* eingeräumt. Jesus rät der samaritanischen Frau, sich weniger mit der Frage des Ortes zu beschäftigen als vielmehr damit, »Gott im Geist und in der Wahrheit anzubeten« (Joh 4,18–24). Und den Frauen an jenem ersten Ostermorgen wird ungeachtet der Einladung »Kommt her und seht euch die Stelle an« klar mitgeteilt, daß dieser Jesus »nicht hier ist, denn er ist auferstanden!« (Mt 28,6). Sie gehen von diesem Ort weg mit einer lebensverändernden Botschaft für ihre Freunde und in der Tat für die ganze Welt.

Teil 3

Die Bedeutung

»Jesus sagte: Ich bin der Weg und die Wahrheit und das Leben.«

(Joh 14,6)

VIII. Wahrheit für die Welt

Die Auferstehung im Neuen Testament

In Teil 1 haben wir die *Geschichte* des ersten »Osterwochenendes« verfolgt – was geschah damals? In Teil 2 schauten wir auf die Debatte über die *Orte* dieser Ereignisse – wo geschah es? Aber das Ganze wäre unvollständig, wenn wir nicht auch die *Bedeutung* dieser Geschehnisse für uns selbst und für die Welt betrachten würden. Für die Jünger hatte es unmittelbare Konsequenzen: Mitten in die Freude und die Erregung des ersten Osterabends, als sie plötzlich mit Jesus zusammen waren, wird ihnen eine feierliche Aufgabe übertragen: »Wie mich der Vater gesandt hat«, sagte Jesus, »so sende ich euch« (Joh 20,21). Jesus gestattete ihnen nicht, diese guten Nachrichten für sich zu behalten. Nein, sie waren für die Welt draußen bestimmt – eine Welt, die so lange nichts davon mitbekommen würde, so lange jene wenigen verängstigten Jünger in dem Obergemach in Jerusalem sich dafür entschieden, sich still zu verhalten. In jenem Augenblick müssen die Jünger begriffen haben, daß sie niemals wieder die gleichen sein würden. Jesus war ihnen erschienen, um ihnen die furchteinflößende Verantwortung zu übertragen, das, was er in Jerusalem getan hatte, in der ganzen Welt bekannt zu machen. Die Auferstehung veränderte ihr Leben für immer. Sie kann genau das gleiche auch heute bewirken.

Was auf den Kopf gestellt wurde, waren nicht nur ihr Lebensstil (ein Leben, das jetzt der Verkündigung dieser Botschaft verpflichtet war), sondern auch ihre Überzeugungen. Alles, was sie früher gedacht hatten, mußte sich auflösen und um dieses einzigartige und unerwartete Ereignis neu gestaltet werden. Oder, um ein anderes Bild zu benutzen, die Auferstehung löste tiefe Wellen der Erschütterung aus, welche unvermeidlicherweise jeden Bereich ihres Denkens erfaßte. Das Neue Testament ist das Ergebnis jener dramatischen Wellenbewegungen. Wir werden in diesem Kapitel die neutestamentlichen Schriften untersuchen, um aus ihnen in dieser wichtigen Hinsicht zu lernen. Was ergab sich für die Apostel Jesu aus der Auferstehung? Daß ihr Denken auf den Kopf gestellt wurde. Dasselbe könnte uns passieren. Wenn wir aus ihren Schlußfolgerungen lernen, werden wir eine neue Weise des Verständnisses gewinnen, nicht nur im Blick auf Jesus, sondern auch im Blick auf Gott und seine Pläne für die Welt. Gleichzeitig ist die Auferstehung auch ein Ereignis, das wichtige Auswirkungen auf uns als Einzelpersonen hat. Das wird das Thema von Kapitel IX sein.

DIE RECHTFERTIGUNG JESU

Zunächst gab die Auferstehung den Jüngern ein neues Verständnis von Jesus selbst – wer er war und was zu tun er gekommen war. Um es vorsichtig auszudrücken: Wenn der Gott Israels entschieden hatte, diesen galiläischen Propheten vom Tode zu erwecken, dann bedeutete dies den Stempel der göttlichen Anerkennung. Während seines Wirkens hatte es Personen gegeben, die gegen Jesus und seine Sendung Widerstand geleistet hatten, aber nun war es ziemlich klar, daß Gott selbst anders dachte. Während der Kreuzigung hatte es so ausgesehen, als wäre Jesus völlig gescheitert. Jetzt war er vom Tode erweckt worden, er hatte göttliche Rechtfertigung erfahren.

Dies wirft ein gänzlich neues Licht auf die Sendung Jesu. Es führte die Jünger dazu, das Undenkbare zu denken, wer er wirklich war, und außerdem viel tiefer auf das Rätsel der Kreuzigung zu schauen. Wer war diese Person, die an einem römischen Kreuz gestorben war, und was genau hatte er dort bewirkt?

Die Bestätigung von Leben und Lehre Jesu

Wenn die Jünger auf die drei Jahre des Wirkens Jesu zurückblickten, dann war es offensichtlich, daß er einige überraschende Dinge gesagt und getan hatte, etwa was ein frommer Prophet tun und welche Art von Gesellschaft er haben sollte (Mk 2,16; Lk 7,39). Er hatte von sich behauptet, Menschen ihre Sünden zu vergeben (Mk 2,10). Er hatte sich von einigen Überlieferungen losgesagt, die die Einhaltung des Sabbats und die Reinheit der Speisen betrafen (Mk 2,18–3,6; 7,1–23). In einigen Fällen schien er das Gesetz neu zu bestimmen, und in der Berufung der zwölf Jünger setzte er ein klares Zeichen der Wiederherstellung Israels. In seinen schwer faßbaren Worten über sich als »Menschensohn« (Mk 8,31 etc.) und leidender Knecht (Mk 10,45)

172

hatte er der Rolle des langersehnten Messias eine völlig neue Wendung gegeben.

Nun war dieser Jesus von den Toten erweckt worden. So sagte der Gott Israels tatsächlich »ja« zu all diesen schockierenden Handlungen und Ansprüchen. Auch wenn sie damals seine Worte nicht verstanden hatten, Jesus hatte seine Auferstehung von den Toten vorhergesagt (Mk 8,31; 9,9.31; 10,34). Die Auferstehung gab ihm recht. Er war Gottes wahrer Prophet.

Jesu prophetische Mahnung an Israel war, so wie Jona mit dem Gericht drohte, wenn es keine Umkehr gäbe, eine wirkliche Mahnung gewesen (Lk 13,5). Seine Deutung der Schriften, Ausdruck tiefer Loyalität wie radikaler Neubewertung (Lk 4,21), war eine wahre Deutung. Seine Wunder, die manche nur mit dem Hinweis auf Beelzebub erklären konnten, waren wirklich »durch den Finger Gottes« (Lk 11,20) geschehen. Und seine Lehre war bestätigt als eine, die von Gott selbst kam. Jesus hatte gesagt, daß »der Mensch von jedem Wort lebt, das aus dem Munde Gottes kommt« (Mt 4,4). Es überraschte nicht, daß die Jünger Jesu in ihrer Erinnerung nun jedes Wort aufbewahrten, das aus dem Munde *Jesu* hervorgekommen war.

Alle Einzelheiten des Wirkens Jesu, alles von dem, was er gesagt und getan hatte, wurde nun in einer neuen Weise im Lichte der Auferstehung gesehen – daß sie wirklich Worte und Taten Gottes selbst verkörperten.

Offenbarung der Identität Jesu

Doch nicht nur die Worte und Handlungen Jesu mußten von diesem neuen Standpunkt aus neu bewertet werden. Es betraf Jesus selbst! Wer genau war diese Person?

Offensichtlich war dies schon in den vorausgehenden drei Jahren ein heißes Thema gewesen (Mk 1,27; 2,12; Lk 7,16). So fragte auch Jesus selbst einmal seine Jünger nach deren eigener Meinung (Mk 8,27). Bei dieser Gelegenheit bezeichnete Petrus Jesus als »Messias«, was Jesus bestätigte. Aber sogleich machte er Petrus und den anderen Jüngern klar, daß sie in ihrem Denken noch weitergehen mußten: *Dieser* Messias würde nicht tun, was die politischen Aktivisten wünschten; vielmehr würde er in Jerusalem leiden und sterben (Mk 8,31). Jetzt, im Licht des Todes und der Auferstehung, war bestätigt worden, daß Jesus wirklich der Messias war – wenn auch ein ganz anderer als der, den man erwartet hatte. Petrus sagte in seiner ersten öffentlichen Rede zu diesem Thema, die Auferstehung offenbare, daß Gott Jesus »zum Herrn und Messias gemacht« habe (Apg 2,36). Das ist ungewöhnlicher, als es erscheint. Im allgemeinen Verständnis jener Zeit wurde vom Messias erwartet, daß er die politische Unabhängigkeit des jüdischen Volkes in seinem eigenen Land wiederherstellen, der heidnischen Herrschaft ein Ende bereiten, Frieden bringen, den Tempel aufbauen und seinen Gottesdienst reformieren würde. Offensichtlich hatte *dieser* Messias keine dieser Erwartungen erfüllt. Auf welcher Basis konnte Petrus (und schließlich die Schreiber des Neuen Testaments) diese kühne Aussage machen, daß Jesus trotz allem der jüdische Messias war?

Dieser Anspruch wäre nicht durchsetzbar gewesen ohne eine bestimmte Tatsache: die Auferstehung. Die vage gefühlsmäßige Vorstellung, daß der Geist Jesu irgendwie weiterlebte, wäre mit Sicherheit nicht ausreichend gewesen, diese radikal neue Sicht zu rechtfertigen. Jesu leibliche Auferstehung gab ihnen den Nachweis, den sie benötigten. Gott *hatte* Jesus gerechtfertigt. Er hatte dadurch Jesus als den wahren Messias bestätigt. Jesu neue Bestimmung dessen, was der Messias sei, mußte also wahr sein. Dann aber mußte man einen neuen Blick auf die Erwartungen an den Messias werfen und feststellen, daß Jesus, wenn auch in unerwarteter Weise, die messianischen »Aufgaben« erfüllt hatte.

Die Predigt des Petrus betrat auch dadurch aufsehenerregendes Neuland, daß er öffentlich erklärte, Gott habe durch die Auferstehung Jesus als »Herrn«, griechisch: *kyrios*, bestätigt. Dieses Wort bedeutet zunächst einmal schlicht »Meister« (Lk 5,5). Doch es kann auch eine viel weitreichendere Bedeutung annehmen (siehe Mk 11,3; Joh 20,28). Denn das gleiche Wort *kyrios* wird in der griechischen Übersetzung der Bibel (der Septuaginta) verwendet, um das hebräische Wort für Gott selbst zu übersetzen. Wenn die Schreiber des Neuen Testaments dieses Wort als Titel für Jesus verwendeten (allein in den Briefen begegnet es über 300mal), dann erhoben sie den aufsehenerregenden Anspruch, daß Jesus in geheimnisvoller Weise mit dem Gott Israels selbst identifiziert werden mußte.

Die Losung des jüdischen Glaubens war das *Schema* (»Höre Israel! Jahwe, unser Gott, Jahwe ist einzig« [Dtn 6,4]). Jetzt, 25 Jahre nach der Auferstehung, konnte ein »durch und durch« jüdischer Schreiber wie Saulus von Tarsus es wagen, statt dessen zu sagen: »So haben doch wir nur einen Gott, den Vater. ... Und einer ist der Herr, Jesus Christus« (1 Kor 8,6). Jesus war irgendwie in das Sein Gottes selbst hineingestellt worden! Wenig später zitiert er im gleichen Brief (1 Kor 16,22) den aramäischen Ruf *Maràna tha* (»Unser Herr, komm!«) – ein klarer Hinweis darauf, daß die ersten aramäisch sprechenden Gläubigen in Jerusalem und Galiläa Jesus als »Herrn« verstanden. So wagten also die Jünger Jesu seit den ersten Tagen für sich eine Losung zu übernehmen, die sich von der ihrer jüdischen Zeitgenossen ziemlich unterschied: »Jesus ist der Herr« (Röm 10,9; Phil 2,11).

Wenn man um den alttestamentlichen Nachhall dieses Wortes weiß, war dies ein außerordentlicher Schritt. Es war ebenso ein mutiger Schritt. Denn er würde natürlich Widerstand hervorrufen – nicht nur bei den gläubigen Juden, sondern auch bei den römischen Behörden, für die ganz klar war: Der Kaiser, nicht Jesus, ist der »Herr«.

Was veranlaßte die Jünger dazu? Nur eine Sache: die Auferstehung. Für Paulus rechtfertigt die Auferstehung die Verwendung noch eines anderen großen Titels für Jesus – nicht nur »Messias« und »Herr«, sondern auch »Sohn Gottes«. Jesus, so sagte er, ist »als Sohn Gottes eingesetzt ... durch die Auferstehung von den Toten« (Röm 1,4). Dies ist ein weiterer Titel, der im gesamten Neuen Testament für Jesus verwendet wird (über 50mal allein in den Briefen). Es war ein Titel, der in einem weiteren Sinn für das Volk Israel als Ganzes verwendet worden war (Hos 11,1). Nun wurde er für eine bestimmte Einzelperson verwendet mit der eindeutigen Absicht, ihr einen einzigartigen und endgültigen Status zuzuschreiben. Auch hier wurde behauptet, daß Jesus auf irgendeine Weise am Wesen Gottes selbst teilhatte.

Im großen und ganzen ging es den Schreibern des Neuen Testaments einfach darum, ihre aufsehenerregende Überzeugung zu verkünden; es blieb der christlichen Kirche der nächsten 400 Jahre überlassen, das, was alles damit verbunden war, zu enträtseln. Doch auch das war wiederum auf ein Ereignis gegründet: die Auferstehung. Jesus, so konnten sie jetzt erkennen, war immer schon »Sohn Gottes« gewesen, auch vor der Auferstehung – was er jetzt war, war er schon immer gewesen (vgl. Hebr 13,8). Doch es war die Auferstehung, die diese Wahrheit auf öffentliche Weise »bekannt machte«. Die Auferstehung war Gottes Weg, um der Welt zu offenbaren, was vorher nicht in Fülle klar gewesen war: Jesu einzigartige Identität. Als Thomas den auferstandenen Herrn sah, rief er das Undenkbare aus: »Mein *Herr* und mein *Gott!*« (Joh 20,28).

Deutung des Todes Jesu

Der Tod Jesu hatte alles so sinnlos gemacht. Große Hoffnungen waren geweckt worden, nur um zerschmettert zu werden auf dem grausamen Amboß der Geschichte. Das Leben Jesu, das so vielversprechend schien, hatte ein tragisches Ende gefunden. Durch den seltsamen Ablauf der Ereignisse, die zu ändern Jesus selbst scheinbar uninteressiert war, hatte der Festbesuch schrecklich geendet. Wie sollten sie jetzt das Fest feiern, wenn sie mit dem Tod ihres Meisters, der wie ein gewöhnlicher Krimineller an einem häßlichen römischen Kreuz geendet war, zurechtkommen mußten? Kein Wunder, daß die beiden Jünger, die Jerusalem in Richtung Emmaus verließen, sich schlecht fühlten und traurig aussahen, als sie ihren beschwerlichen Gang nach Hause antraten (Lk 24,17–24).
All dies wurde durch die Auferstehung verändert! Sie brachte ein Lächeln auf die Gesichter der Emmausjünger zurück und sandte sie nach Jerusalem zurück, um es ihren Freunden zu erzählen. Der Tod Jesu war wie ein grausiger Zufall der Geschichte erschienen. Im Licht der Auferstehung sah es völlig anders aus.
Die Autoren des Neuen Testaments deuten den Tod Jesu auf vielfache Weise: als ein Beispiel geduldigen Leidens, als ein siegreiches Ringen mit den Kräften des Bösen, als Opfer oder Sühne für die Sünden (siehe 1 Petr 2,21–24; Hebr 10; Röm 3,23–25; Kol 2,15). Durch all diese verschiedenen Sichtweisen zieht sich aber eine beständige Überzeugung – daß der Tod Jesu kein Zufall war, sondern göttlicher Absicht entsprang. Wie es Petrus in der Pfingstpredigt ausdrückte, war Jesus »nach Gottes beschlossenem Willen und Vorauswissen hingegeben« worden (Apg 2,23). Was verursachte diesen Blickwechsel? Was half ihnen, daß sie den Tod Jesu nicht als sinnlos ansahen, sondern als Schlüssel für Gottes liebende Absichten? Die Antwort lautet: die Auferstehung.
Die Auferstehung ist eine göttliche Bestätigung von allem, was Jesus durch seinen Tod zu erfüllen beabsichtigte. Er hatte davon gespro-

chen, »sein Leben hinzugeben als Lösegeld für viele« (Mk 10,45). Er hatte beim Letzten Abendmahl davon gesprochen, daß sein Leib gebrochen und sein Blut vergossen werde »zur Vergebung der Sünden« (Mt 26,28). In Getsemani hatte er angedeutet, daß er tatsächlich den »Becher« des Zornes Gottes trinken werde (Mk 14,36; vgl. Jes 51,17–22; Jer 25,15–28; Ps 75,8). Das sind geheimnisvolle Aussagen, die zu jener Zeit eher verwirrten. Die Auferstehung machte die Absichten Jesu und Gottes selbst viel klarer. Es bedeutete auch, daß Jesus in dem erfolgreich war, was er zu erreichen suchte.

Paulus schrieb den Christen in Korinth: »Wenn Christus aber nicht auferweckt worden ist ..., seid ihr immer noch in euren Sünden« (1 Kor 15,17). Keine Auferstehung, keine Vergebung. Alle nachfolgenden Bezugnahmen im Neuen Testament auf das göttliche Geschenk der Vergebung durch den Tod Jesu sind ohne die Auferstehung bedeutungslos. Auch wenn das Neue Testament manchmal nur auf den Tod Jesu schaut und nicht auf seine Auferstehung, so ist doch ohne Zweifel klar, daß die Schreiber die Auferstehung einfach als gegeben voraussetzen. Ohne sie war der Tod Jesu sinnlos.

Mit ihr jedoch konnte der Tod Jesu als wirksam angesehen werden. Sein »Blut« war für die »Vergebung der Sünden« vergossen worden (Eph 1,7). »Christus ist der Sünden wegen ein einziges Mal gestorben, der Gerechte für die Ungerechten, um euch zu Gott hinzuführen« (1 Petr 3,18). Jesus »hat uns den neuen und lebendigen Weg erschlossen« durch sein Opfer. Gläubige können in der Tat in Gottes Gegenwart treten »voller Gewißheit des Glaubens« (Hebr 10,20–22).

So offenbart die Auferstehung nicht nur die einzigartige Identität Jesu, sie bestätigt auch seine einzigartige Selbsthingabe. Sie rechtfertigt die Sendung seines Lebens, seine ganze Person, seine abschließende Tat. Die Auferstehung zwang die Jünger, sehr ernsthaft über Jesus nachzudenken (sie sollte das gleiche bei uns bewirken).

Die Rechtfertigung der Hoffnung

Die Auferstehung drängt uns dazu, sehr sorgfältig den zu betrachten, der auferweckt wurde. Darüber hinaus gibt sie einige Hinweise auf Gottes Absichten mit der Welt und über die Richtung, in die seine göttlichen Absichten sich bewegen. Die Auferstehung betrifft nicht nur die vergangene Geschichte, sondern auch die zukunftsbezogenen Hoffnungen.

Eine Verheißung an Israel

Die zwei Emmausjünger äußern freimütig: »Wir aber hatten *gehofft*, daß er der sei, der *Israel erlösen* werde« (Lk 24,21). Hinter dieser Äußerung stehen eine Reihe von Voraussetzungen, die der heutige Leser der Evangelien leicht überhört. Das jüdische Volk zur Zeit Jesu sehnte sich danach, daß Gott eines Tages handeln werde, um sein Volk, Israel, zu erretten.

Wir sind bereits auf einige der Hoffnungen eingegangen, die sich um die Erwartung des kommenden Messias rankten (siehe S. 174). Grundlage all dieser Hoffnungen waren die Verheißungen des Alten Testaments, daß Gott für sein Volk etwas Besseres im Sinn hatte. Sie hatten das Trauma des Exils erlebt, und obwohl sie in die Heimat zurückgekehrt waren, gab es noch immer ein tiefes Gespür für die Ängste des Exils – auch innerhalb ihres eigenen Landes (vgl. Neh 9,36). Das Volk Gottes spürte auch in den nachfolgenden Jahrhunderten die Spannung zwischen den Verheißungen der Schrift und der alltäglichen Wirklichkeit. Dies führte zur Entstehung von apokalyptischen Schriften, die in farbigen Bildern den Sieg des Volkes Gottes und die Erfüllung seiner Verheißungen bekanntmachten. Wann aber würde Gott kommen und all dies bewirken? Es führte auch zum Aufstand des jüdischen Volkes gegen die griechische Vorherrschaft in der Zeit der Makkabäer (167 v.Chr.). Diese politische Aktion macht deutlich, daß Israels »Hoffnung« nicht rein geistlich war, sondern etwas mit dieser Welt zu tun hatte. Sie schauten nicht aus nach einem schönen Traum, noch nach dem Ende dieser Weltzeit. Sie erwarteten die Rechtfertigung des Gottes Israels und seines Volkes in *dieser* Welt.

Dies festzuhalten ist wichtig. Oft verstehen wir diese Hoffnung, die mit Begriffen wie Sehnsucht nach der »kommenden Zeit« oder der »Auferstehung des Gerechten« beschrieben wird, als Sehnsucht nach einer Flucht aus dieser Welt. Statt dessen sind dies gebräuchliche jüdische Ausdrucksweisen, die sich auf jene Zeit beziehen, wenn Gott das Geschick seines Volkes *in dieser Welt* wiederherstellen wird. Dies würde in der Tat das lang ersehnte »Ende der Zeiten« sein. Doch dieses »Ende« wäre keine letzte kosmische »Kernschmelze«, sondern der *Beginn* von Gottes (König-) Reich, das schließlich ganz auf dieser Erde errichtet wird. »Dein Reich komme – auf der Erde« (Mt 6,10).

Diese Hoffnungen hatten einen mächtigen Einfluß auf die volkstümliche Vorstellung. So entwirft zum Beispiel Lukas die Szenerie für sein Evangelium, indem er die verschiedenen Hoffnungen zur Zeit der Geburt Jesu aufzeigt: Zacharias erwartete für Israel, daß Gott es »errettet vor unseren Feinden und aus der Hand aller, die uns hassen« (Lk 1,71); Simeon sehnte sich nach der »Rettung Israels« und Anna nach der »Erlösung Jerusalems« (Lk 2,25.38). Mit anderen Worten, sie warteten auf Gottes Eingreifen, das die lang ersehnte Zeit heraufführen sollte, da sein Reich gefestigt, Jerusalem erlöst, das Exil beendet und Israel »getröstet« sein wird (vgl. Jes 40,1). Wenn also die Emmausjünger ihrer Hoffnung Ausdruck geben, daß Jesus derjenige sei, der »Israel erlösen« werde, ist ziemlich deutlich, was Lukas im Sinn hatte.

Und es ist ebenso klar, daß Lukas glaubte, daß *Jesus diese Hoffnung erfüllt hatte*. Die ganze Emmaus-Episode ist um die Ironie herum aufgebaut, daß die beiden Jünger mit dem reden, der Israel in der Tat »erlöst« hatte. Lukas erwartet von seinen Lesern, daß sie für sich erkennen, was die beiden, als sie unterwegs waren, nicht sehen konnten – bis ihnen »die Augen aufgingen« (Lk 24,31). Auch hier können wir voraussetzen, daß es die Auferstehung ist, die zu dieser neuen Überzeugung führte. Noch einmal: Auch wenn die Ereignisse nicht in der erwarteten Weise eintraten, so geschah die Auferstehung doch »gemäß der Schrift« (wie Paulus in 1 Kor 15,4 schreibt). Deren Verheißungen und Hoffnungen waren erfüllt worden.

Hilfreich ist hier die Einsicht, daß innerhalb des jüdischen Denkens das lang ersehnte »Ende der Zeiten« auch als »Auferstehung der Gerechten« bezeichnet wird. Nun aber hatte Gott um das Jahr 30 n.Chr. einen Menschen vom Tode erweckt, den seine Anhänger manchmal als Gottes »heiligen Knecht« bezeichnen (siehe Apg 4,27.30). Mit anderen Worten, gegen alle Erwartungen hat Gott *für einen einzelnen Menschen in der Mitte der Zeiten* das getan, was erwartet wird, daß er es *für das ganze gläubige Volk am Ende der Zeiten* tun wird.

Dies führt dann zur neutestamentlichen Vorstellung, daß Christen in der »Endzeit« leben. Wir sind die, sagt Paulus, »die das Ende der Zeiten erreicht hat« (1 Kor 10,11; vgl. Apg 2,17; Hebr 1,1). Dies deswegen, weil die Auferstehung, verstanden auf ihrem wahren Hintergrund jüdischer Hoffnung, *das* Endzeit-Ereignis selbst ist. Zwar wurden die ersten Christen belehrt, nach dem Tag Ausschau zu halten, wenn Christus wiederkommen würde (siehe z.B. Joh 21,22; 1 Kor 16,22; 1 Thess 4,13ff), aber die Betonung der Endzeit entsprang nicht so sehr der Überzeugung davon, was Gott eines Tages beim zweiten Kommen Christi tun würde, sondern der Überzeugung, daß Gott *bereits gehandelt hatte* in seinem ersten Kommen – nämlich in der Auferweckung Jesu von den Toten. Nach den biblischen Autoren ist jeder Tag der letzten 2000 Jahre in der »Endzeit« gelebt worden; bezeichnet das erste Ostern den Beginn der »Endzeit«. Die biblische »Neue Zeit«, die lang ersehnte »kommende Zeit« war eingetroffen! Die Auferstehung darf deshalb nicht isoliert betrachtet werden, sondern auf dem Hintergrund der alttestamentlichen Hoffnungen. Die Verheißungen Gottes, welche den Propheten offenbart worden waren, waren erfüllt worden. Sie hatten sich nach der Zeit gesehnt, da Gott wahrhaftig König sein würde. In seiner Sendung hat Jesus genau dieses angekündigt – die Nähe des Reiches Gottes. Jetzt war dieses Reich gekommen.

So ist der auferstandene Jesus der von Gott eingesetzte König. Wo er herrscht, dort ist das Reich Gottes. Und eines Tages wird er in das endgültige, vollendete Reich hineinführen. Es liegt an uns, daran teilzuhaben, indem wir Jesus als unseren »König« anerkennen. Die Auferstehung erzählt uns nicht nur, wer der König ist. Sie ist auch eine Verheißung, daß eines Tages sein Reich in Kraft kommen wird.

Ein (Unter-) Pfand für die Schöpfung

Doch die Welt ist weiterhin voll des Bösen. Das Reich Gottes ist gekommen, aber es ist in anderer Hinsicht noch am Kommen. Ein Brückenkopf ist geschaffen worden, doch der endgültige Sieg steht noch aus.

Mit anderen Worten, die prophetische Hoffnung des Alten Testaments wird im Neuen Testament in zwei Teile aufgeteilt – der eine Teil ist in Christus bereits erfüllt, der andere erwartet jenen letzten

Tag. Christen leben notwendigerweise in der »Interimszeit«, erleben gleichzeitig das »jetzt« und das »noch nicht«.

Im Neuen Testament lernen wir einige kennen, die diese Balance nicht zu halten vermochten und dachten, »die Auferstehung sei schon geschehen« (2 Tim 2,18). Alles war »jetzt«, es gab nichts mehr, das »noch nicht« gewesen wäre. Sie mußten korrigiert werden. Sie mußten warten lernen. Doch die Tatsache, daß sie einen solchen Fehler begehen konnten, zeigt, wie sehr die Apostel betonten, was Gott *bereits* in Jesus getan *hatte*. Die christliche Kirche war wahrhaftig ein Auferstehungs-Volk.

Einige in der Gemeinde von Korinth machten den gleichen Fehler – deshalb die Lehre des Paulus in 1 Kor 15. Gegenüber jenen, die eine leibliche Auferstehung Jesu verneinten, wiederholte er nur die älteste Überlieferung der Apostel (VV. 1–7). Auf der anderen Seite lehrte er gegenüber denen, die glaubten, daß die Christen die Auferstehung bereits voll erfahren hatten, daß die Auferstehung Jesu nur die Erstlingsfrucht war (V. 20). Es war eine Anzahlung, doch mehr war zu erwarten – wenn das Reich Christi voll und ganz errichtet und der Tod, der letzte Feind, endgültig entmachtet sein würde (VV. 23–28). Diese Redeweise von der »Erstlingsfrucht« fließt direkt aus dem, was wir oben erwähnt haben: Die Auferstehung Jesu bringt in die Zeit, was Gott letztendlich am Ende der Zeiten tun wird. Sie gewährt uns einen Blick in die Zukunft. Gott bewegt die Geschichte in Richtung des letzten Zieles Auferstehung. Der auferstandene Jesus ist der »Prototyp« von Gottes neuer Schöpfung.

Wir werden im nächsten Kapitel sehen, was dies für den einzelnen Menschen bedeutet. Es ist aber bereits hier zu betonen, daß die Auferstehung Auswirkungen für die ganze Schöpfung hat. Paulus sah die Schöpfung seufzen und sehnen nach der Freiheit, die allein Gott bringen kann (Röm 8,9–27). Die Versuchung war und ist groß, an der materiellen Welt zu verzweifeln und eine rein »geistige« Zukunft in Gottes Plänen zu behaupten. Die biblische Hoffnung jedoch blieb der Erde verbunden und glaubte, daß Gott Pläne für die Erneuerung seiner Schöpfung hat. Paulus besteht darauf, daß »auch die Schöpfung von der Sklaverei und der Verlorenheit befreit werden« müsse (V. 21). Die Auferstehung ist Gottes Unterpfand für eine neue Schöpfung, eine Zusicherung, daß die gesamte Wirklichkeit eines Tages vom Bösen befreit und mit der Ehre Gottes erfüllt sein wird.

Die Art und Weise, in der die biblischen Autoren von dem auferstandenen Jesus sprechen, entspricht dem voll und ganz. Der auferstandene Herr hat einen physischen Leib, doch dieser ist zugleich durchformt von der Kraft des Geistes. Auch wenn es ein Rätsel darstellt für alle, die die Dinge rein wissenschaftlich anzugehen lieben: Ostern ist ein Ereignis, das zusammenbringt, was wir oft trennen – was wir als »physisch« und »geistig« bezeichnen. Es ist ein Akt Gottes, der uns versichert, daß Materie in sich nicht schlecht ist und daß Gott gute Pläne für diese materielle Welt verfolgt. Wir sind konfrontiert mit der *Auferstehung* eines *Leibes*. Es war keine Wiederbelebung (die die Materie von Jesu Leib einfach wiederbelebte); noch war es eine rein geistige Neubildung (die die Materie des Leibes Jesu zurückließ). Nein, es war keines von beiden. Es war das, was die Juden »Auferstehung« nennen. Und als solches war es ein sicheres Zeichen, daß Gott es ernst meint mit der Erneuerung seiner Schöpfung.

Gottes Pläne sind daher nicht rein »geistig« – weder jetzt noch am Ende der Zeiten. Gottes Plan betrifft die ganze Person und in der Tat die ganze Schöpfung.

So ist es christliche und biblische Hoffnung, daß Gott eines Tages diese Erde erneuern wird. Obwohl durch den Sündenfall gezeichnet, wird sie eines Tages erneuert werden. Daher ist es von großer Bedeutung, wie wir mit unserem Körper und mit der Schöpfung umgehen. Sie können nicht weggeworfen oder aufgegeben werden. Die Auferstehung versichert uns, daß sie in Gottes Plänen zählen und wir sie dementsprechend pflegen sollen.

Ein Modell für die Gläubigen

So ist die Auferstehung das Unterpfand Gottes für die Erneuerung der ganzen Schöpfung. Sie ist die große Hoffnung, die uns hilft, über unsere eigenen Angelegenheiten hinauszuschauen. Es ist nicht zu leugnen, daß die Auferstehung weiterhin Folgen für uns als einzelne haben kann und in der Tat hat.

Seit dem ersten Ostern sind die Jünger Jesu davon überzeugt gewesen, daß die Auferstehung Jesu auch ein Unterpfand dafür ist, was Gott insbesondere für sein eigenes Volk plant – für diejenigen, die sich ihm anvertrauen. In dem gleichen Abschnitt des Römerbriefes spricht

Paulus davon, daß wir ein Volk sein sollen, das nicht nur die Erneuerung dieser Erde, sondern auch die »Erlösung unseres Leibes« erwartet (Röm 8,23). Die Gläubigen schauen etwas Großem entgegen!

Die antike Welt war gefangen in der Furcht vor dem Tod. Selbst das Alte Testament spricht, bei all seinem Vertrauen in Gottes Treue, selten von »dem Leben danach«. So war es nur natürlich, daß die Apostel den Schwerpunkt ihrer Predigt auf die Auferstehung legten (Apg 17,18; 24,21). In der Welt des ersten Jahrhunderts so wie auch heute war dies in der Tat eine gute Nachricht. Mit den Worten des Hebräerbriefes ausgedrückt, war Jesus gekommen, »um durch seinen Tod den zu entmachten, der die Gewalt über den Tod hat, nämlich den Teufel, und um die zu befreien, die durch die Furcht vor dem Tod ihr Leben lang der Knechtschaft verfallen waren« (Hebr 2,14–15).

Die anderen Apostel waren ähnlich erregt in Anbetracht des Sieges Christi über den Tod. Paulus schrieb seinen Neubekehrten, damit sie nicht trauern »wie die, die keine Hoffnung haben« (1 Thess 4,13). Petrus verspricht seinen Lesern, daß die Auferstehung ihnen eine »lebendige Hoffnung« und »das unzerstörbare, makellose und unvergängliche Erbe, das im Himmel für euch aufbewahrt ist«, gebracht hat (1 Petr 1,3–4). Und Johannes erinnert an die Verheißung Jesu, daß er seinen Jüngern »einen Platz bereiten« würde (Joh 14,3), auch wenn sie in diesem Moment nicht dahin gehen konnten, wohin er ging.

So waren die Autoren des Neuen Testaments alle überzeugt davon, daß die Auferstehung Jesu ein Modell geliefert hatte, dem seine Jünger vertrauensvoll folgen konnten. Auch sie konnten durch den Tod in das neue Leben hinübergehen. »Ich weiß, wem ich Glauben geschenkt habe«, sagt Paulus, »und ich bin überzeugt, daß er die Macht hat, das mir anvertraute Gut bis zu jenem Tag zu bewahren« (2 Tim 1,12). Sie schauten aus, um »mit Christus« zu sein, und erlebten die Freuden des Lebens mit Gott im Himmel (Phil 1,23; Hebr 12,22; 1 Joh 3,2; Offb 7,9).

Wieder einmal ist die Schlüsselstelle, die dieses Thema ausdrücklich entfaltet, 1 Kor 15. Wenn Paulus das zukünftige Leben der Gläubigen nach dem Tod beschreibt, spricht er von der Auferweckung in einem »überirdischen Leib« (V. 44). Eine bessere Übersetzung wäre: »vom Heiligen Geist belebter Leib«. Die Verbindung ist bewußt paradox gefaßt. Sie bringt die materielle und die geistige Sphäre zusammen – genau wie wir es oben bei der Auferstehung Jesu gesehen haben. Paulus schreibt, um den Gläubigen zu versichern, daß, weil Jesus von den Toten erweckt worden war, auch sie der eigenen Auferstehung sicher sein können: »Wir werden nicht alle entschlafen, aber wir werden alle verwandelt werden – plötzlich, in einem Augenblick, beim letzten Posaunenschall. Wenn sich aber dieses Vergängliche mit Unvergänglichkeit bekleidet, dann erfüllt sich das Wort der Schrift: Verschlungen ist der Tod vom Sieg« (VV. 51.54). In der Zwischenzeit – und mit dieser sicheren Hoffnung –, sind die Christen frei, sich der Arbeit an Gottes Reich zu widmen, in dem Wissen, »daß im Herrn eure Mühe nicht vergeblich ist« (V. 58).

Das Neue Testament hallt deshalb fast auf jeder Seite von Hoffnung wider. Damit ist kein vages Wunschdenken, sondern eine feste Zusicherung gemeint. Die Zukunft ist ungesehen, aber nicht unsicher (Hebr 11,1f.; Eph 1,18; Röm 8,24–25; 1 Joh 3,2–3). Wie Paulus sagt, »erwarten wir auch Jesus Christus, den Herrn, als Retter, der unseren armseligen Leib verwandeln wird in die Gestalt seines verherrlichten Leibes« (Phil 3,20–21).

Wenn wir dann nach den Gründen forschen für dieses Vertrauen der ersten Christen angesichts des eigenen Todes, werden wir einmal mehr zurückgeworfen in jenen Garten in Jerusalem – den Ort, wo der Tod besiegt wurde. »Wir *wissen*«, sagt Paulus, »daß der, welcher Jesus, den Herrn, auferweckt hat, auch uns mit Jesus auferwecken wird« (2 Kor 4,14). »Wir wissen, daß Christus, von den Toten auferweckt, nicht mehr stirbt«, schreibt er an die Christen in Rom; »so glauben wir, daß auch wir mit ihm leben werden« (Röm 6,8f).

Indem sie die Auferstehung Jesu als ihren sicheren Fixpunkt in der Vergangenheit nahmen, vermochten die Christen der neutestamentlichen Zeit nach vorne zu schauen und eine sichere Bahn für Gottes Absichten in der Zukunft zu entwerfen. Die Auferstehung verschaffte ihnen eine neue Erkenntnis nicht nur in der Frage, wer Jesus war, sondern auch in der Frage, was kommen wird. Und sie schenkte ihnen großes Vertrauen. Sie fühlten, daß Gott in der Auferstehung nicht nur die Hoffnungen seines Volkes aus früheren Zeiten erfüllt, sondern auch seinen Willen mit Blick auf die Zukunft klarer offenbart hatte – für die Schöpfung als Ganzes wie für jene, die in Christus bereits »neue Schöpfung« (2 Kor 5,17) geworden waren.

Die Auferstehung unterrichtete die Jünger nicht nur über Jesus oder über die Zukunft. Sie belehrte sie auch über Gott. Sie war der Höhepunkt seiner Offenbarung. Im besonderen kann die Auferstehung gesehen werden als *der* große Augenblick, an dem Gott seine Macht gezeigt und das Böse überwunden hatte.

In der Auferweckung Jesu hatte Gott klar und ein für alle Mal seine Fähigkeit geoffenbart, in der Sphäre der Natur und des menschlichen Lebens zu wirken. Er war ein machtvoller Gott, und er hat seine Macht »an Christus erwiesen, den er von den Toten auferweckt hat« (Eph 1,20).

Weil die Auferstehung ein Ereignis war, das vollständig mit dem Schmerz und dem Bösen des Kreuzes verbunden ist, sprach sie darüber hinaus auch von Gottes Gericht über das Böse. Und sie sprach von seiner liebenden und schöpferischen Fähigkeit, das menschliche Böse aufzunehmen und es in ein Mittel göttlichen Segens zu verwandeln.

Die Auferstehung zeigt uns daher drei große Attribute Gottes: seine Macht, sein Gericht und seine Liebe. Jedes von ihnen muß betont werden, wenn wir dem Reichtum der biblischen Lehre gerecht werden wollen. Wir wollen dies der Reihe nach tun.

Die Macht Gottes

Die Auferstehung wird immer wieder als wissenschaftliche und historische Unmöglichkeit angesehen. Dabei wird die Welt in einen »natürlichen« und einen »übernatürlichen« Bereich aufgeteilt bzw. behauptet, daß die übernatürliche Welt nicht existiert, oder wenn es sie doch gäbe, Gott sicherlich nicht in unserer »natürlichen« Welt wirken könne. Die »natürliche« Welt ist danach die einzig wirkliche Welt. Gültig ist nur, was wissenschaftlich analysiert oder rational erklärt werden kann.

Diese Sicht ist den biblischen Schriftstellern ziemlich fremd. Für sie ist die Natur selbst ein Ausdruck der göttlichen Schöpferkraft und göttlichen Lebens. Beides ist nicht voneinander getrennt. Vor allem die Auferstehung zeigt, daß wir nicht das Physikalische von dem Geistigen noch das »Natürliche« von dem »Übernatürlichen« trennen können. Nein, alle diese Dinge, die wir gerne trennen wollen, sind in der Auferstehung Jesu zusammengebracht.

Die Auferstehung fordert uns daher auf, in das Zentrum gestellt und nicht beiseite geschoben zu werden. Alle unsere Konstruktionen von Wirklichkeit müssen sie als ihren einzigen sicheren Ausgangspunkt nehmen, denn in ihr hat Gott sich selbst unüberbietbar offenbart. Sie kann nicht in einen anderen Rahmen eingepaßt werden. Sie muß zum zentralen Bezugspunkt eines völlig neuen Gefüges werden.

Wenn dies zugestanden wird, dann wird die Auferstehung zu einem grundlegenden Zeugnis für die Existenz eines machtvollen und schöpferischen Gottes. Er ist sehr wohl in der Lage, in seiner Welt zu wirken. Für die Autoren des Neuen Testaments zeigt die Auferstehung, »wie überragend groß seine Macht« ist (Eph 1,19). Sie verwenden dafür das Wort *dynamis*. In der Sprache des Jesaja hat Gott in der Tat »seinen heiligen Arm vor den Augen der Völker frei« gemacht (Jes 52,10). Er hat die Welt erschaffen, in ihrer Geschichte gewirkt und jetzt seinen Sohn aus der Gewalt des Todes erweckt.

Das Gericht Gottes

Die Auferstehung offenbart aber auch das Gericht Gottes. Üblicherweise wird das Gericht mit dem Kreuz in Verbindung gebracht, denn das Kreuz ist der Ort, an dem Jesus »unsere Sünden getragen hat« (1 Petr 2,24). So kann Paulus über Jesus sagen: »Wegen unserer Verfehlungen wurde er hingegeben, wegen unserer Gerechtmachung wurde er auferweckt (Röm 4,25). Es gibt aber zumindest einen wichtigen Vers im Neuen Testament, der das Gericht nicht mit dem Kreuz, sondern ausdrücklich mit der Auferstehung verbindet.

In Apg 17,31 warnt Paulus seine Athener Zuhörerschaft: Gott »hat einen Tag festgesetzt, an dem er den Erdkreis in Gerechtigkeit richten wird, durch einen Mann, den er dazu bestimmt hat und vor allen Menschen dadurch ausgewiesen hat, daß er ihn von den Toten erweckte«. Mit anderen Worten, die Auferstehung Jesu ist nicht nur das Unterpfand einer erneuerten Schöpfung; sie ist auch das Unterpfand, daß dieser Jesus derjenige ist, den Gott zum Richter der Menschheit eingesetzt hat.

Etwas früher in der Apostelgeschichte fordert Petrus seine Zuhörer zur Umkehr auf, denn Gott hat den, »den ihr gekreuzigt habt« (Apg 2,23; 4,10) von den Toten erweckt. Gott hat also den menschlichen Urteilsspruch umgestoßen, der zur Kreuzigung Jesu geführt hatte, und seinen göttlichen Widerstand angekündigt gegen jene, die sich Jesus widersetzten. Später stellt Petrus ziemlich deutlich heraus, daß *wir alle* uns Jesus widersetzen. Jesus ist nicht nur durch jene Menschen an jenem besonderen Tag in Jerusalem verworfen worden. Nein, er ist durch die *ganze* Menschheit verworfen worden – er ist der »lebendige Stein, der von den Menschen verworfen« wurde (1 Petr 2,4). Wenn dies zutrifft, dann ist die Auferstehung eine Warnung an uns alle, daß wir unseren Widerstand gegen Jesus aufgeben sollen. Jenen, die ihn weiterhin verwerfen, sagt Petrus, daß er für sie zum »Felsen« werden wird, über den sie eines Tages stürzen werden (V. 8).

Es ist also eine gefährliche Halbwahrheit, zu behaupten, daß in der Auferstehung das göttliche Gericht weggenommen worden ist. Sie *tut* dies für jeden, der sich bekehrt und an Jesus glaubt, der Gottes Gerichtswirken am Kreuz anerkennt; eine solche Person »wird nicht gerichtet« (Joh 3,18), sondern ist vom Tod zum Leben hinübergegangen. Dies gilt nicht für den, der weiterhin im Widerstand gegen Jesus verharrt. Gott wird nicht jeden rechtfertigen.

Die Liebe Gottes

Das letzte Wort über die Auferstehung aber ist die machtvolle Aussage, daß dieses Ereignis uns die Liebe Gottes am nachhaltigsten offenbart.

Im Laufe dieses Kapitels haben wir gesehen, was der Glaube bedeutet, daß Gott selbst in Tod und Auferstehung Jesu am Werk gewesen ist – ein seltsamer Glaube. Denn er offenbart einen Gott, der in Jesus zu leiden und zu sterben bereit und fähig war. Er führt uns zu einem Gott, der bereit war, die dunkelsten Orte der menschlichen Sünde und Verderbtheit zu betreten. Er behauptet, daß Gott in geheimnisvoller Weise die Feindschaft überwinden konnte, die ihm gegenüber von denen, die er erschaffen hatte, ausgesprochen worden war und sie in ein Mittel seines Segens verwandelte.

So kann die Auferstehung nicht isoliert vom Kreuz in den Blick genommen werden. Denn ohne das Kreuz wäre es fast unmöglich, die

Auferstehung als einen Akt göttlicher Liebe zu sehen. Wenn sie dagegen in engster Verbindung zum Kreuz gesehen wird, dann wird sie zu dem Moment, da die göttliche Liebe siegt, wenn das Böse am mächtigsten ist und die göttliche Vergebung und Heilung an dessen Stelle tritt.

Die Auferstehung zeigt, daß, obgleich Menschen das Schlimmste tun, die Liebe und Gnade Gottes noch tiefer geht. Die Menschen mögen die Liebe Gottes verschmähen, doch das Angebot der göttlichen Liebe bleibt. Wenn Paulus die Christen auffordert, das »Böse nicht mit Bösem« zu beantworten, sondern vielmehr »das Böse durch das Gute zu besiegen« (Röm 12,17.21), dann denkt er sicher an Gottes Liebe, die in Kreuz und Auferstehung aufgeleuchtet ist – eine Liebe, die das Böse nicht mit Bösem vergilt, sondern das Böse durch das Gute besiegt. Und Paulus selbst hat dies in seinem eigenen Leben erfahren – er, der Liebe und Vergebung von Jesus erfahren hat, den er verfolgt hatte. Im Angesicht des Bösen ist die Auferstehung der Sieg der göttlichen Liebe.

Gott – so sehen wir – ist in geheimnisvoller Weise dazu fähig, das Böse in Segen zu verwandeln. Im Römerbrief stellt Paulus dazu fest: »Wir wissen, daß Gott bei denen, die ihn lieben, alles zum Guten führt, bei denen, die nach seinem ewigen Plan berufen sind« (Röm 8,28). Wiederum ist diese Überzeugung aus Kreuz und Auferstehung gewonnen. Jesus ist die Person, die *par excellence* nach göttlichem Plan »berufen« ist, und Gott konnte ihm sogar die Agonie des Kreuzes zumuten, um »zusammen für das Gute zu arbeiten«. Das Böse war am mächtigsten wirksam, doch Gott nahm es als Rohmaterial, um dadurch sein Volk zu segnen.

Dies wird ein grundlegender Teil der christlichen Hoffnung und Erfahrung: diesem Gott zu vertrauen heißt jemandem zu vertrauen, der uns durch Leiden zu Ruhm, durch Schwierigkeit zur Freude führen kann. Er ist der Gott des Kreuzes *und* der Auferstehung, der Gott, der dieses Muster beständig in den Herzschlag des Universums hineinwebt. Diejenigen, die auf ihn vertrauen, mögen sie auch auf vielerlei Weise den »Tod« erfahren, sind gewiß, daß er durch die Macht dieser Liebe den Sieg der Auferstehung in das Leben seines Volkes bringen wird. Mit dieser Überzeugung leben heißt tatsächlich mit Hoffnung leben.

Wie Paulus das achte Kapitel des Römerbriefes abschließt, so können auch wir das unsrige abschließen – mit einer Zusage von Gottes ungebrochener und unschlagbarer Liebe:

Was kann uns scheiden von der Liebe Christi? Bedrängnis oder Not oder Verfolgung, Hunger oder Kälte, Gefahr oder Schwert? In der Schrift steht: Um deinetwillen sind wir den ganzen Tag dem Tod ausgesetzt; wir werden behandelt wie Schafe, die man zum Schlachten bestimmt hat. Doch all das überwinden wir durch den, der uns geliebt hat. Denn ich bin gewiß: Weder Tod noch Leben, weder Engel noch Mächte, weder Gegenwärtiges noch Zukünftiges, weder Gewalten der Höhe oder Tiefe noch irgendeine andere Kreatur können uns scheiden von der Liebe Gottes, die in Christus Jesus ist, unserem Herrn (Röm 8,35–39).

Die Auferstehung offenbart uns, daß der machtvolle Gott und der des Letzten Gerichts auch der Gott der unschlagbaren Liebe ist. Sosehr wir ihn auch abgelehnt und seine Liebe verschmäht haben – er heißt uns immer willkommen. Was immer wir auch durchmachen müssen, wir können stets auf seine Güte, seine Macht und seine Liebe vertrauen. Wissen wir darum?

IX. Leben für die Toten

Die Auferstehung heute

Kein Wunder, daß die Christen aufgeregt sind, wenn es zur Auferstehung kommt! Kein Wunder, daß auch ein Besuch am Gartengrab in Jerusalem für viele eine sehr machtvolle Erfahrung sein kann.

Die Auferstehung ist die Basis des *Glaubens* an Jesus; sie ist der Grund der *Hoffnung* in einer Welt des Leidens und des Todes; und sie ermöglicht, die machtvolle *Liebe* Gottes zu erfahren, die das Böse in den Herzen und in der Welt zu überwinden vermag.

Die Auferstehung ist ein Zeichen dafür, daß es einen machtvollen Gott gibt und daß es ein Leben jenseits des Grabes gibt.

Aber wir haben eine wichtige Sache vergessen – eine Konsequenz der Auferstehung, die, wenn wir sie zu fassen versäumen, alles, was wir gesagt haben, gänzlich nutzlos macht.

DER VERGESSENE FAKTOR?

Es ist so leicht, die wichtigste Wahrheit aus den Augen zu verlieren. Vor und über allem ist die Auferstehung das Ereignis, das begründet, daß *Jesus auch heute noch lebt*. Mit den Worten zweier Autoren des Neuen Testaments ausgedrückt: »Christus, von den Toten auferweckt, stirbt nicht mehr; der Tod hat keine Macht mehr über ihn. ... Sein Leben aber *lebt er* für Gott« (Röm 6,9–10); »er *lebt allezeit*, um für die, die durch ihn vor Gott hintreten, einzutreten«, denn er »ist derselbe gestern, heute und in Ewigkeit« (Hebr 7,25; 13,8).

Für die Jünger war die Ostererfahrung kein Schlußpunkt, sondern ein Beginn. Der Jesus, den sie in den Bergen Galiläas kennengelernt hatten, lebte. Ihre vormalige Beziehung zu ihm konnte auf geheimnisvolle Weise neu beginnen. Sie konnten noch einmal Freundschaft schließen.

Und als Jesus in die Gegenwart Gottes zurückkehrte (Apg 1,9), war auch *dies* nicht das Ende ihrer Beziehung zu ihm.

Jesus hatte ihnen ausdrücklich gesagt, daß sein Weggehen zu ihrem Vorteil geschehe: nur so konnte er ihnen den Heiligen Geist senden

(Joh 16,7). Dieser war tatsächlich »ein anderer Jesus«: Der Vater »wird euch einen anderen Beistand geben, der für immer bei euch bleiben soll« (Joh 14,16). Und was Jesus verheißen hatte, wurde bald schon Wirklichkeit. Nachdem die Jünger am Pfingstfest die Gabe des Geistes empfangen hatten, spürten sie, daß Jesus tatsächlich mit ihnen war, auch wenn er – physisch gesehen – abwesend war.

Da war jedoch noch etwas Bemerkenswerteres. Die meisten von denen, denen sie predigten, waren Jesus niemals leibhaftig begegnet; doch sie vermochten, dem auferstandenen Herrn zu begegnen. Auch sie waren fähig, mit ihm in eine Beziehung der Liebe zu treten. So konnte Petrus viel später weit entfernt lebenden Gläubigen schreiben – vielleicht noch mit einem gewissen Grad an Erstaunen: »Ihn habt ihr nicht gesehen, und dennoch liebt ihr ihn; ihr seht ihn auch jetzt nicht; aber ihr glaubt an ihn und jubelt in unsagbarer, von himmlischer Herrlichkeit verklärter Freude« (1 Petr 1,8).

Die Christen, von denen wir im Neuen Testament lesen, sind Menschen, die Jesus begegnet sind. Ohne Zweifel begegneten sie ihm auf viele unterschiedliche Weisen. Aber sie alle waren dem auferstandenen Herrn begegnet, was ihr Leben verwandelt hatte. Das gleiche kann auch heute passieren. Wenn Christus damals lebendig war, dann ist er auch heute lebendig. Wenn man ihm damals begegnen konnte, dann können wir ihm auch heute begegnen.

Manchmal scheint es einem, als ob dies zu einem der am besten gehüteten Geheimnisse innerhalb der Kirche gehören würde. Was wird nicht alles unternommen, um Menschen zu helfen, zum Glauben zu kommen oder sie zu Christen zu machen. Menschen werden ermutigt, Bücher zu lesen, Theologie zu studieren, die Kirche regelmäßig zu besuchen oder ihrem Nächsten Gutes zu tun. All dies ist wichtig. Entscheidend aber ist die Begegnung mit dem auferstandenen Herrn selbst!

Für einige mag der christliche Glaube sehr kompliziert erscheinen: »Ich werde niemals in der Lage sein, alles zu verstehen!« Andere sehen sich in einem negativen Licht: »Gott interessiert sich sowieso nicht für mich!« Aber die gute Nachricht besteht darin, daß jeder diesem Jesus begegnen kann. Niemand ist ausgeschlossen. Und wenn Jesus sie in das Herz des christlichen Glaubens genommen hat, beginnt alles Sinn zu machen. Warum? Weil sie nun selbst den Einen kennen, der im Zentrum von allem steht, um den der Rest des

christlichen Glaubens gebaut ist. Christentum ist, bevor es ein Lehr-
gebäude ist, zuerst und vor allem eine Beziehung zu einer Person. So
wie auch in anderen Bereichen des Lebens ist es nicht entscheidend,
was man kennt, sondern *wen* man kennt!

So ist die wichtigste Wahrheit, die sich aus der Auferstehung herlei-
tet, daß wir selbst, unabhängig von unserer Nationalität oder unserem Alter, dem Einen begegnen können, der am ersten Ostern von
den Toten erweckt wurde. Der auferstandene Christus ist lebendig,
und er sehnt sich danach, uns zu treffen. Wir sind durch Gott zu einer Begegnung mit seinem Sohn eingeladen: »Das ist mein geliebter
Sohn; auf ihn sollt ihr hören!« (Mk 9,7).

Es ist wichtig, an dieser Stelle zu betonen, daß die Menschen verschieden sind. Bei unzähligen Menschen in den vergangenen 2000
Jahren geschah die Christusbegegnung zumeist unbewußt oder
schrittweise, ohne großes Drama oder Seelensuche.

Und noch etwas ist wichtig: Menschen spüren gelegentlich – trotz
ihres Christseins –, daß ihr Leben oft mehr durch den Tod als durch
die Auferstehung geprägt ist (vgl. 2 Kor 4,12). Manchmal kreuzen
große Schatten ihre Pfade. Doch genau in diesen Augenblicken kann
ein erneuertes Vertrauen in Gott gefunden werden – in den Gott, der
in allen Kontexten Gutes aus Bösem und Auferstehungsmöglichkei-
ten aus den Klauen des Todes schaffen kann. »Muß ich auch wan-
dern in finsterer Schlucht, ich fürchte kein Unheil; denn du bist bei
mir« (Ps 23,4). So ist christliches Leben manchmal nicht mit Rosen,
sondern mit Dornen bedeckt – wie es auch bei Jesus selbst der Fall
gewesen ist. Jesu Jünger sind aufgerufen, »täglich ihr Kreuz auf sich
zu nehmen« (Lk 9,23); aber sie sind zugleich diejenigen, die, auch
wenn sie an den »Leiden« Jesu teilhaben, »die Macht seiner Auferstehung« (Phil 3,10) erkennen können. Christen sind letztlich
»österliche Menschen«, die durch den Tod zum Leben der Auferstehung kommen.

BEISPIELE DER VERGANGENHEIT

Die obigen Kapitel, in denen es um historische und archäologische
Sachverhalte ging, mögen erhellend gewesen sein. Die Diskussion
jetzt um die Auswirkungen der Auferstehung aber ist beunruhigen-

der. Was, wenn es wahr ist? Was, wenn es tatsächlich geschehen ist? Wie kann man eine angemessene Antwort geben? Vielleicht können die folgenden Geschichten eine Hilfe sein. Sie stellen eine Auswahl von Beispielen dar, die zeigen, daß die Herausforderung nicht auf das erste Jahrhundert begrenzt war.

Eines der berühmtesten Beispiele der Geschichte ist das des Augustinus von Hippo (354–430). Glücklicherweise hat er mit seinen *Bekenntnissen* einen sehr persönlichen und bewegenden Bericht über sein Leben verfaßt und darüber, wie er sich schließlich gezwungen sah, die Ansprüche, die Christus an ihn stellte, anzuerkennen. Für Augustinus zog sich der ganze Prozeß sehr lange hin. Noch im achten Buch ist es unentschieden, ob er jemals eine Entscheidung treffen wird. Seine Suche nimmt viele Wendungen an, sie geht durch verschiedene Philosophien und führt von Afrika nach Rom, bis er eines Tages, als seine Qual kaum noch zu ertragen ist, neben seinem Freund Alypius in einem Garten in Mailand saß. Dort heißt es:

Ein ungeheurer Sturm ist aus mir hervorgebrochen, und ein ungeheurer Tränenstrom begleitete ihn... Ich habe mich unter einen Feigenbaum geworfen, ich weiß nicht wie, und habe den Tränen freien Lauf gelassen. Und ich habe zu Dir zu sprechen begonnen: Und Du, o Herr, wie lange noch? Wie lange, Herr, willst Du beständig zürnen? Gedenk nicht unserer alten Sünden.
Das sagte ich und weinte dabei in der bittersten Zerknirschung meines Herzens. Und siehe, da hörte ich aus dem Nachbarhaus eine Stimme, als ob ein Knabe oder auch ein Mädchen in singendem Ton immer wiederholte: »Nimm, lies, nimm, lies.« ... Die Tränenflut war zurückgedämmt, ich erhob mich und begriff nur das eine, daß mir göttlich befohlen war, ein Buch zu öffnen und darin das erste Kapitel zu lesen, auf das ich stoßen würde... Ich kehrte daher eiligst an den Platz zurück, wo Alypius saß: dort hatte ich den Band der Paulusbriefe liegen lassen, als ich aufgestanden war. Ich nahm ihn zur Hand, öffnete und las schweigend den Absatz, auf den meine Augen zuerst gefallen waren: »Nicht in Fressen und Saufen, nicht auf Lagerstätten und Unzüchten, nicht in Streit und Mißgunst; sondern zieht an den Herrn Jesus Christus...« Weiter wollte ich nicht lesen, und es war auch nicht nötig, denn mit dem Ende dieses Satzes waren, als sei das Licht der Gewißheit in mein Herz gedrungen, alle Schatten des Zweifels im Augenblick zerstoben (8. Buch, XII, 28–29).

In diesem Augenblick begegnete Augustinus Christus. In der Folge wurde er einer der größten Theologen – die dominante Gestalt christlichen Denkens für die nächsten tausend Jahre.

Machen wir einen Sprung von 1500 Jahren, um jemanden zu hören, der auch zu den führenden Intellektuellen seiner Zeit gehörte. Dieser Mann schrieb später ein Buch, um zu beschreiben, wie er schließlich zu einem persönlichen Glauben an Christus gekommen war. Dieses Mal spielt die Szene nicht in einem italienischen Garten, sondern unter den verträumten Kirchtürmen von Oxford.

C.S. Lewis, später Professor für Literatur des Mittelalters und der Renaissance in Cambridge und einer der bekanntesten christlichen Denker der Moderne, war in seinen 20er Jahren ein überzeugter Atheist. Dies änderte sich schrittweise. Ein wichtiges Ereignis fand während einer Busfahrt nach Hause statt:

Ich merkte, daß ich etwas in Schach hielt oder ausschloß. Oder, man könnte sagen, ich trug einen Anzug so steif wie ein Korsett oder ein Panzer, als wäre ich ein Hummer. Und da spürte ich, man gab mir freie Wahl. Ich konnte die Tür öffnen oder sie geschlossen lassen; ich konnte den Panzer ablegen oder ihn anbehalten. ... Die Wahl schien folgenschwer zu sein, aber sie war auch seltsam unemotionell. ... Ich wählte: öffnen, ablegen, den Zügel lockern. ... Dann kam die Reaktion in der imaginativen Ebene. Mir war, als wäre ich aus Schnee, der endlich zu schmelzen anfing. Das Schmelzen begann in meinem Rücken: ein Tröpfeln und dann ein Rieseln. Ein scheußliches Gefühl (Überrascht von Freude, 188f).

Der Prozeß ging weiter, und Lewis wurde sich zunehmend bewußt, wie sein großes Interesse an Philosophie der insgeheime Versuch war, der Begegnung mit Gott auszuweichen. Die Dinge änderten sich wenige Monate später:

Man muß sich mich allein in jenem Zimmer in Magdalen vorstellen, Nacht für Nacht, wo ich, sobald sich mein Geist für eine Sekunde von meiner Arbeit abwandte, das stete unerbittliche Nahen dessen spürte, dem nicht zu begegnen ich so ernstlich gewünscht hatte. Das, was ich so sehr gefürchtet hatte, war schließlich über mich gekommen. Im Sommersemester 1929 gab ich nach, gab zu, daß Gott Gott war, und kniete und betete; vielleicht in jener Nacht der verworfenste und widerwilligste Bekehrte in England (192).

Hier war jemand, der nicht wünschte, Gott zu begegnen, doch der »himmlische Hund«, so drückt sich Lewis aus, hatte ihn gefunden.

Es sind jedoch nicht nur große Denker, die diese Erfahrung machen können. Menschen aus allen Schichten, aus jedem Winkel der Erde und in den unterschiedlichsten Kontexten können bezeugen, welchen Unterschied der Glaube an Christus ausmacht. Die vielleicht beeindruckendsten Zeugnisse der letzten Jahre stammen von denen, die sich mitten in Not befanden, wie die 15 Gefangenen des Pulau-Senang-Gefängnisses in Singapur, die in den 60er Jahren, wenige Stunden, bevor sie hingerichtet wurden, folgenden Brief schrieben (in den Monaten zuvor hatte sie ein methodistischer Seelsorger begleitet):

Wir danken Ihnen aus ganzem Herzen. Sie waren der Leuchtturm, der uns in diesen langen, qualvollen Monaten der geistigen Folter in den Hafen Jesu Christi geleitet hat ... Nun stehen wir am Rande des Todes, an der Grenze der Ewigkeit. Wir wissen, daß in dreieinhalb Stunden, wenn wir von dieser Erde weggehen, unser Herr und Retter Jesus Christus uns mit offenen Armen erwarten wird, um uns in unser neues Zuhause zu führen. Mit unserem letzten Atemzug beteuern wir noch einmal unsere unendliche Dankbarkeit – eine Dankbarkeit, die selbst den Tod überdauern wird.

Oder schauen wir auf das Zeugnis von Gikita, einem der Auca Indianer (ein Stamm im Herzen Ecuadors), der für den gewaltsamen Tod einiger Missionare 1956 verantwortlich war. Zehn Jahre später, nachdem die Witwen der Missionare gekommen waren, um inmitten der Mörder ihrer Ehemänner zu leben, waren viele zum Glauben an den auferstandenen Christus gekommen: »Ich war gewohnt, zu hassen und zu töten«, sagte Gikita, »aber jetzt hat der Herr mein Herz geheilt.«

Aus Rußland stammt die bekannte Geschichte, wie ein Mitglied der kommunistischen Partei vor einer riesigen Zuhörerschaft eine Rede über die Auferstehung Christi hielt. Er sprach sehr ausführlich und versuchte, sie in Verruf zu bringen. Gegen Ende erhob sich ein orthodoxer Priester und bat darum, daß er antworten könne. Es wurden ihm nur fünf Minuten zugestanden. »Ich brauche nicht mehr als fünf Sekunden!« Er wandte sich an die Zuhörerschaft und grüßte sie mit dem traditionellen orthodoxen Ostergruß: *Kristos vahskryes!* (»Christ ist erstanden!«). Und sofort erscholl die traditionelle Antwort: *Vahistinu vahskryes!* (»Er ist wirklich auferstanden!«). Mehrere Jahrzehnte atheistischer Indoktrination hatten diese tief eingewurzelte Überzeugung nicht zu verdrängen vermocht.

Die Beispiele mögen genügen, um zu zeigen: Die Auferstehung ist eine Wahrheit, die der ganzen Kirche gehört – nicht nur einem Teil von ihr. Und sie wirkte mit Macht nicht nur im ersten Jahrhundert, sondern immer seither.

DIE AUFERSTEHUNG: HERAUSFORDERUNG UND CHANCE

Diese Botschaft, daß Jesus lebt, war so zentral in der Predigt der Apostel, daß, als Paulus in Athen sprach, seine Zuhörer ihn anfänglich mißverstanden, als würde er über zwei neue Götter sprechen – der eine mit Namen Jesus, der andere »Auferstehung« genannt (Apg 17,18). Es wäre gut, wenn heutige christliche Prediger die Auferstehung ebenso hervorheben würden.

Ohne die Auferstehung macht die ganze christliche Botschaft keinen Sinn. Der kurze Bericht von der Predigt des Paulus in Athen schließt auch eine wichtige Warnung mit ein, wie wir oben gesehen haben, die ebenso zur Auferstehungsbotschaft gehört:

Gott läßt jetzt den Menschen verkünden, daß überall alle umkehren sollen. Denn er hat einen Tag festgesetzt, an dem er den Erdkreis in Gerechtigkeit richten wird, durch einen Mann, den er dazu bestimmt hat und vor allen Menschen dadurch ausgewiesen hat, daß er ihn von den Toten auferweckte (Apg 17, 30–31).

Bei all ihren positiven Aspekten schließt die Wahrheit der Auferstehung Jesu auch diese ernste Note mit ein. Sie ist ein vergangenes Ereignis *innerhalb* der Geschichte, aber sie weist auch nach vorne auf ein anderes Ereignis *jenseits* der Geschichte, für das wir vorbereitet sein sollen. Durch die Auferweckung Jesu aus jenem Jerusalemer Grab hat Gott klargemacht, daß sein Wille im Leben Jesu zu finden ist. Jesus allein hat die Autorität, im Namen Gottes als unser Richter zu handeln. Wir sind eingeladen, Christus als unserem Erlöser zu begegnen, und zwar heute. Diese Einladung sollten wir nicht ablehnen – denn die Begegnung mit ihm als dem Richter wird letzten Endes unvermeidlich sein. Durch die Auferstehung hat Gott die Worte Jesu bekräftigt: »Ich bin der Weg, die Wahrheit und das Leben; niemand kommt zum Vater außer durch mich« (Joh 14,6).

196

Es ist wichtig, daß wir auf diese Auferstehungsbotschaft antworten:

- indem wir die Einzigartigkeit Jesu *annehmen* in dem, wer er war und was er getan hat;
- indem wir uns *eingestehen*, wo wir uns von seinen Wegen entfernt haben;
- und indem wir *bitten*, daß wir ihm begegnen, ihm, der so machtvoll lebendig ist.

Eine solche Bitte wird nicht unbeantwortet bleiben. Sie wird niemals abgelehnt werden. »Bittet«, sagte Jesus, »dann wird euch gegeben; sucht, dann werdet ihr finden« (Mt 7,7).

Es gibt viele Menschen, die sich allein oder verloren fühlen; ihnen bietet der auferstandene Christus Freundschaft und Begleitung an. Und es gibt viele, die Angst haben vor dem Tod oder die sich nicht imstande sehen, die Herausforderungen des Lebens zu bestehen; ihnen bietet der auferstandene Christus seinen Frieden und seine Kraft an.

»EWIGES LEBEN« FINDEN – JETZT!

Wenn wir auf diese Herausforderung und Einladung zu antworten suchen, empfiehlt es sich, drei kurze Abschnitte aus dem Johannesevangelium näher zu betrachten. Johannes war der Jünger, »den Jesus liebte«. Er war derjenige, der sich in jenes leere Grab beugte, die Grabtücher sah und sofort zu verstehen begann, was dies alles bedeutete. Als er viele Jahre später sein Evangelium schrieb, gab er zwei Aussprüche Jesu wieder, die heute so von Bedeutung sind wie damals, als sie zum ersten Mal festgehalten wurden:

Wer zu mir kommt, den werde ich nicht abweisen (Joh 6,37).

Ich bin die Auferstehung und das Leben. Wer an mich glaubt, wird leben, auch wenn er stirbt, und jeder, der lebt und an mich glaubt, wird auf ewig nicht sterben (Joh 11,25–26).

Er beschließt sein Auferstehungskapitel mit der berühmten Episode:

Dann sagte er zu Thomas: Streck deine Finger aus – hier sind meine Hände ... und sei nicht ungläubig, sondern gläubig! Thomas antwortete ihm: Mein Herr und mein Gott! Jesus sagte zu ihm: Weil du mich gesehen hast, glaubst du. Selig sind, die nicht sehen und doch glauben.

Noch viele andere Zeichen, die in diesem Buch nicht aufgeschrieben sind, hat Jesus vor den Augen seiner Jünger getan. Diese aber sind aufgeschrieben, damit ihr glaubt, daß Jesus der Messias ist, der Sohn Gottes, und damit ihr durch den Glauben das Leben habt in seinem Namen (Joh 20,27–31).

In diesen Abschnitten lehrt uns Johannes, daß Jesus der Sohn Gottes ist, der uns Leben geben kann. Auch wenn wir ihn nicht in der gleichen Weise wie Johannes gesehen haben, wir können Gottes Segen erfahren, wenn wir an ihn glauben. Und auch wenn wir uns unwürdig fühlen, Jesus lehnt niemals jemanden ab, der ihn ehrlich sucht. Wenn jemand seine Tür öffnet, verspricht der auferstandene Christus: »Ich werde eintreten« (Offb 3,20).

Alles, was wir zu tun haben, ist, jene Tür zu öffnen – ihn zu bitten, hereinzukommen. Er wird alles übrige tun! Und unsere Verantwortung besteht einfach darin, auf sein Versprechen zu vertrauen (nicht auf unsere Gefühle, die sich so leicht ändern) und unsere Kraft aus seinem auferstandenen Leben zu schöpfen – durch Gebet, Schriftlesung, durch Teilnahme am Gottesdienst und durch tätige Liebe.

Wenn wir uns Christus auf diese Weise durch den Glauben verbunden haben, dann ist die überwältigende Zusage der Bibel, daß wir wirklich als »Kind Gottes« (Joh 1,12) angenommen werden; Gott ist unser Vater, sein Geist ist in uns, und wir sind wahrlich Teil des Volkes Gottes (vgl. Röm 8,9–17). Mehr noch, wir dürfen uns darauf freuen, an der »Ehre Gottes teilzuhaben«; denn »jetzt gibt es keine Verurteilung mehr für die, welche in Christus Jesus sind« (Röm 5,21; 8,1).

Im Johannesevangelium ist Jesus als »Freund« seiner Jünger (Joh 15,14) dargestellt. Solange wir nicht vergessen, daß Jesus im Neuen Testament auch als unser Herr und unser Richter beschrieben wird, kann die Vorstellung, daß Jesus unser Freund ist, sehr hilfreich sein. Denn so können die ersten Schritte des Glaubens wirklich als Beginn einer persönlichen Freundschaft gesehen werden. Die Frage lautet dann: Pflegen wir die Freundschaft mit Christus? Kennen wir ihn? Oder wird er eines Tages bekümmert zu uns sagen: »Ich kenne euch nicht. Weg von mir« (Mt 7,23)?

Christus lebt. Wir sollten alles tun, daß wir ihm als unserem Freund, Herrn und Erlöser begegnen – jetzt und in Zukunft.

X. Ausblick

Die Auferstehung Jesu ist die Grundlage der christlichen Kirche und die Basis jeder christlichen Erfahrung. Deshalb wird ein Garten in Jerusalem, der nur diesen einzigen Zweck verfolgt: diese einzigartige Botschaft zu verkünden, immer einen besonderen Platz im Herzen der Christen einnehmen. Das Gartengrab versucht sicherzustellen, daß inmitten der Geschäftigkeit der modernen Welt und der Wirren im heutigen Jerusalem diese zentrale Botschaft des Neuen Testaments Gehör findet.

Seit 1967 ist das Gartengrab einer großen Anzahl von Veränderungen unterworfen worden. Damals kam es unter israelische Herrschaft. Lag es vorher am äußersten Rand einer jordanischen Stadt, die von Amman aus verwaltet wurde, befindet es sich seither inmitten einer Stadt, die Juden und Araber beherbergt. Daß es die Aufmerksamkeit auf die Auferstehung lenkt, gab ihm im Kontext des modernen Jerusalem eine ganz neue Wichtigkeit. Denn in dieser Botschaft steckt ein Wort der Versöhnung für die, die gegenwärtig, sowohl in politischer wie religiöser Hinsicht, getrennt sind. Darin steckt auch ein Aufruf an die verschiedenen Konfessionen christlichen Glaubens in Jerusalem, sich um das herum zu vereinen, was von zentraler Bedeutung ist, und andere Themen und Schwerpunkte, obgleich wichtig, aber mit der Tendenz zu trennen, zur Seite zu schieben. Paulus sagte zu den Juden und den Heiden seiner Tage:

> Er ist unser Friede. Er vereinigte die beiden Teile (Juden und Heiden) und riß durch sein Sterben die trennende Wand der Feindschaft nieder. ... Er kam und verkündete den Frieden: euch, den Fernen, und uns, den Nahen (Eph 2,14.17).

Seit 1967 ist auch die Zahl derer, die von weither anreisen und Jerusalem und den Garten besuchen, beträchtlich angestiegen (siehe Abbildung 37).

Für sie alle, die oft durch ein dicht gepacktes touristisches Programm geführt werden, ist es unleugbar von großem Wert, einen Platz zu haben, der ihnen Raum zum Nachdenken gibt. Viele reisen in dem Wunsch nach Jerusalem, um die Auswirkungen des Lebens

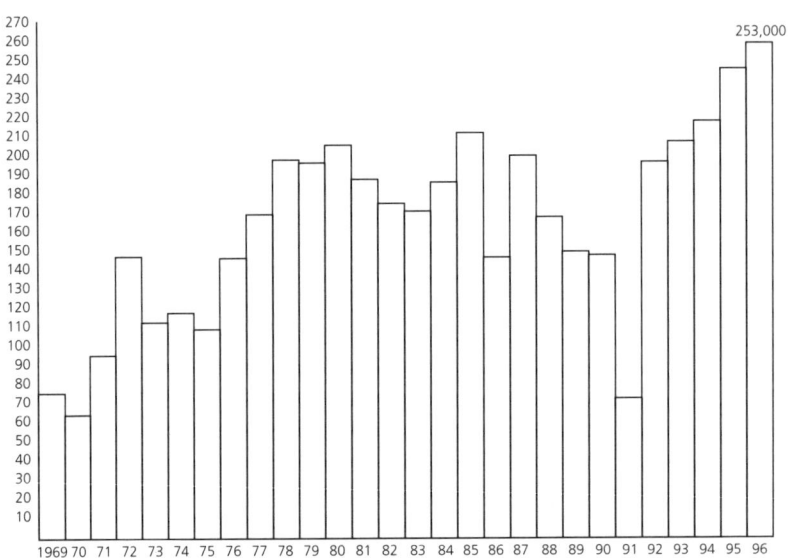

Abbildung 37: Jährliche Zahl der Besucher des Gartengrabes seit 1969 (in Tausenden). Man erkennt deutlich die Auswirkung des Golfkriegs von 1991.

Jesu für sie selbst zu bedenken. Doch die hektische Betriebsamkeit des modernen Jerusalem macht dies schwer. Daher halten einige Galiläa für geeigneter. Für viele jedoch ist, zumindest in Jerusalem, der Garten der Ort, der ihren Bedürfnissen am ehesten entgegenkommt. Die wachsende Zahl der Gartenbesucher, die wie zu allen Zeiten von allen Orten der Welt kommen, bezeugt zugleich die Verbreitung der Auferstehungsbotschaft außerhalb Jerusalems »bis an die Grenzen der Erde«. In der Tat weist sie voraus auf jenen Tag, wenn die Vision der Offenbarung schließlich erfüllt sein wird:

Danach sah ich: eine große Schar aus allen Nationen und Stämmen, Völkern und Sprachen; niemand konnte sie zählen. Sie standen in weißen Gewändern vor dem Thron und vor dem Lamm und trugen Palmzweige in den Händen. Sie riefen mit lauter Stimme: Die Rettung kommt von unserem Gott, der auf dem Thron sitzt, und von dem Lamm (Offb 7,9–10).

Dies ist die Hoffnung, die Vision der zukünftigen Welt, die uns die Bibel bereithält.

200

Es ist ebenso die Hoffnung und die Vision derer, die dem Auferstehungsgarten in Jerusalem verpflichtet sind. Die Sendung des Gartens weist auf den auferstandenen Christus, und in dem auferstandenen Christus liegt in der Tat eine glänzende Hoffnung für die Zukunft.

Ich möchte abschließend einige Passagen aus der Rede von John Taylor (damals anglikanischer Bischof von St. Alban) zitieren, die er anläßlich der Hundertjahrfeier des Gartens im Mai 1994 hielt.

1. Der Zweck des Gartens ist es, *einen ruhigen Ort für das Gebet in Jerusalem zu erhalten.* Immer wieder sagen Besucher des Heiligen Landes, daß sie im Garten am besten beten konnten – hier und in Galiläa.

Dies spiegelt in gewisser Hinsicht das eher nüchterne, nicht an Äußerlichkeiten orientierte protestantische Erbe wider – ein Erbe, das es gegen bestimmte lärmende und aufdringliche Seiten derselben Tradition zu schützen gilt.

2. *Die Wahrheit der Auferstehung hängt nicht von der präzisen Lokalisierung ab.* Wenn man alle Argumente pro und contra abgespult hat, was hat man am Ende in der Hand? Nichts außer einem Punkt auf einer Landkarte! Einige mögen glauben, daß sie alle Argumente auf ihrer Seite haben; aber wenn es dabei keine Liebe, keine Hoffnung und keine Inspiration zu Glaube und Nachfolge gibt, dann (um die Worte des Paulus aus 1 Kor 13 zu benutzen) nützt es ihnen nichts.

Das Gartengrab sagt: »Es spielt keine Rolle«, wo Jesus gelegen hat. Wo genau er gestorben ist, ist kein Glaubensartikel. Niemand kann dies jemals sicher wissen. Aber er ist gestorben – und er ist in dieser Stadt gestorben, und er ist von den Toten erstanden, und dies war hier in dieser Stadt. Und es konnte hier gewesen sein – oder wenigstens in einem Garten wie diesem.

3. *Der Garten ist ein idealer Ort für die Predigt des Evangeliums.* Das Personal des Gartens soll nicht ständig reden, aber es soll die Menschen hinweisen auf den auferstandenen Christus – durch die Liebe auf ihren Gesichtern, durch die Hilfsbereitschaft, durch ihre Pflege des Gartens, durch ihr bescheidenes Zeugnis der Lehren des Neuen Testaments.

4. *Ein Licht zu sein, »das die Heiden erleuchtet und Herrlichkeit für mein Volk Israel«* (vgl. Lk 2,32). Die Beziehung zwischen Juden und

Arabern (sowohl christlichen wie muslimischen) ist weiterhin konfliktreich. Jerusalem steht im Zentrum dieser Konflikte und wird es, so vermute ich, immer bleiben. Im Garten verkehren wir täglich mit Israelis und Palästinensern, so wie wir unseren Dienst Zehntausenden anbieten, die uns aus allen Teilen der Welt besuchen. Der Vielfalt der Sprachen zu lauschen kann ziemlich verwirrend sein. Nach einem Ostermorgen-Gottesdienst am Tor zu stehen und zu sehen, von woher all die Menschen kommen, ist eine wunderbare Erfahrung.

Darum geht es im Zusammenhang mit dem Garten: Zeugnis zu geben für das Licht Christi – ein Ort zu sein, an dem Christus immer verehrt und gepredigt werden wird, ein Ort, zu dem die Menschen aller Nationen kommen und von dem sie weggehen mit einem besseren Bild vom Erlöser der Welt, den sie an einem Ort des Friedens, der Liebe und des Wunders der Auferstehung entdeckt haben.

Anmerkungen

Kapitel I

[1] Siehe B. Pixner, Church of the Apostels found on Mt. Zion, in: *Biblical Archaeological Review* 16.3 (Mai 1990) 16–36, und P. W. L. Walker, *Holy City, Holy Places? Christian Attitudes to Jerusalem and the Holy Land in the Fourth Century*, 1990, Kap. 9.

[2] Epiphanius, *De Mensuris* 14.

[3] B. Pixner, *Wege des Messias und Stätten der Urkirche. Jesus und das Judenchristentum im Licht neuer archäologischer Erkenntnisse* (hrsg. von R. Riesner), Gießen ³1996, 223.

[4] C. J. Humphreys und W.G. Waddington, The Jewish Calendar, a Lunar Eclipse and the Date of Christ's Crucifixion, in: *Tyndale Bulletin* 43.2 (1992) 331–352.

[5] Eusebius, *Onomasticon* 74.

Kapitel II

[1] Siehe A. Millard, *Discoveries from Bible Times*, 1997, 293.

[2] Cicero, Pro Rabirio 16.

[3] Siehe M. Hengel, *Mors turpissima crucis*. Die Kreuzigung in der antiken Welt und die »Torheit« des »Wortes vom Kreuz«, in: *Rechtfertigung* (FS E. Käsemann), Tübingen-Göttingen 1976, 125–184; und P. Connolly, *Living in the Time of Jesus of Nazareth* (1994).

Kapitel III

[1] Flavius Josephus, *Geschichte des jüdischen Krieges* VII, 6,6 (§ 217).

Kapitel IV

[1] A. Millard, *Discoveries from Bible Times*, 1997, 293–294.

[2] D.F. Strauß, *Das Leben Jesu für das deutsche Volk bearbeitet. 1. Teil*, in: Ders., *Gesammelte Schriften*, 3. Band, Bonn 1877, 378.

Kapitel V

[1] Flavius Josephus, *Geschichte des jüdischen Krieges* II, 12,1 (§ 224–227).

[2] So rekonstruiert in: M. Avi-Yonah, *The Jews of Palestine*, 1976, 50.

[3] Flavius Josephus, *Jüdische Altertümer* XX, 9,1 (§ 200).

[4] Eusebius, *Kirchengeschichte* 2,1, 23.

[5] Ebd. 4,5.

[6] Ebd. 3,11; 4,5; 5,12.

[7] Ebd. 3,19–20.

[8] Ebd. 4,8.

[9] Ebd. 5,12.

[10] Ebd. 4,26.

[11] Ebd. 6,11.

[12] Vgl. Origenes, *Gegen Celsus* 1,51.

[13] Siehe P.W.L. Walker, *Holy City, Holy Places?*, 1990, 10.

[14] H. Chadwick, »The Circle and the Ellipse«, Oxford 1959, 7.

[15] Eusebius, *Demonstratio evangelica* 6,18,23 (Ölberg).

[16] Ebd. 1,1; 3,2; 7,2 (Betlehem).
[17] Eusebius, *Kirchengeschichte* 7,19.
[18] Eusebius, *Onomasticon* 74,19–21.
[19] Konzil von Nizäa, Kanon 7.
[20] Eusebius, *Leben des Konstantin* 2,72.
[21] Ebd. 4,62.
[22] Ebd. 3,25–40 (Die Übersetzung stammt von J. M. Pfättisch aus dem BKV-Band Eusebius 1/1).
[23] Ebd. 3,41–43.
[24] Siehe zudem P. W. L. Walker, a.a.O., Kap. 5, 7.
[25] Cyrill von Jerusalem, *Katechesen* 4,10; 10,19; 13,4.39.
[26] Siehe Hieronymus, *Kommentar zu Zefanja* 1,14–16.
[27] Walker, a.a.O., 114–116.
[28] J. Wilkinson, *Egeria's Travels to the Holy Land*, 1981.
[29] Vgl. Hieronymus' faszinierende Beschreibung von Paulas Pilgerreise zu den »Heiligen Stätten« des Landes im frühen fünften Jahrhundert in seinem *Brief* 114.
[30] Cyrill von Jerusalem, *Katechesen* 14,9.
[31] Eusebius, *Theophanie* 3,61.
[32] M. Biddle, *The Tomb of Christ*, 1999, 72.
[33] Cyrill von Jerusalem, *Katechesen* 14,5.
[34] *Itinerarium Egeriae* 37,2.
[35] Pilger von Bordeaux, 593-594.
[36] Eusebius, *Lobrede auf Konstantin (laus Constantini)* 11-18.
[I] Nach Murphy O'Connor. In der vierten Auflage seines Führers »The Holy Land« (1998) läßt Murphy O'Connor die Alternative Nr. 8 wegfallen.
[II] Nach Carbo (1981) und Biddle (1999).
[III] Nach Conant (1956).
[IV] Nach Mackowski (1980), 156.
[V] Rekonstruiert in Wilkinson (1972). Eine jüngere Zeichnung siehe Biddle (1999).

Kapitel VI

[1] S. Kochav, The Search for a Protestant Holy Sepulchre in Nineteenth Century Jerusalem, in: *Journal of Ecclesiastical History* 46 (1995) 281ff.
[2] Edward Robinson, *Biblical Researches in Palestine*, London 1841, Bd. II, 13–14, 64–65.
[3] Flavius Josephus, *Geschichte des jüdischen Krieges* V,4,2 (§ 146).
[4] Conder's *Tentwork in Palestine* (1878) wurde als eine der besten Stellungnahmen in dieser Frage angesehen (gefolgt von Besant's *Thirty Years Work in the Holy Land* [1895]). Conder vertrat diese Position nachdrücklich bis zu seinem Lebensende, wie aus seinem letzten Buch, *The City of Jerusalem*, ersehen werden kann (posthum 1909 veröffentlicht).
[5] Siehe Gordons Anmerkung über »Eden and Golgotha« in der Ausgabe vom April 1885 des *Quarterly Statement* des Palestine Exploration Fund (unten als *PEQ* [*Palestine Exploration Quarterly*] abgekürzt), 78–81.
[6] Die Tatsache, daß der Hügel in seiner Erscheinung einem Schädel ähnelt, bestätigt ihn nur darin, wie man der Notiz, abgedruckt in *PEQ* 17 (April 1885) 81 entnehmen kann: »Das nördliche Ende (des östlichen Hügels) ist gekennzeichnet durch den Anhang eines unbedeckten Felsens – eine felsige Kuppe in der Form eines menschlichen Schädels – und von diesem »Schädel-Hügel« folgt der Kamm des östlichen Hügels einer Linie, die schräg ist, oder schief, bis sie das Kidrontal erreicht. Bei un-

gefähr zwei Drittel ihrer Länge findet sich ein anderer unbebauter Felsen, der jetzt von der Omar-Moschee bedeckt ist.

Ich denke, daß das Kreuz auf der Spitze des »Schädel-Hügels« stand, in seinem Zentrum, und nicht dort, wo jetzt das Schlachthaus steht. Levitikus 1,11 sagt, daß das Opfer »an der Nordseite des Altars vor dem Herrn« geschlachtet werden soll, und wörtlich sollen sie die Opfer »schräg zur Nordseite des Altars« schlachten. Der Altar war auf der zweiten Kuppe innerhalb der Haram-Mauer, und wenn das Kreuz im Zentrum des »Schädel-Hügels« gestanden hat, war die ganze Stadt und sogar der Ölberg von diesen ausgestreckten Armen umschlossen worden... Der ganze Umriß dieses geheiligten östlichen Hügels ... zeigt eine grobe Ähnlichkeit mit einem Menschen. Von dem »Schädel-Hügel« im Nordwesten liegt der Körper – wie der des Opfers – schräg oder schief zu dem Brandopferaltar.«

[7] So schrieb er zum Beispiel in einem seiner Briefe (8. März 1883): »Christus ist alles in allem! Er ist der Schlüssel der Schrift. Die Opfer wurden auf der Nordseite des Altars geschlachtet (Lev 1,11), deswegen wurde er nördlich von Jerusalem geschlachtet und die Schriften berichten uns, daß der Hügel wie ein Schädel geformt war. Seine Kirche entstand aus seiner Seite; sein Herz war deshalb als Tempel sein Typos; die Steine würden von einem Platz genommen, der seinem Herzen entspricht ... Christus war und ist der wahre Tempel.«

[8] Gleichwohl bezeichnete er Gordon als den »Christus-förmigsten Menschen, den ich kenne«, in: G.R. Elton, *General Gordon*, 1954, 313.

[9] *PEQ* 15 (1883) 69–78.

[10] C.R. Conder, *The City of Jerusalem*, 1909, 154.

[11] A.W. Crawley-Boevey, *The Jerusalem Garden Tomb*, 1911, 30.

[12] *PEQ* 22 (1890) 11–12.

[13] *PEQ* 24 (1892) 120–124.

[14] Darunter waren Revd. J.E. Hanauer, ein anglikanischer jüdischer Christ, der in Jerusalem wohnte; Maurice Day, Bischof von Cashel und Waterford, der die Konferenz der Kirche von Irland im Jahr 1887 auf dieses Thema hinwies, sowie einige englische Christen (Henry Campbell, Haskett Smith, Louisa Hope, Evan Hopkins und Charlotte Hussey), die begannen, über seinen Ankauf zu verhandeln.

[15] Später datierte es Conder auf das 12. Jahrhundert zurück und sah es im Zusammenhang mit dem Wirtshaus der Kreuzfahrer an diesem Ort; dabei vermutete er, daß die vielen in dem Grab gefundenen Knochen von dem Massaker des Jahres 1244 n.Chr. herrühren. Siehe Conder, a.a.O., 155.

[16] Wir wissen darüber und anderen Ereignissen aus diesen frühen Jahren aus handgeschriebenen Notizen, die Hussey viele Jahre später (im Dezember 1919) niedergeschrieben hat. Dies wird von Mabel Bent, einer weiteren Förderin des Grabes in den ersten Jahren nach 1900, bezeugt.

[17] W.L. White, *A Special Place*, 1989, 92.

Kapitel VII

[1] *PEQ* 24 (1892) 299.

[2] Siehe ebenfalls P.W.L. Walker, *Jesus and the Holy City*, 1996, Kap. 6.

[3] Siehe *PEQ* 24 (1892) 299.

[4] Siehe P. W. L. Walker, *Holy City, Holy Places?*, 1990, Kap. 9.

[5] Eusebius, *Kommentar zu Jesaja* 2,1–4.

[6] Eusebius, *Demonstratio evangelica* 6,18.

[7] Sie wird von Forschern wie Metzer, Avi-Yonah und Bahat favorisiert. Die »mini-

malistische« Alternative wird vertreten von Forschern wie Hennessy, Wightman und Murphy O'Connor.

[8] Siehe E. W. Hamrick, Northern Barrier Wall in Site T, in: A. D. Tushingham (Hg.), *Excavations in Jerusalem 1961–1967*, (1985), Bd. I., 215–232.

[9] Siehe G. J. Wightman, *The Walls of Jerusalem: From the Canaanites to the Mamluks*, Mediterranean Archaeology Supplements 4, 1993.

[10] Tacitus, *Historien* 5,12,2.

[11] *PEQ* 15 (1883) 70.

[12] *PEQ* 24 (1892) 199.

[13] Siehe C. C. Dobson, *The Garden Tomb, Jerusalem, and the Resurrection* (Garden Tomb Association, 1958); er bemerkt, daß dies die Meinung von Rider Haggard im 19. Jahrhundert war; siehe auch G. Barkay, The Garden Tomb: Was Jesus Buried here?, in: *Biblical Archaeological Review* 12.2 (April 1986) 57.

[14] Siehe Dobson, a.a.O., und Barkay, a.a.O.

[15] Siehe *PEQ* 9 (1877) 143f.

[16] Barkay, a.a.O., 40–57.

[17] *PEQ* 56 (1924).

[18] Siehe M. Biddle, *The Tomb of Christ*, 1999, 61, der einen ähnlichen Satz in Offb 11,8 liest.

[19] Eusebius, *Onomastikon* 74,19–21.

[20] Gleichwohl haben D. Bahat und C. T. Rubinstein, *The Illustrated Atlas of Jerusalem*, 1990, 66, behauptet, daß die Spitze des Felsens von Golgota sichtbar gewesen ist, herausragend aus dem Hof des heidnischen Tempels.

[21] Siehe J. Wilkinson, The Inscription on the Jerusalem Ship Drawing, in: *PEQ* 127 (1995) 159–160; S. Gibson und J.E. Taylor, *Beneath the Church of the Holy Sepulchre: The Archaeology and Early History of the Traditional Golgotha* (Palestine Exploration Fund, 1994), 31ff.

[22] W.L. White, *A Special Place*, 1989, 55.

[23] V. C. Corbo, *Il Santo Sepolcro di Gerusalemme*, (3 Bde., Veröffentlichung des Studium Biblicum Franciscanum 29, 1981), Bd. I, 29.

[24] Siehe S. Gibson und J.E. Taylor, a.a.O., 61.

[25] Siehe N. Avigad, *Discovering Jerusalem*, 1984.

[26] Flavius Josephus, *Geschichte des jüdischen Krieges* V, 4, 2 (§ 146).

[27] *PEQ* 15 (1883) 73.

[28] Siehe J. Jeremias, *Jerusalem zur Zeit Jesu. Eine kulturgeschichtliche Untersuchung zur neutestamentlichen Zeitgeschichte*, Göttingen ³1962, 96; M. Broshi, Estimating the Population of Ancient Jerusalem, in: *Biblical Archaeological Review* 4.3 (June 1978) 10–15; J. Wilkinson, Ancient Jerusalem, Ist Water Supply and Population, in: *PEQ* 106 (1974) 33–51; W. Reinhardt, The Population Size of Jerusalem and the Numerical Growth of the Jerusalem Church, in: R. J. Bauckham (Hg.), *The Book of Acts in Its First Century Setting*, 1995, Bd. IV, 237–265.

[29] Flavius Josephus, *Geschichte des jüdischen Krieges* V, 4, 2 (§ 148).

[30] Kenyon leitete Ausgrabungen im Gebiet Muristan (ihre Gegend »C«) und noch jünger sind die Grabungsarbeiten von Lux unter der lutherischen Erlöserkirche. Siehe K. Kenyon, *Jerusalem: Excavating 3000 years of history*, 1967, und *Digging up Jerusalem*, 1974; K. J. H. Vriezen, *Die Ausgrabungen unter der Erlöserkirche im Muristan, Jerusalem, 1970–1974*, 1994.

[31] Siehe J. E. Taylor, Golgota: A Reconsideration of the Evidence for the Sites of Jesus' Crucifixion and Burial, in: *New Testament Studies* 44 (1998) 180–233.

Bildnachweise

Abbildungen

16 Aus: J. Murphy O´Connor, *The Holy Land: An Oxford Archaeological Guide from Earliest Times to 1700*, 4. Aufl. 1998, S. 10 (Abdruck mit Erlaubnis des Autors).

19 Auf der Grundlage von Abbildung 46a in M. Biddle, *The Tomb of Christ*, 1999 (Abdruck mit Erlaubnis des Autors).

21 Aus: R. M. Mackowski, *Jerusalem, City of Jesus: An Exploration of the Traditions, Writings and Remains of the Holy City from the Time of Christ*, 1980. © 1980 Wm. B. Eerdmans Publishing Company (Abdruck mit Erlaubnis des Verlages).

23 Madaba Map. © Ancient Art & Architecture Collection.

24–25, 32 © The Garden Tomb (Jerusalem) Association.

27 Aus: *Palestine Exploration Quarterly* 15 (1885) (Abdruck mit Erlaubnis des Palestine Exploration Fund).

30, 33 Aus: *Revue Biblique* 34 (1925), S. 55, 47. Ecole Biblique, Jerusalem.

34 Aus: S. Helm in S. Gibson and J. E. Taylor, *Beneath the Church of the Holy Sepulchre: The Archaeology and Early History of the Traditional Golgotha* (Palestine Exploration Fund, 1994), S. 29 (Abdruck mit Erlaubnis des Palestine Exploration Fund).

36 Übernommen von einer Zeichnung Bargil Pixners (Abdruck mit seiner Erlaubnis).

Fotos

1, 6, 9, 15–16, 18 © Brian C. Bush

2, 4, 24 © Elia Photo Service, Jerusalem

3, 13 © Peter Walker

5, 12, 14, 19 © Michael Cooper

7–8 © Ecole Biblique et archéologique française de Jérusalem, Couvent Saint-Etienne

10–11 © Alec Garrard (The Splendour of the Temple), Fressingfield, Suffolk, England

17 © Graham Tomlin

20, 36 © Pantomap Israel Ltd.

21 © Carlos Reyes-Manzo/Andes Press Agency

22 © Ian Scott-Thompson

23 Aus: F. M. Abel and L. H. Vincent, *Jérusalem: recherches de topographie, d´archéologie et d´histoire* (Gabalda, 1912–26), Bd. II.ii, S. 121. Ecole Biblique, Jerusalem

25–26, 29–30, 33–34 © Archives of the Garden Tomb (Jerusalem) Association

27–28, 31–32, 37, U1, U4 © Garden Tomb (Jerusalem) Association, aufgenommen von Brian C. Bush

Morna D. Hooker
Biblische Overtüren

Morna D.
Hooker

Biblische
Ouvertüren

echter

Übersetzt aus dem Englischen
von Rosemarie Majauskas
und Nicole Priesching

96 Seiten.
20,5 x 12,3 cm. Broschur.
ISBN 3-429-02089-1.

Die Anfangskapitel der Evangelien sind ein Schlüssel, mit
dessen Hilfe wir die Evangelien
erschließen können. - Eine
anregende Betrachtung.

Dieses Buch bekommen
Sie bei Ihrem Buchhändler.

echter würzburg

Postfach 55 60   D-97005 Würzburg   http://www.echter-verlag.de